Condição Suspensiva

FUNÇÃO, ESTRUTURA E REGIME JURÍDICO

2017

Fernanda Mynarski Martins-Costa

ALMEDINA

CONDIÇÃO SUSPENSIVA
FUNÇÃO, ESTRUTURA E REGIME JURÍDICO
© Almedina, 2017
AUTORA: Fernanda Mynarski Martins-Costa
DIAGRAMAÇÃO: Almedina
DESIGN DE CAPA: FBA
ISBN: 978-858-49-3227-6

Dados Internacionais de Catalogação na Publicação (CIP)
(Câmara Brasileira do Livro, SP, Brasil)

Martins-Costa, Fernanda Mynarski
Condição suspensiva : função, estrutura e regime jurídico / Fernanda Mynarski Martins-Costa. –
São Paulo : Almedina, 2017.
Bibliografia.
ISBN: 978-85-8493-227-6
1. Condições (Direito) 2. Direito civil 3. Regime jurídico I. Título.

17-04830   CDU-347

Índices para catálogo sistemático:
1. Direito civil 347

Este livro segue as regras do novo Acordo Ortográfico da Língua Portuguesa (1990).

Todos os direitos reservados. Nenhuma parte deste livro, protegido por copyright, pode ser reproduzida, armazenada ou transmitida de alguma forma ou por algum meio, seja eletrônico ou mecânico, inclusive fotocópia, gravação ou qualquer sistema de armazenagem de informações, sem a permissão expressa e por escrito da editora.

Junho, 2017

EDITORA: Almedina Brasil
Rua José Maria Lisboa, 860, Conj.131 e 132, CEP: 01423-001 São Paulo | Brasil
editora@almedina.com.br
www.almedina.com.br

AGRADECIMENTOS

Desejo expressar meus agradecimentos a todos que, de alguma forma, contribuíram para elaboração deste trabalho e, em particular, à Professora Gisela Sampaio da Cruz Costa Guedes, que é minha orientadora em sentido *lato*, tanto pelo precioso auxílio na preparação da presente dissertação quanto pelo fato de ser a grande responsável pelo meu crescimento profissional.

À minha amada tia e verdadeira inspiração, Professora Judith Martins-Costa, que me transmitiu lições de amor ao Direito Civil, e ainda, incansavelmente, ajudou-me na elaboração do presente trabalho.

Aos professores do mestrado em Direito Civil da Universidade do Estado do Rio de Janeiro, especialmente, aos que participaram da minha banca de qualificação e de defesa, Professor Gustavo Tepedino, Professor Giovanni Nanni, e Professor Carlos Nelson Konder, pelas valiosas instigações.

Aos Professores Gustavo Haical e Carla Lgow, que realizaram leitura atenta do trabalho e contribuíram com importantes críticas e sugestões.

À minha especialíssima amiga Marcella Campinho Vaz, não só pela atenta revisão, mas também por todas as outras ajudas, necessárias para concluir este trabalho.

Ao Barbosa, Müssnich, Aragão Advogados, especialmente ao Chico Müssnich pelo incentivo e pelo apoio incomparável, bem como ao time mágico da biblioteca, em particular, à Estrela Pinho, pelo afeto e pela amizade durante o meu período no Rio de Janeiro.

À Professora Lie Uema do Carmo, de quem pude extrair lições incalculáveis, ainda que nosso convívio profissional tenha sido curto.

Ao meu amado Pai, Sérgio Martins-Costa, primeira pessoa a ensinar-me, o valor de justiça.

Ao meu querido tio Miguel Reale Júnior, pelo especialíssimo acolhimento que me proporcionou em São Paulo e pelos aconselhamentos jurídicos (e extrajurídicos), que tanto me fazem refletir.

Aos meus amados avôs, Antônio Martins-Costa (*in memoriam*) e Stanislau Mynarski (*in memoriam*): ao primeiro, pelos breves, mas profundos ensinamentos de vida, pelo exemplo de integridade que jamais esquecerei; ao segundo, pelo exemplo de determinação.

Aos queridos Nilda de Castro e José de Castro, por me me terem proporcionado um ambiente de estudos perfeito durante minha estadia em Canela.

À minha nova e grande amiga Renata Saraiva, que tornou meu período de estudo menos solitário e mais agradável.

Aos meus amigos e familiares que, de alguma forma, auxiliaram na elaboração deste trabalho, seja pela troca de ideias sobre os mais diversos temas jurídicos, seja pelo fato de tornarem mais leve essa temporada de intensa dedicação, em especial a Aline Valverde, Caio Raphael Marotti de Oliveira, Clarissa Loureiro Chaves, Daniela Mello, Denise Prehn, Diego Alexandre Castro Santos, Eduarda Rocha Ling, Eduardo Mendes, Fabiano Magalhães, Fernando Jablonski, Gabriela Mynarski Martins-Costa, Gisele Guedes, Isabel Arbex, João Carlos Mynarski, Juliana Midori Kuteken, Laila Ribeiro, Louise Matieli, Luciana Motta, Luis Felipe Spinelli, Luiz Eduardo Alcantara, Marcos Brossard Iolovitch, Marianna Bazzon, Márcia Midori Makiyama, Márcia Mynarski, Milena Azevedo, Paula de Oliveira Cezar, Pedro Henrique Serqueira, Raphael Donato, Rebeca Garcia, Thiago Sousa, Vitor de Paula Ramos.

SUMÁRIO

PREFÁCIO	9
APRESENTAÇÃO	13
INTRODUÇÃO	17

CAPÍTULO 1 – FUNÇÃO E ESTRUTURA DA CONDIÇÃO SUSPENSIVA	23
Premissas: sentidos da palavra condição	23
1. Função da condição	33
2. Estrutura da condição	44
2.1. Elementos estruturais	44
2.1.1. Efeito condicionável	44
2.1.2. Voluntariedade	47
2.1.3. Futuridade	53
2.1.4. Incerteza	57
2.2. Espécies de condição	58
2.2.1. Quanto ao modo de atuação: condições suspensivas e resolutivas	59
2.2.2. Condições positivas e negativas	61
2.2.3. Condições impossíveis e possíveis	61
2.2.4. Condições ilícitas e lícitas	67
2.2.5. Condições incompreensíveis e contraditórias	69
2.2.6. Condições causais, potestativas e mistas	70
2.2.7. Condições tácitas e/ou implícitas	77
2.3. Delimitação perante figuras próximas	80
2.3.1. Distinções básicas: termo e encargo	80
2.3.2. Contrato de opção	85
2.3.3. Contrato aleatório	86
2.3.4. Pressuposição	88
2.3.5. Negócio incompleto	91
2.3.6. Condição precedente	93

CAPÍTULO 2 – A PROTEÇÃO DAS POSIÇÕES DOS FIGURANTES — 99
Premissas: etapas da condição — 99
1. A proteção do expectante: medidas conservatórias — 102
   1.1. Medidas com a finalidade de assegurar a plena eficácia e a validade do contrato sujeito à condição — 106
      1.1.1. Ação declaratória — 106
      1.1.2. Atos de registro — 109
   1.2. Medidas necessárias para impedir que o devedor condicional deteriore a coisa que é objeto da obrigação e as dirigidas a evitar que sobrevenha a impossibilidade do cumprimento da prestação — 113
      1.2.1. Sequestro — 114
      1.2.2. Cautelares inominadas — 115
   1.3. Medidas que têm como objetivo a manutenção da garantia patrimonial do devedor — 117
      1.3.1. Ações relativas à fraude contra credores — 117
      1.3.2. Ação sub-rogatória — 120
      1.3.3. Arresto — 121
   1.4. O direito a crédito condicional nos procedimentos concursais — 122
2. A proteção do expectado — 125
   2.1. Pagamento indevido durante a pendência da condição — 125
   2.2. Ação declaratória de inexigibilidade de débito — 127
3. A proteção de ambos os figurantes frente a condutas ilícitas — 129
   3.1. Vicissitude fictícia da condição (art. 129 do Código Civil) — 130
   3.2. Remédio ressarcitório — 136
   3.3. Condutas ilícitas praticadas por atividade de terceiro — 138

CAPÍTULO 3 – MODIFICAÇÕES SOFRIDAS PELA COISA DEVIDA DURANTE O PERÍODO DE PENDÊNCIA DA CONDIÇÃO — 141
Premissas: (ir)retroatividade da condição — 141
1. Impossibilidades — 146
   1.1. Impossibilidade superveniente sem culpa do devedor — 147
   1.2. Impossibilidade superveniente imputável — 149
2. Deteriorações — 151
   2.1. Deteriorações fortuitas — 152
   2.2. Deteriorações imputáveis ao devedor — 153
3. Melhorias — 154
   3.1. Benfeitorias — 154
   3.2. Frutos — 157
4. Modificações por atos de disposição — 158
   4.1. Diferenças entre atos de disposição e atos de administração — 158
   4.2. Incidência do art. 126 do Código Civil — 162

CONCLUSÕES — 167

PREFÁCIO

Todo trabalho acadêmico requer grande tempo de dedicação, tanto mais quando se pretende fazê-lo bem feito. O caminho é longo, intenso e árduo. A elaboração de uma dissertação de mestrado, em especial, exige pesquisa profunda – o aluno precisa verdadeiramente "mergulhar" nas fontes para poder fazer uma leitura crítica de qualidade –; demanda um cuidado muito especial com a redação – o texto precisa estar impecável –; deve, sobretudo, ser honesta do ponto de vista intelectual – citações sempre entre aspas e com a indicação das fontes. O problema é que tudo isso é necessário, mas, infelizmente, não garante a qualidade do trabalho. Ainda assim, o trabalho pode, na prática, mostrar-se de utilidade duvidosa, o que não raras vezes ocorre com textos puramente acadêmicos.

Fruto de dissertação de mestrado de que tive a honra de orientar, defendida no âmbito do Programa de Pós-graduação da Faculdade de Direito da Universidade do Estado do Rio de Janeiro e aprovada com nota máxima, recomendação de publicação, este livro resulta de rigorosa pesquisa acadêmica – na literatura estrangeira, a autora vai de Domenico Barbero até Gianni Baldini! Neste livro, a autora realmente se imiscuiu no intrincado mundo das condições, com os olhos atentos para conferir-lhe um escopo prático, fornecendo soluções interessantes para os mais diversos problemas que as condições suspensivas suscitam. Este livro chega, então, ao extremo oposto: não é apenas útil, mas utilíssimo (a qualquer operador do Direito, independentemente da área de atuação).

Com o rigor próprio dos textos científicos, a autora começa o livro explicando o duplo sentido da palavra condição, que pode ser empregada no contexto jurídico com dois diferentes significados. Assim, ela distingue as condições propriamente ditas (no sentido técnico do termo, referindo-se à cláusula que subordina a eficácia do negócio jurídico a um evento futuro e incerto) das chamadas *condições impróprias*, que são aquelas convenções que, apesar do *nomen iuris*, prescindam de algum elemento estrutural da condição – futuridade, voluntariedade e incerteza –, como, por exemplo, a condição impossível. Daí já se vê a preocupação da autora de manter-se rigorosamente afinada com a boa técnica.

Seguindo a orientação da nossa escola de que a melhor forma de estudar os institutos jurídicos é a partir da função que exercem em nosso ordenamento, a autora, já no primeiro capítulo, parte para o estudo da função da condição, explicando a que serve o instituto, sua verdadeira finalidade. A função, nas palavras de Pietro Perlingieri, "determina a estrutura, a qual segue – não precede – a função"[1]. E, por isso mesmo, a estrutura é apresentada na sequência, assim como as espécies de condição, que tanto costumam confundir os operadores do Direito. O primeiro capítulo é, portanto, teórico e, por isso mesmo, mais denso, mas não deixa de lado problemas práticos, como os suscitados pelas impropriamente denominadas "condições precedentes", que tanto atormentam a vida dos advogados de Direito Societário.

No segundo capítulo, a autora trata da proteção das posições dos figurantes, relacionando-a à etapa da pendência da condição, quando se contempla com mais intensidade o particular regime da condição suspensiva. A autora explica, então, que o negócio condicional pode apresentar três períodos: pendência, verificação e não verificação da condição. É na primeira etapa – pendência –, iniciada com a celebração do contrato, que surgem os efeitos próprios do regime condicional, a maioria deles direcionado para a finalidade de assegurar o resultado desejado pelas partes contratantes.

A partir daí a autora passa a tratar das medidas que têm por finalidade assegurar a validade e a plena eficácia do contrato sujeito à condição, conferindo ao trabalho um viés eminentemente prático. Ao final do segundo capítulo, a autora ainda examina o art. 129 do Código Civil, ressaltando a sua dupla finalidade – ao seu ver, "sancionar a conduta ilegítima da parte manipuladora e, mediante a eliminação da incerteza do evento, ressarcir

---

[1] Pietro Perlingieri, *O Direito-Civil na legalidade constitucional*. Rio de Janeiro: Renovar, 2008, p. 643.

a contraparte cujo *interesse legítimo* restou prejudicado" – e fornecendo respostas fundamentadas para problemas concretos que surgem a partir desse dispositivo.

Por fim, no terceiro e último capítulo, a autora examina as modificações sofridas pela coisa devida durante o período de pendência da condição e as consequências daí decorrentes. Neste capítulo, mais uma vez, a autora mostra a sua visão de advogada, tornando a obra mais prática e útil para os operadores do Direito. O tema é clássico, mas a abordagem é inovadora, em consonância com o seu tempo. Não é preciso dizer muito, portanto, para mostrar a importância da obra que ora se apresenta, que vem preencher verdadeira lacuna editorial.

E o livro também já diz muito sobre autora. Gaúcha de nascença, mas com inegável "alma" carioca, Fernanda Mynarski Martins-Costa atualmente mora em São Paulo, onde pretende encampar o seu futuro doutorado. Quando a conheci, em Porto Alegre, ainda era estudante de Direito. Na sua passagem pelo Rio de Janeiro, acompanhei diariamente o seu "desabrochar" como advogada; com a conclusão do mestrado, agora vem à tona a professora de Direito Civil, que São Paulo se encarregará de amadurecer. Esta jovem professora, que tão bem representa a 4ª geração de civilistas (9ª de juristas) da família Martins-Costa, veio para o escritório Barbosa, Müssnich e Aragão para completar o nosso time de pesquisa. Aqui está, desde 2011, desenvolvendo a sua carreira, e surpreendendo-nos a cada dia com sua inteligência e doçura.

GISELA SAMPAIO DA CRUZ GUEDES[2]

---

[2] Professora Adjunta da UERJ. Mestre e Doutora em Direito Civil pela UERJ. Sócia do escritório Barbosa, Müssnich e Aragão Advogados, responsável pela área de pesquisa.

APRESENTAÇÃO

Os estudos civilistas em nosso país estão perpassados por um paradoxo: de um lado, muito se escreve; de outro, nem sempre é observado o rigor, a reflexão, a meditação que os estudos sobre o Direito Civil necessariamente carecem, pois, reconhecidamente, esse é o campo por excelência da Ciência do Direito, o espaço privilegiado da construção dogmática. Está esquecido, como se ultrapassado fosse, o alerta de Pontes de Miranda feito há mais de meio século: "Um dos maiores males do nosso tempo é a pressa, a adesão de última hora, com que os espíritos reacionários se açodam, e a sem cerimônia, com que a meia ciência jurídica, em vez de enfrentar e resolver, tecnicamente, os problemas, dinamita conceitos e princípios jurídicos, alguns fundamentais, – sem perceberem que o seu terror pânico e a sua mediocridade científica estão a destruir construção de vinte e tantos séculos de civilização"[3].

De fato, é fácil (embora temerário) recair na sedução por temas tão grandes em extensão quanto ralos em densidade; por vezes, a atração pela cópia (recortando-se e colando-se o que já foi dito por outrem) pretende substituir a sempre dificultosa reflexão original; por outras, soluções advindas de outros sistemas jurídicos são simplesmente *apontadas* sem se investigar se o transplante é necessário e possível, se não se trata de mera justaposição.

Certo é que em nenhum desses males incorreu a monografia apresentada pela advogada Fernanda Mynarski Martins-Costa como dissertação de mestrado, sob a competentíssima batuta de Gisela Sampaio da Cruz Guedes, à Faculdade de Direito da Universidade Estadual do Rio de Janeiro.

---

[3] PONTES DE MIRANDA, Francisco Cavalcanti. *Tratado de direito privado.* Tomo. III. Rio de Janeiro: Borsoi, 1954, § 352, p. 451.

Ao escrever este *Pendência da condição suspensiva: proteção dos figurantes e modificações do objeto da prestação*, a Autora, embora ainda muito jovem, esteve exemplarmente atenta, a cada passo, às armadilhas da ligeireza intelectual, escapando ao caldo de retórica e de oratória – óbices ao rigor de terminologia e ao raciocínio lógico – em que tantos mergulham sob o risco de afogamento.

Fui testemunha presencial do angustiado *amor ao rigor* que pautou a elaboração pela Autora de seu primeiro trabalho monográfico. Rigor não apenas endereçado à escolha criteriosa da bibliografia, à construção de um plano lógico de exposição, ao expurgo dos advérbios, adjetivos, metáforas e metonímias que pudessem atrapalhar a linha reta de seu raciocínio lógico, mas à própria disciplina a que se impôs, aproveitando madrugadas, finais de semana, férias e feriados para *pensar os problemas* da condição suspensiva.

Desse pensamento surge, como resultado, uma abordagem atual, necessária e útil a um instituto cujos contornos dogmáticos pareciam já exauridos, cujos problemas se afiguravam já suficientemente inventariados pela doutrina. Mas, na verdade, no estudo dos institutos jurídicos não há exaurimento. Por dois milênios, a técnica do Direito vem se construindo, depurando-se e apurando-se, mas toda e qualquer análise estará sempre *inacabada* porque a Ciência do Direito há de servir à vida, às necessidades e percepções que a cada momento se apresentam à sociedade. Repensar temas clássicos à luz das necessidades que se fazem atualmente presentes é, pois, a útil, necessária e incessante tarefa da doutrina.

A condição suspensiva – esse engenhoso artifício pelo qual os figurantes de uma relação negocial podem "querer, sem temer o futuro", como apontou lapidarmente Pontes de Miranda –, demonstra sua utilidade por sua *função*. E esta foi bem percebida e exaustivamente destacada pela Autora. As partes de um negócio jurídico podem outorgar relevância jurídica a motivos que, por si, seriam juridicamente indiferentes, expressando esse motivo "um *interesse externo* comum às partes, que decorre da *incerteza* quanto à ocorrência de uma situação fática própria para produzir o resultado prático perseguido"[4]. Perante a incerteza, elemento da condição tal qual a futuridade, a voluntariedade e a externalidade do evento, os figurantes de um negócio jurídico deslocam, temporalmente, a *exigibilidade* de todos ou alguns efeitos do negócio.

---

[4] Neste livro, Conclusão, 1 e 2.

APRESENTAÇÃO

Sendo a vida feita de incertezas (e ao Direito competindo assegurar aos que travam negócios jurídicos algumas gotas de indispensável certeza), as condições são utilíssimas mormente quando há dúvida sobre as potencialidades do objeto para cumprir com a utilidade ou finalidade cogitada pelas partes quando estas dependem de evento futuro e incerto. Ajusta-se, então, uma condição que, se não realizada, redundará na ineficácia do negócio.

Porém, nem sempre o que as partes nomeiam como "condição" configura, verdadeiramente, o evento futuro e incerto do qual depende, por ato de autonomia privada, a eficácia do negócio. Persuadida pelas vantagens da análise funcional dos institutos jurídicos Fernanda Mynarski Martins-Costa não se ilude pelos falsos cognatos, tão presentes em instrumentos contratuais copiados de modelos do *common law* (embora devam reger-se pelo Direito brasileiro) e alerta que as chamadas "condições precedentes ao fechamento" nem sempre serão qualificáveis como condições. Normalmente, inclusive, não o são. Por isto, afirma, "[i]nadmite-se classificá-las, a *priori* e de modo acrítico, como condições suspensivas em sentido próprio". E explica: em bom rigor e segundo o Direito brasileiro, as "condições precedentes" podem consistir tanto em condições quanto em deveres em sentido próprio. Por vezes submetem-se ao risco de serem reputadas condições impróprias tanto pela *pura potestatividade* quanto pela *exterioridade*, o que ocorrerá quando uma *obrigação* a ser realizada pelo devedor é convencionada como evento condicional. Com a perspicácia da pesquisadora que é, ainda percebe a Autora: "É possível, porém, que o resultado dessa obrigação seja elevado à condição, de modo que, então, essa obrigação será exigível desde a celebração do negócio, permitindo a parte credora se valer de ações cabíveis para compelir o devedor a executá-la"[5].

É de fina análise o exame procedido à proteção dos figurantes durante a pendência da condição suspensiva[6], inclusive destrinchando o sentido da regra posta no art. 129 do Código Civil, para concluir que sua eficácia é autônoma em relação ao princípio da boa-fé objetiva, circunscrevendo-se a atuação desse princípio "à interpretação menos rigorosa do vocábulo *maliciosamente*, abrangendo a atuação voluntária para o fim reprovado pelo ordenamento jurídico".

---

[5] Neste livro, Conclusão 11.
[6] Neste livro, Conclusões 12 a 17.

Por igual, ciente do dinamismo ínsito à relação obrigacional, examina com percuciência as vicissitudes que podem acometê-la quando pendente condição, perturbando o seu objeto. Aponta, pois, ao dever de diligência assumido pelo expectado em relação à prestação, a fim de tornar possível o cumprimento eventual da prestação futura. Se inadimplido esse dever, sustenta, "o devedor responderá pelo equivalente mais perdas e danos (art. 234 do Código Civil), independentemente da ocorrência do evento condicional"[7].

A transcrição dessas passagens já permite ao leitor perceber que esta monografia não é, nem de longe, açodada obra de meia-ciência. É, de fato, obra de doutrina. E assim o é porque embasada em pesquisa árdua, em superação de fadigas, em cuidadosa reflexão, no inconformismo com as respostas prontas que resulta na ousadia de pensar com a própria cabeça, mas *fundamentadamente*, é dizer: com amparo na tradição, para dela retirar as pedras que permitem toda construção sólida. Por estas qualidades, posso afirmar com objetividade e segurança – sem deixar-me perturbar pelos amorosos laços do mais profundo afeto – que, com este livro, nasce uma civilista.

JUDITH MARTINS-COSTA[8]

---

[7] Neste livro, Conclusão 19.
[8] Livre Docente pela Universidade de São Paulo. Vice-Presidente do IEC – Instituto de Estudos Culturalistas.

INTRODUÇÃO

A condição suspensiva é um tema que, embora clássico, ocupa um espaço tímido na doutrina brasileira. Tem-se notícia somente de uma obra específica sobre o assunto *Da ineficácia da condição suspensiva*, do Professor Francisco Amaral[9], e de poucos artigos que tratam exclusivamente sobre o tema[10].

Essa falta de interesse pelo estudo da condição suspensiva não reflete a sua real importância acadêmica e prática[11]. Pelo contrário, a condição é uma figura muito cara ao exercício da autonomia privada; por meio dela, os figurantes da relação obrigacional podem "querer, sem temer o futuro: por ela, o que não se quereria, sem auxílio de hipótese, pode ser querido"[12], permitindo inclusive que as partes de um negócio jurídico outorguem relevância jurídica a motivos que, por si, seriam juridicamente indiferentes[13]. Além disso, percebeu A. von Thur, com a precisão que lhe é singu-

---

[9] AMARAL, Francisco. *Da Irretroatividade da Condição Suspensiva no Direito Civil Brasileiro*. Rio de Janeiro: Forense, 1984.

[10] BOTELHO, J. Joachim Carvalho. Partilha por divórcio sujeita a condição suspensiva. *Scientia Ivridica*: Revista de Direito Comparado Português e Brasileiro, Braga, v. 46. n. 268/270, p. 315-348, jul./dez. 1997; AMARAL, Francisco. A irretroatividade da condição suspensiva. *Revista de Direito Civil, Imobiliário, Agrário e Empresarial*, São Paulo, v.8. n. 28, p. 17-55, 1984.

[11] Alguns expoentes da doutrina estrangeira sobre o tema advertiram que este modelo está destinado a uma larga utilização: TATARANO, Giovanni. *Incertezza, autonomia privata e modello condizionale*. Napli: Jovene, 1976. p. 1; GASCÓ, Francisco de P. Blasco. *Cumplimiento del contrato y condición suspensiva*. Valencia: Tirant lo blanch, 1991. p. 13.

[12] PONTES DE MIRANDA, Francisco Cavalcanti. *Tratado de Direito Privado*. t. V. São Paulo: RT, 2013. p. 165.

[13] *Ibidem*, p. 165; FERREIRA, Durval. *Negócio Jurídico Condicional*. Coimbra: Almedina, 1998. p. 11 e ss; THUR, A. von. *Derecho civil*. Madrid: Marcial Pons, 2005. p. 244-245. v.3.

lar, que a condição permite influir na atuação alheia, sem a necessidade de impor uma obrigação mediante a atribuição de um benefício patrimonial na eventualidade de se completarem certos eventos[14].

Percebe-se, portanto, que o modelo condicional representa um instrumento negocial compatível com as necessidades do atual tráfico jurídico. A realidade dos negócios – caracterizada pela rapidez, complexidade e intensidade – induz os contratantes a buscarem uma segurança satisfatória para além dos institutos contratuais típicos, o que tem implicado tanto a utilização da estrutura da condição para finalidades atípicas[15] quanto o reverso, *i.e.*, o emprego de estruturas diferentes da condição para exercer justamente a função que lhe é típica. Figure-se, a título exemplificativo, o uso das chamadas *"conditions precedent"*, figura originada no direito anglo-saxão que, utilizada na prática brasileira, pode exercer a função típica da condição, embora sua estrutura apresente algumas particularidades, que serão analisadas ao longo deste trabalho[16].

De fato, há uma hiperutilização do fenômeno condicional, o que acarreta sérios desafios para a qualificação do instituto e, além disso, riscos de desvirtuamento de sua identidade como figura jurídica autônoma[17].

Nesse contexto, revela-se a importância da efetiva compreensão não apenas da estrutura, mas também da função da condição. Os elementos estruturais da condição – voluntariedade, possibilidade[18], futuridade, incerteza – foram objeto de consideráveis estudos da doutrina. A função da condição, por sua vez, nunca foi abordada mais do que indiretamente. A qualificação de um instituto jurídico, porém, não será completa se somente for avaliado o seu aspecto *estrutural* (como é), devendo, assim, ser complementada pela análise de sua *função* (para que serve)[19]. A *função*, nos dizeres de Pietro Perlingieri, "determina a estrutura, a qual segue –

---

[14] THUR, A. von, *Ibidem*
[15] GASCÓ, *op.cit.*, p. 15.
[16] Ver, adiante, item 2.3.6 do Capítulo 1.
[17] BALDINI, Gianni. La condizione unilateral: implicazioni e problemi. In: ALCARO, Francesco (cura). *La condizione nel contratto:* tra 'atto' e 'attività'. Milão: CEDAM, 2008. p. 115.
[18] Embora comumente a possibilidade seja classificada como um dos requisitos da condição, acreditamos que, a rigor, ela não é um requisito autônomo, estando abarcada no requisito da incerteza. Sobre o ponto, ver item 2.1.4 do Capítulo 1.
[19] PERLINGIERI, Pietro. *O Direito Civil na legalidade constitucional*. Rio de Janeiro: Renovar, 2008. p. 642.

não precede – a função"[20]. Por esta razão, uma mesma função pode realizar-se mediante estruturas diversas[21].

Tendo em vista, portanto, a importância prática da condição e a falta de um estudo mais aprofundado sobre o tema na produção acadêmica brasileira, o presente trabalho tem como objetivo geral uma análise prática do negócio condicional[22].

Escolheu-se ainda restringir o estudo ao âmbito contratual, uma vez que se pretende abordar o tema de um ponto de vista prático, especialmente nas relações paritárias. O uso das condições suspensivas está largamente vinculado aos negócios bilaterais de cunho patrimonial. Como a doutrina já registrou[23], os negócios existenciais não comportam satisfatoriamente o uso de condição (embora possa, em tese, ser estipulada em quase todos os tipos negociais). O núcleo duro dos direitos personalíssimos, por exemplo, são insuscetíveis de condicionamento, como o direito à vida, à integridade física, à honra. No direito de família, também encontraremos um campo restrito à estipulação de cláusula condicional, não se admitindo a condição para o reconhecimento de filiação, adoção, emancipação, tutela, curatela[24].

A opção por uma abordagem reservada à condição suspensiva tem como objetivo conferir uma coerência lógica ao trabalho. Explique-se: conquanto existam alguns princípios gerais aplicáveis às condições suspensivas e às resolutivas, os efeitos delas são marcadamente diferentes. O próprio resultado do implemento da condição suspensiva é justamente o oposto do da resolutiva: se suspensiva, o negócio não produz plenamente seus efeitos desde logo; se resolutiva, os efeitos plenos são imediatamente produzidos, mas podem vir a cessar.

Nesse contexto, percebe-se que o regime de pendência da condição suspensiva é a sua mais relevante peculiaridade, e que, a rigor, se distingue nitidamente do estado de pendência da condição resolutiva. Enquanto pen-

---

[20] *Ibidem*,
[21] *Idem*, p. 643.
[22] Ressalta-se que a expressão "negócio condicional" pode levar ao equívoco de se entender que o negócio em si está condicionado pela condição em sentido próprio, o que, a rigor, não está correto. Isso porque os efeitos do negócio é que estão condicionados. Seja como for, nesta dissertação, tal expressão deve ser lida no sentido segundo o qual os efeitos do contrato são objeto de condição, e não, o negócio jurídico em si.
[23] RODRIGUES, Silvio. *Curso de Direito Civil*. 32. ed. São Paulo: Saraiva, 2002. p. 242-243. v. 1; AMARAL, Francisco. *Enciclopédia de direito Saraiva*. São Paulo: Saraiva, 1980. p. 52-53. v. 53.
[24] AMARAL, *op. cit.*, 1984, p. 52-53.

dente a condição suspensiva, específicos efeitos há que regulam a relação entre os figurantes e as vicissitudes sofridas pela coisa objeto da proteção.

Além disso, as medidas conservatórias do direito eventual (prevista no art. 130 do Código Civil) são conferidas somente ao credor subordinado à condição suspensiva, muito embora a lei, impropriamente, se tenha referido também à resolutiva[25].

Para realizar todos os objetivos acima enunciados, este trabalho será dividido em três capítulos. O primeiro tem como um de seus objetivos analisar a função da condição suspensiva, a fim de se propor uma individualização de seu significado, assim como perquirir os limites aos usos atípicos da condição suspensiva. Em seguida, ainda no mesmo capítulo, examinar-se-á a estrutura da condição suspensiva, com enfoque nos seguintes aspectos: elementos estruturais, espécies de condição e comparações com institutos afins.

Os capítulos seguintes abordam aspectos relevantes do regime jurídico da condição suspensiva, a saber, a proteção das posições dos figurantes e as modificações sofridas pela coisa devida durante o período de pendência da condição.

Assim, no segundo capítulo, passa-se a examinar a proteção das posições dos figurantes, que será abordada a partir de três perspectivas diversas: a proteção do expectante; a proteção do expectado e a proteção de ambos os figurantes frente a condutas maliciosas.

Mediante a perspectiva da proteção do expectante, analisar-se-ão primeiro as medidas com a finalidade de assegurar a plena eficácia do contrato sujeito à condição. Em seguida, estudar-se-ão as medidas necessárias para impedir que o devedor condicional deteriore as coisas que são objeto da obrigação e as dirigidas a evitar que sobrevenha, por qualquer causa, a impossibilidade do cumprimento da prestação. Após a análise e o estudo das mencionadas medidas, avaliar-se-ão aquelas que têm como objeto a manutenção da garantia patrimonial do devedor, assim como a conservação do direito condicional nos procedimentos concursais. A partir da proteção do expectado, perquirir-se-á como se opera a repetição do pagamento pelo devedor durante a pendência da condição. Por fim, o estudo da proteção de ambos os figurantes frente a condutas maliciosas circunscreve-

---

[25] SILVA, Caio Mario Pereira da. *Instituições de Direito Civil*. Rio de Janeiro: Forense, 2013. p. 469. v. 1.

INTRODUÇÃO

-se ao art. 129 do Código Civil[26] – o qual diz respeito à determinação do fundamento do cumprimento fictício da condição-, assim como ao remédio ressarcitório postulado pelo figurante prejudicado, o que depende da resposta à questão de saber qual o fundamento do disposto no art. 129 do Código Civil, se decorre da boa-fé ou se é uma norma autônoma. No suporte fático de incidência desse dispositivo, faz-se necessária a presença do elemento dolo? O exame da doutrina brasileira, bem como das opiniões doutrinárias estrangeiras de países com preceitos similares serão instrumentos utilizados na busca do fundamento dessa norma legal e da reposta às questões propostas.

Finalmente, no terceiro capítulo serão estudadas as modificações sofridas pela coisa devida durante o período de pendência da condição. No primeiro momento, será analisado o regime jurídico das situações de impossibilidades supervenientes da coisa devida, o qual se divide no estudo da impossibilidade superveniente com culpa do devedor e no da impossibilidade sem culpa do devedor. No segundo, serão examinadas as consequências jurídicas da deterioração da coisa devida, dividindo-se no estudo das deteriorações fortuitas e das deteriorações imputáveis ao devedor. No terceiro, serão abordadas as situações em que há melhoras da coisa, sob duas perspectivas: aquelas provenientes da natureza e do tempo; e aquelas relativas às expensas do devedor. Por último, serão analisadas as modificações por atos de disposição e por atos de administração.

Sabe-se que este trabalho, conquanto preocupando-se em abordar analiticamente a figura da condição suspensiva, não esgota todas as possibilidades de exame que essa suscita. No entanto, aliando preocupação dogmática à atenção a problemas práticos, traduz um esforço para a compreensão de suas virtualidades e de suas utilidades.

---

[26] Art. 129. Reputa-se verificada, quanto aos efeitos jurídicos, a condição cujo implemento for maliciosamente obstado pela parte a quem desfavorecer, considerando-se, ao contrário, não verificada a condição maliciosamente levada a efeito por aquele a quem aproveita o seu implemento (BRASIL. *Lei n. 10.406*, de 10 jan. 2002. Institui o código civil. Brasília: Presidência da República, 2002).

Capítulo 1
Função e Estrutura da Condição Suspensiva

Premissas: sentidos da palavra condição
a) Condição vs. Condição imprópria
No direito brasileiro, a palavra *condição* corresponde a duas acepções distintas[27]. Num primeiro sentido, é a cláusula que subordina a eficácia do negócio jurídico a um evento futuro e incerto, com fundamento no exercício da autonomia negocial[28]. Esta acepção é comumente designada *condição em sentido próprio* (ou *em sentido técnico*, ou ainda, *conditio facti*) e está expressa no art. 121 do Código Civil[29]. Adverte-se que será esse o sentido da palavra "condição" adotado neste estudo, limitado, quando possível[30], à sua análise na modalidade suspensiva.

As *condições em sentido próprio* comportam a seguinte distinção: *condição-cláusula* e *condição-fato*[31]. A primeira é "o elemento fático, não necessário,

---

[27] SILVA, *op. cit.*, v. 1. p. 465.
[28] Por autonomia negocial entende-se "o poder reconhecido ou atribuído pelo ordenamento ao sujeito de direito público ou privado de regular com próprias manifestações de vontade, interesses privados ou públicos, ainda que não necessariamente próprios" (PERLINGIERI, Pietro. *O Direito Civil na legalidade constitucional*. Rio de Janeiro: Renovar, 2008, p. 338).
[29] Art. 121. Considera-se condição a cláusula que, derivando exclusivamente da vontade das partes, subordina o efeito do negócio jurídico a evento futuro e incerto.
[30] Principalmente neste capítulo inicial, será necessário referir-se tanto à condição suspensiva quanto à resolutiva.
[31] Tal distinção é própria de PONTES DE MIRANDA (*op cit*, t. V. p. 177). Durval Ferreira faz uma diferenciação similar. O autor português entende por negócio condicional "a modalidade de negócio referida em que, em termos de produção de efeitos, esta dependerá da verificação (ou não) dum facto futuro e incerto, que assim os suspende (total ou relativamente). Cláusula

do ato"[32], advindo da vontade das partes, que "com ela entra no mundo jurídico"[33]. Por outros termos, é a previsão da condição na declaração negocial. A segunda, elemento de eficácia, que pode ou não se dar[34], *i.e.*, é o fato que realiza a *condição-cláusula*. Por exemplo, em uma compra e venda condicionada à concessão de autorização de algum órgão regulamentador, a *condição-cláusula* será a cláusula contratual mediante a qual foi convencionado que a autorização do órgão regulamentador seja concedida. O evento desta autorização será a chamada *condição-fato*. Enquanto a primeira está nos elementos volitivos do suporte fático, a segunda se encontra no plano da eficácia.

Em um segundo sentido, a palavra "condição" é chamada de *condição imprópria* ou *condição em sentido impróprio*. Representa um conceito negativo, dizendo respeito a todo uso da palavra condição, no direito brasileiro, que não corresponda ao conceito de *condição em sentido próprio*. Serão *condições impróprias*, por exemplo, as convenções que prescindam de algum elemento estrutural da condição – futuridade, voluntariedade, incerteza –, como, por exemplo, a *condição impossível*[35].

No gênero *condição imprópria*, ainda há a *conditio iuris* (condição legal), que se reporta aos pressupostos de existência, validade ou eficácia do ato jurídico exigidos por lei[36]. Exemplo escolar é o que afasta a qualidade de condição técnica à cláusula no contrato de compra e venda de bem imóvel cujo evento condicional é a outorga da escritura por parte da vendedora. Assim, ainda que prevista no contrato como "condição", não passa de repetição de algum dispositivo legal. É o que ocorre quando se diz, por exemplo, que a escritura pública é condição dos negócios jurídicos que visem à transferência de direito real sobre imóvel de valor superior a trinta vezes o maior salário mínimo vigente no País (art. 108 do Código Civil de 2002). Desse modo, enquanto a *condição legal* deriva da lei, a *condição em sentido pró-*

---

condicional, será a parte relativa da declaração negocial que estabelece tal dependência. Condição será o facto futuro e incerto de cuja verificação (ou não) depende a produção dos efeitos do negócio (ou a sua não verificação) " (FERREIRA, Durval. *Negócio jurídico condicional*. Coimbra: Almedina, 1998. p. 13).

[32] PONTES DE MIRANDA, *op. cit.*, t. V. p. 177.
[33] *Ibidem*.
[34] *Ibidem*.
[35] Ver, *infra*, item 2.2.3. do Capítulo 1.
[36] Assunto é retomado no item 2.1.2, adiante, do Capítulo 1.

prio provém do exercício da autonomia dos contratantes[37]. Veja-se, assim, que a *conditio iuris* é parte da figura jurídica, e não da declaração de vontade em si[38]. Embora possam apresentar algumas semelhanças[39], as chamadas *conditio iuris* não se confundem com as de que trata este trabalho, não se lhes aplicando o regime jurídico próprio da condição em sentido técnico[40].

Depois de esclarecidos os dois sentidos principais da palavra "condição", e advertido qual deles será empregado nesta dissertação, passa-se ao exame da sua natureza jurídica.

b) *Natureza jurídica*

A natureza jurídica da condição, como instituto jurídico, foi objeto de intensos debates e divergências na doutrina desde o século XIX, tentando-se determinar, primeiramente, a relação entre condição e vontade negocial, e, já num segundo momento, entre condição, tipo negocial, causa e motivo do negócio. Essas discussões têm a peculiaridade de envolver a análise da natureza da condição em diversas relações nas quais ela pode participar – condição e vontade, condição e negócio, condição e efeitos, condição e tipo abstrato – e, muitas vezes, redundam em confusão, seja por problemas terminológicos, seja pela própria dificuldade inerente ao tema.

A primeira discussão diz respeito, sinteticamente, à relação entre *vontade e condição*. Debateu-se, por muito tempo, se condição seria autolimitação da vontade ou determinação acessória à vontade[41]. A primeira hipótese incluía dissidências sobre como se operaria tal limitação, se o objeto de limitação era os efeitos da vontade, a própria existência da vontade ou, em realidade, o conteúdo da vontade.

---

[37] Em sentido contrário, reconhecendo-se a qualidade de condição propriamente dita à condição que emana da Lei: PERNAMBUCO. Tribunal de Justiça. Apelação. Pernambuco:[s.n.], 27 maio 1946 *apud* BUSSADA, Wilson. *Código civil brasileiro interpretado pelos Tribunais.* Rio de Janeiro: Liber Juris, 1980. p. 198. v. 1. t.II. e por PONTES DE MIRANDA, *op. cit.*, t. V. p. 177.

[38] PONTES DE MIRANDA, Francisco Cavalcanti. *Tratado de Direito Privado.* São Paulo: RT, 2012. p. 292. t. LVI

[39] Segundo Pontes de Miranda, as duas figuras assemelham-se pelos fatos de: (i) ligarem-se à eficácia, podendo acontecer que a *conditio iuris* se ligue à existência; (ii) referirem-se a evento futuro (PONTES DE MIRANDA, *op. cit*, t. V. p. 176).

[40] *Ibidem.*

[41] Para esse debate ver ESPINOLA, Eduardo. *Manual do Código Civil brasileiro.* Rio de Janeiro: Jachinto Ribeiro dos Santos. 1926, p. 10 e ss. v. 3. 2. parte; PINTO COELHO, José Gabriel. *Das cláusulas accessorias dos negócios jurídicos:* condição. Coimbra: Coimbra, 1909. p. 8-ss. v. 1.

Críticas foram feitas a essas concepções. Apontou-se que toda a vontade se restringe em razão de diversas naturezas[42]. Isto é, a vontade pode, por exemplo, ser restringida "quando o proprietário, podendo alienar o prédio, estabelece uma servidão ou transfere o usufruto"[43], ou pela própria determinação do objeto da venda. Concluiu-se que a limitação da vontade não é o que, de fato, caracteriza a condição, por ser certa vicissitude natural e corriqueira das declarações negociais. Disse-se, também, que a ideia de autolimitação implica cisão da vontade em dois momentos, um em que há vontade principal e outro no qual há vontade limitada[44], o que não faria sentido, pois "a diferença entre negócio condicionado e o incondicionado não é quantitativa, mas qualitativa"[45]. Por fim, entendeu-se que não há uma limitação efetiva na extensão da vontade nos negócios condicionais, porque, se a condição se realiza, não há restrição alguma da vontade já que o negócio se realizará na mesma extensão que se não lhe fosse aposta a condição[46].

A segunda hipótese é a de que a condição se traduz numa disposição acessória, e até hoje bastante utilizada, mas nem por isso deixa de ser alvo de críticas. Sendo acessória, pressupõe-se a existência de uma declaração principal, autônoma, cuja eficácia e cuja existência prescindam da condição. Contudo, a condição não é distinta da declaração que se diz principal; une-se a ela, como um todo incindível, de modo que "se da condição depende a sorte de todo o negócio jurídico, é evidente que ela constitui parte integrante e substancial dele"[47].

Autorizada doutrina[48] vê na relação entre condição e vontade uma *relação de unidade*. Por outros termos, no negócio condicional, a condição é parte

---

[42] ESPINOLA, Eduardo. *idem*, p. 10-11.
[43] *Idem*, p. 11.
[44] *Ibidem*, citando Enneccerus.
[45] *Ibidem*..
[46] *Ibidem*, citando Fitting.
[47] ESPINOLA, *idem*, p. 14, citando Coviello.
[48] Na doutrina pátria: AMARAL, Francisco. In: FRANÇA, Limongi (Coord.). *Enciclopédia Saraiva do Direito*. São Paulo: Saraiva, 1978. p. 51. v. 17; CARVALHO SANTOS, J.M. *Código Civil brasileiro interpretado*. 14. ed. Rio de Janeiro: Freitas Bastos, 1991. p. 5-6. v. 3, embora tal autor a reconheça formalmente como disposição acessória, sua concepção sobre a natureza da condição está muito mais ligada ao reconhecimento de uma relação de unidade entre condição e vontade (esta confusão terminológica é bastante comum); SILVA, Caio Mário Pereira da. *op. cit.*, v. 1. p. 465-466; PONTES DE MIRANDA, *op. cit.*, t. V. p. 165-166; RÁO, *op. cit.*, p. 290;

essencial, de modo que não há restrição à vontade, mas, sim, "alteração do suporte fático legal do negócio jurídico em causa"[49]. Há, nas palavras de Pontes de Miranda, "determinação inexa" entre condição e declaração de vontade, isto é, a condição "[é] parte da manifestação de vontade; não é manifestação anexa (...) [a] vontade existiu e existe com o seu conteúdo; o ato jurídico perfez-se: apenas, se a condição ocorre, há o efeito, se não ocorrer, não no há"[50].

Além disso, autores de peso rechaçam a concepção segundo a qual existem dois momentos na declaração de vontade no negócio condicional, *i.e.*, como se houvesse um em que há uma vontade pura, e outro no qual há adição da condição àquela vontade dita pura[51]. No negócio condicional, como afirma Durval Ferreira, a vontade consiste num monólito, é única e incindível[52].

A solução desse debate parece estar no discrime entre *cláusula-condição* e *condição-fato*[53]. No negócio condicional, a vontade relaciona-se com a *cláusula-condição*, originando uma *relação de unidade*, já que a vontade dos contratantes é única, de modo a somente disparar os efeitos principais do negócio "se" e "quando" o evento ocorrer. A vontade dita *pura*, *i.e.*, a simples realização do negócio "puro" e imediato, não é a vontade concreta dos contratantes. É uma vontade puramente estranha ao que efetivamente corresponde ao programa contratual *concretamente* adotado pelas partes.

CARVALHO DE MENDONÇA, Manoel Ignácio. *Doutrina e prática das obrigações*. 2. ed. Rio de Janeiro: Francisco Alves, [s.d.]. p. 242. v. 1.; DANTAS, San Tiago. *Programa de Direito Civil*. 3.ed. Rio de Janeiro: Forense, 2001. p. 258.
Na doutrina estrangeira, exemplificativamente: GASCÓ, *op. cit.*, p. 18 – ss.; CARIOTA FERRARA, Luigi. *Il negozio giuridico*. Napoli: Morano, [s.d.]. p. 668 – ss; PINTO COELHO, *op. cit.*, p. 4 – ss; ANDRADE, Manuel A. Domingues. *Teoria geral da relação jurídica*. Coimbra: Almedina, 1983. p. 357. v. 2.; DURVAL, *op. cit.*, p. 14; DÍEZ-PICAZO, Luis; GULLÓN, Antonio. *Sistema de Derecho Civil*. 7.ed. Madrid: Tecnos, 1989. p. 565. v. 1.
[49] PONTES DE MIRANDA, *op. cit.*, t. V. p. 166.
[50] *Idem*, p. 165-166.
[51] FERREIRA, *op. cit.*, p. 14. Embora afirmem que a condição consubstancia em uma autolimitação da vontade ou, ainda, que configure uma disposição acessória, autores há que rechaçam a existência de dois momentos na formação da vontade no negócio condicional: MESSINEO, Francesco. *Manuale di Diritto Civile e Commerciale*. Milano: Dott. A Giuffrè, 1957. p. 584. CARVALHO SANTOS, *op. cit.*, v. 3. p. 5-6.
[52] DURVAL, *op. cit.*, p. 14.
[53] Vide premissas ao Capítulo 1, *supra*.

A *condição-fato*, por sua vez, não atua no elemento volitivo do suporte fático do negócio condicional. Ela corresponde ao fato que dá início aos *efeitos condicionados* do negócio jurídico, *i.e.*, representa um *elemento essencial* ao efeito. Assim, tem razão aqueles que entendem dar-se a sua atuação no *plano da eficácia*. O negócio jurídico existe desde a sua celebração, razão pela qual a *condição-cláusula* ou a *condição-fato* não são pressupostos de existência ou validade do negócio jurídico[54]. Neste momento, o que se dá é a entrada da *cláusula-condição* no mundo jurídico a partir do elemento volitivo do suporte fático. Caso se considerasse que a condição opera no *plano da existência*, não haveria *fato jurídico* antes da realização da condição[55], não havendo justificativa para a tutela jurídica existente no momento da pendência da condição suspensiva. Já quando se considera que a *condição-fato* atua no plano da eficácia, há *fato jurídico* desde a celebração do negócio[56].

Ao que nos parece, portanto, nunca se pode falar de *restrição da vontade*[57], mas, sim de restrição parcial e temporária de determinados *efeitos* do negócio jurídico. No estado de *pendência* da condição suspensiva, o negócio condicional existe e produz provisoriamente efeitos[58] ditos *secundários*[59] (*eficácia interimística*), como, *e.g.*, a possibilidade de conservação da coisa (art. 130 do Código Civil), sanção a condutas ilícitas das partes (art.

---

[54] Como se verá no item 2.1.2 do Capítulo 1, excepcionalmente a *condição* pode envolver um pressuposto de validade, quando, na ocasião, a realização da condição atuará como uma excludente de invalidade do contrato.

[55] PONTES DE MIRANDA, *op. cit.*, t. V. p. 162.

[56] *Ibidem*.

[57] Seguindo a nomenclatura Ponteana, prefere-se utilizar, nessas hipóteses, o termo *restrição*. Isso porque, quando as ablações ao poder emanam da lei, fala-se *limitação* de poder; quando provindas do negócio jurídico, diz-se *restrição* de poder (*idem*, t. V. p. 297).

[58] Em sentido similar, Pietro Perlingieri: "Il negozio condizionate non è, quindi, um negozio inesistente. Fondare sull'attualità del negozio per riferire la condizione agli effetti giuridici negoziali, e non al negozio, sarebbe errato. Il negozio esiste e produze provvisoriamente effetti". Tradução livre: "O negócio condicional não é, então, um negócio inexistente. Encontrar a atualidade do negócio por reportar a condição aos efeitos jurídicos negociais, e não ao negócio, parece errado. O negócio existe e produz provisoriamente efeitos" (PERLINGIERI, Pietro. *Il negozio su beni futuri*: la compravendita di cosa futura. Napoli: Casa Editrice Dott. Eugenio Jovene, 1962. p. 134).

[59] Adotaram-se, neste trabalho, as críticas feitas por Karl Larenz e Durval Ferreira aos termos *efeitos preliminares, efeitos prodrómicos ou efeitos prévios* ao se referir aos efeitos produzidos durante o período da pendência no contrato condicional, já que o negócio jurídico condicional já foi concluído só estando a faltar a realização dos efeitos condicionados (LARENZ, Karl. *Derecho Civil*. 3.ed. Madrid: Editoriales de Derecho Reunidas, 1975. p. 686; FERREIRA, *op. cit.*, p. 187).

129 do Código Civil). Em suma, a vontade é única, no sentido de se querer realizar negócio cujos *efeitos condicionados* estarão pendentes até a verificação do evento futuro e incerto, mas que, desde logo, surte *efeitos secundários*, que visam a assegurar o direito eventual que poderá surgir, caso ocorrido o evento condicional. Pode-se dizer, assim, que somente os *efeitos principais* têm eficácia protraída, não havendo *fato jurídico* absolutamente ineficaz, mesmo no estado de pendência[60].

Além disso, não parece correto falar em *relação de acessoriedade* ou *acidentalidade* entre *vontade* e *condição-cláusula*, mas sim entre *condição-cláusula* e o *tipo abstrato negocial*[61], o que, adverte-se, não implica negação à unidade volitiva do negócio concreto. Parece que muitos autores, de modo não muito claro, referem-se à disposição acessória de vontade, quando, no contexto que eles mesmos traçam, estão a tratar de acessoriedade entre o tipo ou negócio *abstratamente* considerado e a condição[62]. Domenico Barbero fez claramente esta distinção, ao propor que "a *condição* é acessória, quando se refere ao tipo abstrato do negócio" e conclui: "não [quanto ao] singular negócio concreto"[63].

Com efeito, a acessoriedade significa que há algo principal, autônomo, que dá suporte ao acessório, e dele não prescinde. Ao tipo abstrato, faz sentido a condição ser assessória, pois o tipo continuará autônomo à condição. Exemplifica-se: qualquer compra e venda abstratamente considerada será compra e venda independentemente da aposição ou não de uma

---

[60] MELLO, Marcos Bernardes de. *Teoria do fato jurídico*. 8. ed. São Paulo: Saraiva, 2013. p. 65. 1. parte.

[61] BARBERO, Domenico. *Contributo ala teoria dela condizione*. Milão: Dott. A. Giuffrè Editore, 1937. p. 20. INDOLF, Maria. La condizione secondo la teoria della fattispecie. La concezione di Angelo Falzea. I successivi sviluppi. In: ALCARO, Francesco (cura). *La condizione nel contratto: tra "atto" e "attività"*. Milão: CEDAM, 2008. p. 10; MIRANDA, *op. cit.*, p. 189. O último autor afirma que a condição não entra na estrutura típica do ato jurídico.

[62] CARVALHO SANTOS, *op. cit.*, v. 3. p. 6; MESSINEO, *op. cit.*, p. 582-584. Sobre o assunto ver: PENTEADO, Luciano de Camargo. Clausulas típicas do negócios jurídico: condição, termo e encargo. In: *Teoria geral de Direito Civil*. São Paulo: Atlas, 2008, p. 471-475.

[63] BARBERO, *op. cit.*, p. 20; RUGGIERO, Roberto de. *Instituições de Direito Civil*. São Paulo: Saraiva, 1935. p. 285. v. 1. (Tradução da 6. ed. Italiana); COSTANZA, Maria. La condizione e gli altri elementi accidentali. In: GABRIELLI, Enrico (coord.). *Trattato del contratti*. Torino: UTET, 1999. p. 812-813. t. II. Sentido similar: Betti, que entende por condição um elemento do conteúdo perceptivo do contrato, mas estranho à sua estrutura típica (*Teoria geral do negócio jurídico*. Coimbra: Coimbra Editora, 1970. p. 98. t. III). Ver também explicação de José Gabriel Pinto Coelho (*op. cit.*, p. 5 – ss.).

condição. Contudo, o "negócio condicional de compra e venda" não será o negócio de fato querido pelas partes, se a ele faltar a condição. É como se, ao se retirar a condição, a compra e venda não se encaixasse naquele concreto programa contratual[64].

Angelo Falzea tratou com precisão do caráter *acessório* e *externo* da condição. Explica que a exterioriedade da condição deve ser entendida no sentido de que ela não altera a natureza do ato, *i.e.*, ele continua com sua composição interna e sua consequência jurídica intactas[65]. A condição, assim, encontra-se entre a *fattispecie causal* e a situação efetiva, incidindo unicamente na eventualidade de sua eficácia, razão pela qual esse autor denomina a condição como uma *concausa de eficácia do ato jurídico*[66].

Vale mencionar que, quando se afirma que a "condição é essencial", remete-se à eficácia dos efeitos principais do negócio condicional. Não se quer dizer que a *condição-fato* é elemento essencial, no sentido da classificação tradicional que divide os elementos essenciais do negócio jurídico em naturais e acidentais[67]. Os primeiros, como se sabe, são elementos essenciais à existência e à validade do negócio, mas não é, nesse contexto, que a *condição-fato* atua.

Outros debates versam sobre a relação entre *condição*, *causa* e *motivo*, temas de considerável complexidade do Direito Civil[68] e que aqui não serão enfrentados senão para apontar as necessárias distinções.

De modo geral, no sistema brasileiro o motivo é, em linha de princípio, elemento irrelevante para a validade de um negócio (Código Civil, art. 140)[69], salvo se expresso como razão determinante do ato, cabendo porém

---

[64] Explicação similar encontramos em PINTO COELHO, *op. cit.*, p. 15 – ss.
[65] FALZEA, *op. cit.*, p. 131.
[66] FALZEA, *op. cit.*, p. 18.
[67] Nesse sentido, registre-se o pensamento de Pietro Perlingieri, para quem "la condizione è elemento accessorio del negozio giuridico divenendo, di volta in volta, in concreto, essenziale alla sola efficacia negoziale. (Tradução livre: "a condição é elemento acessório do negócio jurídico tornando-se, ao longo do tempo, em concreto, essencial unicamente à eficácia negocial") (*op. cit.*, p. 133).
[68] RÁO, *op. cit.*, p. 100; DÍEZ-PICAZO, Luis. *Fundamentos del Derecho Civil patrimonial*. 5.ed. Madrid: Editorial Civitas, 1996. p. 215-216. v. 1.
[69] Além disso, como ensina Antonio Junqueira de Azevedo, é comumente aceito o princípio da irrelevância dos motivos psíquicos na validade e eficácia dos negócios jurídicos. Esses motivos não fazem parte do suporte fático. (AZEVEDO. Antonio Junqueira de. *Negócio jurídico e declaração negocial*: noções gerais e formação da declaração negocial. São Paulo: [s.n.], 1986.

notar que no vigente Código Civil, poderá ter relevância no *plano da validade*, na forma do art. 166, inciso III, *a contrario*. Quando a doutrina trata das particularidades da condição, de pronto afirma que, por meio dela, é possível tornar um *motivo irrelevante* em *relevante* ao negócio[70]. Alude-se ao *motivo*, e não à *causa*, pois, consabidamente, a *causa* distingue-se do *motivo*, segundo concepção geralmente aceita e referente a uma das acepções possíveis ao termo "causa", por ser esta "a razão de ser"[71], a função econômico-individual do negócio[72], enquanto os *motivos* são as razões que levam o declarante a proferir sua declaração[73]. O *motivo relevante*, por sua vez, é aquele comum às partes, o qual diz respeito ao resultado que surgirá dos efeitos da declaração, sempre submetido a uma análise objetiva[74]. Nas palavras de Pontes de Miranda, são motivos que se inserem nos suportes fáticos e entram, com esses, no mundo jurídico[75]. Assim, o último influencia a caracterização da *causa*, já que dela faz parte.

Os *motivos* podem, portanto, integrar a *causa*, mas com ela não se confundem ainda que integrados. Pontes de Miranda bem distingue: os *motivos* que as partes elevam a *condição* não são idênticos à *causa*[76]. São motivos insertos nos suportes fáticos tornados relevantes[77]. Messineo também rechaça a sinonímia entre causa e motivo[78], considerando a *condição* espécie particular de *motivo relevante*. Explica que

---

p. 213). Mesmo sentido: KONDER, Carlos Nelson. Causa do contrato X função social do contrato: estudo comparativo sobre o controle da autonomia negocial. In: *Revista Trimestral de Direito Civil*, v. 43, p.74, jul./set. 2010; PEREIRA, *op. cit.*, p. 424.

[70] FERREIRA, *op. cit.*, p. 7. THUR, *op. cit.*, v. 3. p. 244-245; AZEVEDO, *op. cit.*, p. 231; PONTES DE MIRANDA, *op. cit.*, t. III. p. 163.

[71] AZEVEDO, *op. cit.*, p. 128.

[72] KONDER, *op. cit.*, p. 74.

[73] AZEVEDO, *op. cit.*, p. 210.

[74] AZEVEDO, *op. cit.*, p. 215. Sentido similar, Carlos Konder, para quem os motivos que importam à causa não correspondem à "motivação pessoal das partes, mesmo que partilhadas entre elas – o conhecimento pela outra parte, em que pese ser relevante, não é necessário nem suficiente, mas sim aquilo que se tenha objetivado como parte daquela situação contratual específica" (KONDER, *op. cit.*, p. 74).

[75] PONTES DE MIRANDA, *op. cit.*, t. III. p. 163.

[76] *Idem*, p. 160.

[77] *Idem*, p. 163.

[78] MESSINEO, *op. cit.*, p. 585.

(...) enquanto [a condição] implica *subordinação* de eficácia (ou cessão de eficácia) do negócio a um qualquer evento, a causa implica *previsão* de um evento, que o sujeito, servindo-se do negócio, é posto em posição de conseguir; e, para além, sua causa, a condição não opera[79].

Similar parece ser a concepção de Durval Ferreira, para quem o negócio condicional tem uma "causa funcional de dependência", implicando elevação do concreto motivo a *motivo-causalizado* "com os consequentes efeitos jurídicos de dependência da produção de efeitos do negócio típico [sic] presumindo-se a sua 'concausalidade, determinante e necessária'"[80].

Operando em um sistema causalista – isto é, em que a causa é elemento de validade do negócio jurídico[81], e, nesse sentido, diferente do sistema brasileiro -, Perlingieri igualmente trata da relação entre *condição* e *causa*, porém, sob perspectiva diversa, coerente com os dados do sistema causalista. Para ele, a condição não diz respeito ao *efeito*, mas sim, à *causa* do negócio[82], exercendo, todavia, uma *função própria*. Explica que o efeito definitivo não se origina da condição, mas a última afeta, na verdade, a eficácia da causa do negócio. Note-se, assim, que a relação entre *condição* e *efeitos condicionados* configura uma *relação indireta*, na medida em que haverá impossibilidade de produção dos *efeitos condicionados* nas situações em que a *condição* afetar a eficácia da causa[83]. Afirma ainda que a condição pode, em concreto, dar vida a um *efeito* essencial do negócio[84].

Como demonstrado, a "natureza jurídica" da condição pode ser entendida de diversos pontos de vistas. Neste trabalho, filia-se à ideia segundo a qual a condição é uma cláusula que se encontra integrada, de um modo incindível, à declaração negocial, mediante a qual se constitui e se expressa um interesse (*motivo relevante*) relacionado ao momento da produção de certos efeitos, que não chega a se confundir com a *causa* do contrato.

---

[79] *Ibidem*.
[80] Ferreira, *op. cit.*, p. 13.
[81] Código Civil italiano, art. 1.325: "I requisiti del contratto sono: (...) 2) a causa (1343 e seguenti)". Tradução livre: Art. 1325: "Os requisitos do contrato são: (...) 2) a causa (1343 e seguintes)".
[82] Perlingieri, *op. cit.*, 1962, p. 130-131.
[83] Perlingieri, *op. cit.*, 1962, p. 131.
[84] Perlingieri, Pietro. *Perfis do Direito Civil:* introdução ao Direito Civil Constitucional. 3. ed. Rio de Janeiro: Renovar, 2007. p. 99.

1. Função da condição

Como se sabe, o aspecto funcional dos institutos jurídicos tem, desde o final do século XIX, mais notadamente no século XX, ganhado relevância na doutrina. Muito embora haja marcantes diferenças nos enfoques teóricos, seja pelo pensamento de juristas europeus, como Bobbio[85] e Perlingieri[86], seja por influxo do funcionalismo norte-americano nas Ciências Sociais[87], tem-se constatado que a qualificação de um instituto jurídico não será completa se somente for avaliado o seu aspecto estrutural (*como é*), devendo, assim, ser complementada pela análise de sua função (*para que serve*). A função, nos dizeres de Pietro Perlingieri, "determina a estrutura, a qual segue – não precede – a função"[88]. Considera-se, pois, que "o aspecto funcional condiciona o estrutural, determinando a disciplina jurídica aplicável às situações jurídicas subjetivas"[89].

Enquanto a estrutura diz respeito ao aspecto estático do instituto jurídico – *i.e.*, aos elementos necessários para formar um ato idôneo a produzir efeitos jurídicos (os quais, em relação à condição, serão analisados no item 2.1. deste capítulo) -, a função diz respeito ao "para o que serve" o instituto. Por isto disse Perlingieri ser a função a síntese dos efeitos "essenciais" do fato, cuja identificação deve "considerar os princípios e valores do ordenamento que a cada vez permite proceder à valoração do fato"[90].

Desse modo, tendo em vista a importância e a precedência da compreensão da função do estudo dos institutos jurídicos, caberá agora analisar justamente a função[91] do negócio sob condição suspensiva.

---

[85] BOBBIO, Norberto. *Da estrutura à função*. Barueri: Manole, 2007.
[86] PERLINGIERI, Pietro. *O Direito-Civil na legalidade constitucional*. Rio de Janeiro: Renovar, 2008.
[87] Destaca-se, por sua influência no pensamento de Miguel Reale, a obra dos sociólogos norte-americanos PARSONS, Talcot e Robert MERTON, representantes do chamado "funcionalismo estrutural". Vide: REALE, Miguel. *O Direito como experiência*. 2. ed. São Paulo: Saraiva, 1999. p. 152- ss.
[88] PERLINGIERI, *op. cit.*, 2008, p. 643.
[89] TEPEDINO, Gustavo. Notas sobre a função social dos contratos. In: TEPEDINO, Gustavo; FACHIN, Luiz Edson (coords.). *O Direito e o tempo*: embates jurídicos e utopias contemporâneas. Rio de Janeiro: Renovar, 2008. p. 400.
[90] PERLINGIERI, *op. cit.*, 2008, p. 642.
[91] A palavra *função* é polivalente na linguagem jurídica, provocando ambiguidade, razão pela qual é preciso esclarecer qual o sentido adotado neste trabalho. No direito contratual, fala-se em *função social, função* associada à *causa do contrato*, *i.e.*, a causa do negócio como finalidade de determinado ato jurídico. Essa noção, porém, também pode ser entendida de diversos

Esta é a função de deslocar temporalmente a *exigibilidade* de todos ou de alguns efeitos do negócio validamente celebrado. Por ato de autono-

pontos de vista (para retrospectiva histórica ver: KONDER, Carlos Nelson. Causa do contrato X função social do contrato: estudo comparativo sobre o controle da autonomia negocial. *Revista Trimestral de Direito Civil*, Rio de Janeiro, v. 43, p. 33-76, jul./set. 2010; MARTINS-COSTA, Judith. A teoria da causa em perspectiva comparativa: a causa no sistema civil francês e no sistema civil brasileiro. *Revista da Associação dos Juízes do Rio Grande do Sul*, Porto Alegre, n.45, p. 213-244, maio 1989; SILVA, Luis Renato Ferreira da. *Reciprocidade e contrato*: a teoria da causa e sua aplicação nos contratos e nas relações 'paracontratuais'. Porto Alegre: Livraria do Advogado, 2013). Em linhas muito gerais, à causa já foram atribuídos diversos sentidos: o de motivo (impulso psicológico), o sentido subjetivo (o fim almejado pelos contratantes), sentido objetivo (função econômico-social que o contrato exerce), a causa da atribuição patrimonial (como, pelo inverso, no enriquecimento sem causa) etc. Dentre os civilistas brasileiros, as diferenças na conceituação de causa são por vezes sutis. Para alguns, a causa é síntese dos efeitos essenciais do negócio concretamente considerado (KONDER, *op. cit.*, p. 74; MORAES, Maria Celina Bodin de. O procedimento de qualificação dos contratos e a dupla configuração do mútuo no Direito Civil brasileiro. *Revista Forense*. Rio de Janeiro, n. 309, p. 33-61, 1989), podendo ser entendida como *função econômico-individual* de um contrato específico, expressa pelo "valor e capacidade que as próprias partes deram à operação negocial na sua globalidade considerada na sua concreta manifestação" (KONDER, *op. cit.*, p. 74), o que não significa que entre nessa esfera aquilo que seja motivo individual das partes, mas somente "aquilo que se tenha objetivado como parte daquela situação contratual específica" (KONDER, *op. cit.*, p. 74). Já para Antônio Junqueira de Azevedo, inspirado nas lições de Emílio Betti, a causa é a função prático-social ou econômico-social do negócio jurídico, *i.e.*, fato externo ao negócio, mas que o justifica do ponto de vista social e jurídico (AZEVEDO, Antônio Junqueira. *Negócio jurídico*: existência, validade e eficácia. 4. ed. São Paulo: Saraiva, 2002. p. 150- ss.). Judith Martins-Costa, por sua vez, entende que a causa não deve ser compreendida apenas no sentido de "causa abstrata" ou "típica" do negócio, conforme elaborou Betti, mas, sim, de causa concreta, levando em consideração as lições de Guido Alpa, para quem a causa, enquanto razão justificativa da operação econômica concretamente considerada, é um elemento lógico-estrutural da veste jurídica (MARTINS-COSTA, Judith. Reflexões sobre a Função Social dos Contratos. In: CUNHA, Alexandre dos Santos (Coord.). *O Direito da Empresa e das Obrigações e o novo Código Civil brasileiro*. São Paulo: Quartier Latin, 2004. p. 218. nota de rodapé n. 2).
Seja como for, certo é que a *causa*, em nosso Código Civil, não foi elencada como requisito de validade dos negócios jurídicos (art. 104), o que não significa que os negócios não tenham causa: eles a têm, apenas essa não entra no suporte fático como elemento de validade. Não obstante isso, a noção é relevante seja por suas implicações no plano da eficácia, seja para a qualificação dos negócios jurídicos.
Gustavo Tepedino demonstra que a *função* desempenhada por uma situação jurídica é o que define os poderes atribuídos ao titular de direito subjetivo e das situações jurídicas subjetivas (TEPEDINO, *op. cit.*, p. 400). A causa é o único meio idôneo, do seu ponto de vista, para se estabelecer a diferença entre contratos e a consequente disciplina jurídica a ser aplicada (Questões controvertidas sobre o contrato de corretagem. *Temas de Direito Civil*. 3. ed. Rio de

mia privada, os contraentes remetem a eficácia do negócio para o futuro, fazendo-a depender de um evento incerto.

Partindo da premissa segundo a qual a *condição* configura um instrumento que adiciona um *motivo relevante* ao negócio, importante saber qual

Janeiro: Renovar, 2004, p. 143). Nessa linha, conta-se também com Maria Celina Bodin de Moraes para quem a causa pode exercer três funções "i) serve a dar juridicidade aos negócios, em especial a contratos atípicos, mistos e coligados; ii) serve a delimitá-los através do exame da função que o negócio irá desempenhar no negócio jurídico; iii) serve, enfim, a qualificá-los, distinguindo seus efeitos e, em consequência, a disciplina a eles aplicável" (MORAES, Maria Celina Bodin de. *Na medida da pessoa humana*: estudos de direito civil-constitucional. Rio de Janeiro: Renovar, 2010. p. 303). Por outro lado, Antônio Junqueira entende que a causa não exerce o papel de qualificação, mas pode influenciar a validade ou eficácia dos negócios causais (AZEVEDO, *op. cit.*, p. 152). Estabelece que a atribuição do regime jurídico a que um negócio obedece ocorre por meio do *elemento categorial inderrogável objetivo* (AZEVEDO, *op. cit.*, p. 150), que nada mais é do que o seu *objeto típico* (que é, basicamente, a referência que se faz à causa no próprio conteúdo do negócio). Exemplifica que a função de uma compra e venda que visa à garantia não é a mesma que de uma compra e venda que visa à circulação de bens. Apesar de apresentarem funções diferentes, seus tipos e regimes jurídicos são iguais (AZEVEDO, *op. cit.*, p. 150). Não nega, porém, que a função possa alterar as regras legais, como ocorreu, por exemplo, na alienação fiduciária em garantia. O que o autor inadmite é que a função influa diretamente sobre o regime de cada negócio em concreto (AZEVEDO, *op. cit.*, p. 151).

Ao tratar da qualificação dos contratos atípicos, Judith Martins-Costa sublinha a redescoberta pela doutrina da utilidade da noção de causa para compreender e tratar do fenômeno da atipicidade. Assim, enquanto sempre há uma causa típica nos contratos típicos, nos atípicos é preciso averiguar se há uma causa, e se essa é lícita, por exemplo: negócios fiduciários são permitidos, mas não o são os negócios simulados. Os novos modelos contratuais exigem do intérprete um cuidado maior na qualificação jurídica, pois qualificar é um processo que conduz à classificação e ao enquadramento de determinado ato ou contrato em determinado regime jurídico. Normalmente, para a autora, a operação mental própria à qualificação dos negócios legalmente típicos é a subsunção. No caso dos contratos atípicos, recorre-se à causa, uma vez que sua "qualificação não resulta da lei, devendo ser realizada caso a caso para averiguar a compatibilidade, ou não, do concreto acordo de interesses com o ordenamento jurídico" (MARTINS-COSTA, Judith. Notas de aula da Disciplina Teoria Geral dos Contratos da Faculdade de Direito da Universidade Federal do Rio Grande do Sul. Porto Alegre: [s.d], 1990), também reconhecendo a utilidade da causa para qualificação nos contratos atípicos: MARTINS-COSTA, *op. cit.*, p. 218, nota de rodapé n. 2. Veja-se, assim, que a autora encontra-se numa linha intermediária entre as antes referidas, uma vez que reconhece a função de qualificação, excepcionalmente, nos casos de atipicidade.

Conclui-se, desse modo, que a *causa*, entendida como *função econômico-individual*, ou *função concreta*, está presente em todos os negócios, sejam típicos ou atípicos, e exerce funções relevantes seja no âmbito da eficácia seja para fins de qualificação. É imprescindível, assim, perquirir a *função* da condição suspensiva, a fim de que o intérprete do direito tenha ferramentas necessárias para identificá-la no caso concreto.

o conteúdo desse motivo tornado relevante pela *condição-cláusula*. Esse motivo expressa um *interesse externo* comum às partes, que ganha relevância jurídica a partir da convenção da cláusula. Essa relevância jurídica, por sua vez, refere-se ao *regime jurídico* próprio do negócio jurídico condicional (arts. 121-130 do Código Civil). Antes de examinar tal regime, imprescindível entender o conteúdo desse *interesse externo*.

Espínola, um dos poucos brasileiros que enfrentaram diretamente o assunto, entende que os *motivos* tornados relevantes pela *condição* seriam simplesmente as utilidades resultantes de determinada situação jurídica em tempo futuro, e não atualmente, razão pela qual "o direito objetivo a respeita e fornece os meios necessários para que se possa a situação jurídica desenvolver sua eficácia no momento previsto"[92]. Similar pensamento é o de Pontes de Miranda para quem o *interesse* seria o de adequar as relações inter-humanas ao futuro, que é incerto[93].

Note-se, assim, que ambos os autores sublinham a *futuridade* da situação fática que compõe o motivo tornado relevante pela condição. Contudo, a rigor, a característica principal do modelo condicional é a sua *incerteza*, razão pela qual a melhor compreensão do *motivo* tornado relevante pela condição se refere ao *interesse* decorrente da *incerteza* de uma *situação fática*[94] deslocada temporalmente. A *incerteza*, nas palavras de Tatarano, refere-se à atual indisponibilidade de um dado decisivo para a plena realização do resultado final[95]. Franco Carresi[96] didaticamente explana a operatividade do *interesse externo* típico do negócio condicional: ao celebrar um contrato, de modo geral, as partes comungam do interesse de alcançar um escopo; esse interesse varia conforme a possibilidade, ou não, do seu alcance, *i.e.*, caso esse escopo não possa ser alcançado, o interesse de celebrar o contrato diminui. A particularidade do negócio condicional é que as partes se vinculam no momento em que se está a perquirir se o escopo ulterior poderá ou não alcançar-se, *i.e.*, não há certeza sobre a efetiva ocorrência do escopo prático do negócio. O contrato produzirá efeito, se o evento ocorrer; caso contrário, o contrato ficará definitivamente ineficaz, deixando de

---

[92] ESPÍNOLA, *op. cit.*, p. 42.
[93] PONTES DE MIRANDA, *op. cit.*, t. V. p. 171.
[94] TATARANO, Giovanni; ROMANO, Carmine. *Condizione e Modus*. Napoli: Edizioni Scientifiche Italiane, 2009. p. 25.
[95] TATARANO, *op. cit.*, 2009, p. 25.
[96] CARRESI, Franco. *Il contratto*. Milão: Dott A. Giuffrè, 1987. p. 264-265.

ser vinculante. Desse modo, esse *interesse* derivado da *incerteza* do evento é a razão do regime da *condição em sentido estrito*.

Percebe-se, assim, que não se está a falar de qualquer *incerteza*, exige-se uma *incerteza* que pode vir a ser sanada pela superveniência do evento. Em suma, a ocorrência do evento que dissipa a *incerteza* dá lugar à produção dos efeitos condicionados. Assim, no momento da celebração do negócio condicional é imprescindível a presença da incerteza quanto à superveniência da situação fática, a qual, a rigor, só pode ser sanável em momento futuro.

Nessa linha de pensamento, conta-se com Falzea para quem o *interesse típico* do negócio condicional diz respeito à vinculação efetiva das partes, desde a celebração do contrato, subtraindo a possibilidade de elas, antes do acontecimento do evento condicional, desvincularem-se do negócio por mero arbítrio. Desse modo, não será condição suspensiva a cláusula que, embora assim denominada, permita que as partes se desvinculem, por puro arbítrio, durante a pendência da ocorrência do evento condicional.

Além disso, vale mencionar que a diferença entre condição voluntária e condição legal está na natureza do *interesse externo* que justifica a previsão condicional: no último, o interesse tem natureza pública; no primeiro, o interesse tem natureza estritamente privada[97].

O *interesse externo*, que compõe o motivo tornado relevante pela condição, decorre, portanto, da *incerteza* quanto à ocorrência da situação fática apta a produzir o resultado prático perseguido.

É importante ter em mente que a condição é acidental ao tipo abstrato do negócio, de modo que a sua função não se confunde nem sequer interfere na função da *fattispecie* central do negócio. A condição é um mecanismo ligado ao *interesse* de se vincular a despeito da atual indisponibilidade de um dado decisivo para a plena realização do resultado final, vinculando as partes desde a celebração do negócio – *i.e.*, não permitindo que as partes desistam por mero arbítrio – e, além disso, realizando automaticamente os efeitos pendentes no momento da realização da *condição-fato* – não havendo, por conseguinte, direito potestativo de escolha de as partes realizarem, ou não, o convencionado.

É preciso compreender a efetiva operatividade da condição suspensiva. Afirmar que opera no *plano da eficácia*, como concausa dos efeitos pendentes, é uma assertiva verdadeira, mas muito vaga. A operatividade da con-

---

[97] INDOLF, *op. cit.*, p. 11.

dição, a rigor, diz respeito ao momento que esse efeito pendente se torna *exigível*. Durante a pendência, na relação jurídica pessoal, há "direito a crédito" cuja única característica que o diferencia do "direito de crédito" é a *exigibilidade*[98], razão pela qual há um regime próprio durante essa etapa que visa a tutelar esse direito, regular as modificações sofridas pela coisa[99], bem como a relação da parte expectante e da parte expectada[100]. Esses efeitos não são propriamente a *função* da condição; a *função* é síntese de efeitos, não sinônimo de regime jurídico; o último é consequência daquela. Desse modo, a condição não altera a *fattispecie central*, adiciona um regime particular para regular uma situação fática decorrente de um *interesse externo* que, por sua atuação, ganhou relevância jurídica[101].

Tomando como premissa que o *interesse* que compõe o *motivo* tornado relevante pela condição decorre de uma *incerteza*, a síntese dos efeitos essenciais da condição suspensiva diz respeito ao deslocamento temporal da *exigibilidade* de todos ou de alguns efeitos, sem alterar a função do negócio central, em razão da *incerteza* decorrente da indisponibilidade de um dado decisivo para se alcançar o resultado prático final[102].

Como se afirmou anteriormente, uma função pode derivar de uma estrutura que não seja a sua típica, assim como uma estrutura pode ser manejada para realizar uma função atípica. A tipificação contratual e a aplicação-interpretação das normas aplicáveis, a rigor, derivam de um processo unitário cuja *causa* apresenta papel determinante[103]. Usar um instituto de modo atípico é usar sua estrutura para uma função que não corresponde à função própria de sua estrutura, o que é expressamente permitido pelo art. 425 do Código Civil, congruentemente à estrutura atípica dos direitos obrigacionais (*numerus apertus*). Por outros termos, haverá um "uso atípico" do mecanismo condicional quando sua *função* não corresponder ao deslocamento temporal da *exigibilidade* dos efeitos, sem alterar a função do

---

[98] Ver, *infra*, premissas Capítulo 2.
[99] Ver, *infra*, Capítulo 3.
[100] Ver, *infra*, Capítulo 2.
[101] Sentido similar: INDOLF, *op. cit.*, p. 9.
[102] Sentido similar: TATARANO, *op. cit.*, 2009, p. 25, para quem a função típica da condição se refere à atual indisponibilidade de um dado decisivo para a plena realização do resultado final.
[103] TEPEDINO, Gustavo; BARBOZA, Heloísa Helena; MORAES, Maria Celina Bodin de. *Código Civil interpretado conforme a Constituição da República*. 2. ed. Rio de Janeiro: Renovar, 2012. p. 34. v. 2, remetendo-se à lição de Pietro Perlingieri (PERLINGIERI, *op. cit.*, 2008, p. 378).

negócio jurídico central, em decorrência de uma incerteza de alcançar o resultado prático perseguido pelas partes.

O uso atípico da condição suspensiva não é um tema tratado na doutrina brasileira, embora a jurisprudência apresente casos dessa espécie[104]. Ressalta-se, apesar disso, que nem os julgadores nem as partes enfrentam explicitamente a discussão sobre a atipicidade da condição.

Já o cenário estrangeiro é diferente. O uso atípico do mecanismo condicional está na pauta das discussões da doutrina civilista italiana e da espanhola, principalmente quando é utilizado como instrumento de garantia e de gerenciamento de riscos. Recentemente, na Itália, autores há que reconhecem uma "multifuncionalidade" (ou "polifuncionalidade") do modelo condicional[105]. A hipótese mais discutida sobre o uso atípico é a da convenção do cumprimento do contrato, ou de uma obrigação fundamental, como *condição-fato*, também chamada de *condição suspensiva de adimplemento*. Atualmente tanto a jurisprudência quanto a doutrina italianas reconhecem a validade de tal cláusula[106].

Essa ideia de "multifuncionalidade" da condição tem como base a construção do modelo condicional de Tatarano, para quem a condição não se restringe ao mecanismo de tornar relevante um *motivo irrelevante* à tipicidade do contrato, mas, pelo contrário, serve para tutelar e selecionar *interesses externos*, adaptando o efeito prático do contrato à concreta exigência das partes[107]. Assim, no ponto de vista do autor, o uso do mecanismo condicional não se restringe à *situação tipicamente condicional*, mas se aplica igualmente a outras situações contratuais incertas, tais como: situação

---

[104] SÃO PAULO. Tribunal de Justiça. 3. Câmara de Direito Privado. *Apelação n. 9081533-47.208.8.26.0000*. São Paulo: Tribunal de Justiça, 20 mar. 2014.; SÃO PAULO.Tribunal de Justiça. 27. Câmara de Direito Privado. *Apelação n. 0125611-47.2006.8.26.0100*. São Paulo: Tribunal de Justiça: 09 abr. 2013; SÃO PAULO. Tribunal de Justiça. Tribunal de Justiça. 34. Câmara de Direito Privado. *Apelação n. 0122814-44.2005.8.26.0000*. São Paulo: Tribunal de Justiça: 15 ago. 2007; SÃO PAULO.Tribunal de Justiça. Tribunal de Justiça. 29. Câmara de Direito Privado. *Apelação n. 992.05.113228-0*. São Paulo: Tribunal de Justiça, 07 jul. 2010; RIO DE JANEIRO. Tribunal de Justiça. 3. Câmara Cível. *Apelação n. 2004.001.08884*. Rio de Janeiro: Tribunal de Justiça, 10 ago.2004.

[105] INDOLF, *op. cit.*, p. 17; BALDINI, *op. cit.*, p. 115; GERALDES, João de Oliveira, *Tipicidade contratual e condicionalidade suspensiva*, Coimbra: Almedina, 2010, p. 333

[106] TATARANO, *op. cit.*, 2009, p. 23; COSTANZA, *op. cit.*, 1999, p. 820.

[107] *Idem*, p. 125; *Idem*, p. 5. Mesmo sentido: GASCÓ, *op. cit.*, p. 20.

aleatória e situação condicional atípica[108]. Prossegue este raciocínio admitindo o uso atípico da condição, por exemplo, nos casos em que o efeito translativo do contrato está condicionado à efetiva contraprestação, em particular ao pagamento do preço, *i.e.*, refere-se à hipótese da compra e venda com reserva de domínio. Diz, então, que o mecanismo condicional, nessa hipótese, não realiza a sua *função típica* atinente à atual indisponibilidade de um dado decisivo ao fim da plena realização do resultado final, exercendo, na verdade, uma função, instrumental, de garantia[109]. Nesse contexto, entende que apesar da diferente tipificação do intento na venda com reserva de domínio e na venda condicional, suas disciplinas não são totalmente incompatíveis, de sorte que não deve ser excluída a aplicação analógica da disciplina condicional típica da compra e venda com reserva de domínio[110]. Conclui[111], desse modo, que serão extensíveis à reserva de domínio alguns efeitos próprios do regime condicional, tais como: o poder de realizar medidas conservatórias do direito condicional (art. 1.357 do Código Civil italiano[112]), e a exigência do comportamento segundo a boa-fé durante a fase da pendência (art. 1.358 do Código Civil italiano[113]).

Note-se, contudo, que mesmo nessa perspectiva da função do negócio condicional como mecanismo de seleção e graduação de interesses não há alteração direta da *função* do negócio central[114]. O exemplo acima demonstra que a síntese dos efeitos essenciais continua a mesma, *i.e.*, a transferência da propriedade mediante pagamento do preço. A diferença é que se

---

[108] TATARANO, *op. cit.*, 1976, p. 127; TATARANO, *op. cit.*, 2009 p. 5.
[109] TATARANO, *op. cit.*, 2009, p. 25.
[110] *Idem*, p. 26.
[111] *Idem*, p. 28.
[112] Art. 1.357: *Atti di disposizione in pendenza della condizione. Chi ha un diritto subordinato a condizione sospensiva o risolutiva può disporne in pendenza di questa; ma gli effetti di ogni atto di disposizione sono subordinati alla stessa condizione* (Tradução livre: "Atos de administração na pendência da condição. Quem tem um direito subordinado à condição suspensiva ou resolutiva pode dispor na pendência desta; mas os efeitos de cada ato de disposição são subordinados à própria condição").
[113] Artigo 1.358: *Comportamento delle parti nello stato di pendenza. Colui che si è obbligato o che ha alienato un diritto sotto condizione sospensiva, ovvero lo ha acquistato sotto condizione risolutiva, deve, in pendenza della condizione, comportarsi secondo buona fede per conservare integre le ragioni dell'altra parte.* (Tradução livre: "Comportamento das partes no estado de pendência. Aquele que se obrigou ou alienou um direito sob condição suspensiva ou adquiriu sob condição resolutiva, deve, na pendência da condição, agir de boa-fé para preservar íntegras as razões da outra parte").
[114] TATARANO, *op. cit.*, 2009, p. 5.

adiciona uma *normativa integrativa* ao regime jurídico do negócio central, vale dizer: um distinto regime jurídico vem integrar-se ao período da pendência da condição. Poder-se-ia, então, questionar qual a distinção entre a função típica da condição e a função desse uso atípico, já que a consequência de ambas é a mesma, a saber, inclusão de uma *normativa integrativa*. A resposta está no *interesse externo* que justifica a inclusão do regime jurídico integrativo. No mecanismo típico condicional, o *interesse externo* decorre da incerteza da situação fática que dá ensejo ao resultado prático cuja inclusão do regime jurídico (arts. 121-130 do Código Civil) segue a finalidade de regular a consecução de tal *interesse*. Na reserva de domínio, o *interesse externo* é o de gerenciamento de riscos, razão pela qual o regime jurídico dos arts. 521-528 do Código Civil melhor se amolda à consecução desse fim.

Em sentido contrário ao de Tatarano, Durval Ferreira exclui do regime condicional a reserva de domínio[115], ao entender que os fatos relativos aos elementos típicos do negócio ou suas qualidades não podem ser objeto de condição. Adverte que a manipulação pelas partes de tais aspectos diz respeito à modulação do conteúdo do negócio, e não ao momento da produção de seus efeitos, o que transcende sua função típica já que a *condição-fato* apenas "deve se referir à plena integração da realidade da relação de interesses para que o regime típico foi criado"[116]. Assim, o regime condicional não será adequado e razoável nem para o interesse das partes, nem para o interesse de terceiros nas hipóteses de já existir regime específico ao programa contratual.

Conquanto Durval Ferreira e Tatarano concordem em que a condição não altera a *causa*, discordam quanto à possibilidade de alterar alguns aspectos do regime jurídico do negócio central. Enquanto o primeiro rechaça qualquer interferência da condição no conteúdo do negócio e de seu regime, o segundo admite tal possibilidade. Na linha de Tatarano, conta-se ainda com Blasco Gascó para quem é legítimo o uso da *condição-cláusula* para reforçar ou completar elementos típicos do contrato, desde que não seja contrária à regra impositiva e seja digna de tutela jurídica[117].

É comum, na prática, a alteração do regime jurídico do negócio central mediante a convenção de um *dever jurídico* como *condição-fato*. Note-se que

---

[115] FERREIRA, *op. cit.*, 1998, p. 165.
[116] *Idem*, p. 165.
[117] GASCÓ, *op. cit.*, p. 70-71.

CONDIÇÃO SUSPENSIVA

as consequências da inexecução do *dever* e as da inocorrência da condição suspensiva atuam ambas no *plano da eficácia*, porém, envolvem consequências consideravelmente distintas; afinal, a do *dever* resulta inadimplemento, enquanto a da condição implica o não disparo em definitivo dos efeitos típicos do contrato.

Esta questão é complexa e ainda conduz o exame da *exterioridade* da condição que será analisada no item 2.1.2 deste capítulo. Se o *dever jurídico* não for um pressuposto de existência do negócio jurídico nem for capaz de alterar a função do negócio central, poderá ser considerado *condição-fato*. É comum, na prática, que uma *obrigação* seja veículo para consecução da *condição-fato*. Exemplifica-se: negócio no qual *condição-fato* é a concessão da licença até a data tal, a ser postulada pela parte *expectada*.

Por fim, cabe mencionar que há situações nas quais o uso atípico da condição interfere diretamente na *causa* do negócio central, como acontece quando o pagamento da subempreitada está condicionado ao recebimento pelo empreiteiro (que é o empreitante da subempreitada) do pagamento da empreitada original[118]. Explique-se: sendo a empreitada contrato sinalagmático e comutativo, a remuneração é a causa da prestação de fazer a obra, exigindo-se, além disso, existência de equivalência entre ambas as prestações. Assim, essa equivalência poderia estar comprometida caso o evento condicional (pagamento) nunca viesse a ocorrer. Estar-se-ia, assim, transformando um negócio bilateral e sinalagmático em contrato aleatório (em que não há a necessária correspondência entre prestações expressa no sinalagma) ou mesmo em contrato unilateral, se o ônus restasse imputado a apenas um dos contraentes. Haveria, portanto, tanto um desvio da função típica atinente à da condição, quanto um possível *enriquecimento sem causa* da outra contraparte[119]. Assim, no exemplo da subempreitada,

---

[118] Jurisprudência citada na nota de rodapé n. 97.
[119] Nesse sentido foi o voto vencido do Ministro Ari Pargendler no RESp n. 215.542-SP do STJ no qual se discutia a possibilidade de condicionar a remuneração de contrato de prestação de serviço ao recebimento do pagamento de terceiro, destinatário do serviço contratado. Os votos vencedores foram no sentido de admitir a possibilidade da cláusula, dado que o profissional teria assumido o risco do não pagamento. Ressalta-se que em nenhum dos votos discutiu-se a possibilidade de se condicionar um *ato-fato jurídico* (BRASIL. SUPERIOR TRIBUNAL DE JUSTIÇA. Recurso especial n. 215.542/SP, julgado em 21 fev.2000. *Diário de Justiça*, Brasília, p. 156, 05 jun.2000).
De fato, o enriquecimento sem causa é, nas palavras de Giovanni Ettore Nanni, a vantagem ocorrida em benefício de uma pessoa sem a devida contraprestação (NANNI, Giovanni Ettore.

poderia acontecer que o empreiteiro realizasse a obra e nunca viesse a receber sua remuneração, uma vez que seu crédito não seria exigível até que o pagamento pelo empreitante da empreitada principal fosse efetuado, o que poderia nunca vir a ocorrer.

Não se desconhece que, na doutrina estrangeira, autores há que reconhecem a possibilidade de a condição inferir na *causa* do negócio[120]. Em Portugal, João de Oliveira Geraldes abordou com profundidade o assunto. A partir da descontrução da característica da *exterioriedade* da condição, o autor propõe uma abordagem multifuncional da condição, ao entender que o *efeito do condicionamento* é um efeito que integra o conteúdo concreto do tipo contratual, razão pela qual pode haver interferência na causa. Assim, havendo um condicionamento voluntário que provoque a alteração do tipo, a condição surge como concretamente essencial. Por outros termos, a condição é elemento essencial para a qualificação do *quid* como pertencendo a um *tipo contratual condicionado*[121]. Desse modo, reconhece a possibilidade de se estipular o cumprimento da prestação contratual (ex. pagamento do preço) como condição suspensiva.

Entendemos, porém, que a função típica da condição é única, *i.e.*, deslocar temporalmente a *exigibilidade* de todos ou de alguns efeitos, sem alterar a função do negócio central, em razão da *incerteza* decorrente da indisponibilidade de um dado decisivo para se alcançar o resultado prático final.

Isso não significa, entretanto, que o uso atípico da estrutura da condição seja de qualquer forma impedido. Afinal, no direito brasileiro vigora o princípio da atipicidade dos contratos, art. 425 do Código Civil, observadas as normas gerais deste diploma legal.

O que se defende é que, justamente em razão da importância da função na qualificação dos negócios jurídicos, se deve ter presente que mudando a função, *i.e.*, se refuncionalizando determinado instituto, ele já não será o mesmo: estará imantado por sua nova função, ainda que conserve

---

Enriquecimento sem causa. São Paulo: Saraiva, 2004. p. 106). O mesmo autor, ao diferenciar o enriquecimento ilícito do enriquecimento sem causa, toma como exemplo a prestação de serviço sem a devida remuneração, demonstrado que a referida hipótese não configura um ilícito, mas, sim, um negócio realizado sem a respectiva contraprestação, o qual caracterizaria o locupletamento indevido (NANNI, *op. cit.*, p. 103).
[120] GERALDES, João de Oliveira, *op. cit.* 2010.
[121] GERALDES, *op. cit.* 2010, p. 154.

a mesma nomenclatura. Assim, o intérprete deve estar atento para tais vicissitudes já que o instituto refuncionalizado exige um regime jurídico próprio.

2. Estrutura da condição

Propõe-se neste item dissecar dogmaticamente a estrutura da condição suspensiva. Para tanto, em primeiro lugar, serão analisados seus elementos estruturais. Em segundo, serão realizadas comparações com outros institutos, considerados semelhantes, como é o caso do termo, do encargo, do contrato de opção, do contrato aleatório, da pressuposição, do contrato incompleto e da chamada condição precedente.

Os elementos a seguir examinados serão aqueles que o Código Civil brasileiro e a doutrina exigem para configurar a *condição em sentido próprio*, a saber: efeito condicionável, voluntariedade, futuridade, incerteza.

2.1. Elementos estruturais

Preliminarmente adverte-se que o estudo dos elementos estruturais da condição não pode ser feito de modo isolado. Esses elementos dialogam constantemente entre si, devendo o intérprete atentar-se às vinculações existentes, a fim de não se deixar enganar por falsos problemas.

2.1.1. Efeito condicionável

A correta compreensão da estrutura da *condição em sentido técnico* implica conhecer quais *efeitos* podem efetivamente ser subordinados pelo mecanismo condicional. A escolha pelas partes do *efeito a ser condicionado* se dá a partir de autonomia privada, que sendo um *poder* está sujeito sempre a limites. Como esclarece Luigi Ferri:

> El problema de la autonomía es ante todo un problema de límites, y de límites que son siempre el reflejo de normas jurídicas, a falta de las cuales el mismo problema no podría siquiera plantearse a menos que se quiera identificar la autonomía con la libertad natural o moral del hombre[122]

Em primeiro lugar, como exigido pelo art. 121 do Código Civil, só os *efeitos* de *negócios jurídicos* podem ser objeto de condição. Isso significa que fatos

---

[122] FERRI, Luigi. *La autonomía privada*. Granada: Comares, 2001. p. 5.

jurídicos *stricto sensu*[123], atos-fatos jurídicos[124], ato jurídico *stricto sensu*[125] e fatos jurídicos ilícitos[126] não podem ter sua eficácia protraída pela vontade das partes, dado que, nas duas primeiras hipóteses, a vontade é inexistente ou irrelevante à formação do suporte fático, e, nas duas últimas, a vontade é irrelevante quanto à irradiação da eficácia[127].

Assim, a primeira indagação que poderia surgir diz respeito à condicionalidade da tradição, na hipótese de compra e venda com reserva de domínio pelo fato de a tradição ser *ato-fato*[128], insuscetível de sofrer condição. Esta questão resolve-se, porém, com o estudo do *princípio da separação relativa dos planos jurídicos*, adotado no sistema do Código Civil brasileiro[129]. Seguindo esse raciocínio[130], a rigor, não se condiciona a tradição, mas, sim, o negócio dispositivo que lhe dá suporte, *i.e.*, o negócio que adimple a obrigação (art. 307 do Código Civil[131]).

---

[123] *Fato jurídico stricto sensu* diz respeito a todo "fato jurídico em que, na composição do seu suporte fático, entram apenas fatos da natureza, independentes do ato humano como dado essencial" (MELLO, Marcos Bernardes de. *Teoria do fato jurídico:* plano da existência. 20.ed. São Paulo: Saraiva, 2014. p. 185.)

[124] Entende-se por *ato-fato jurídico* "atos que, embora dependentes da atuação humana, o direito não levou em conta a intenção de praticá-lo. Leve-se em conta o efeito resultante do ato que tenha repercussão jurídica, inclusive gerando dano ou prejuízo a terceiros" (nota do atualizador: PONTES DE MIRANDA, Francisco Cavalcanti. *Tratado de Direito Privado*. São Paulo: RT, 2012. p. 458. t.II. (atualizado por Ovídio Rocha Barros Sandoval)). Os *atos-fatos jurídicos* são normalmente divididos em três espécies: *atos reais* (ex. descoberta de tesouro; especificação; composição de obra artística), *atos-fatos jurídicos indenizativos* (ex. danos advindos de caça e pesca em locais permitidos), *atos-fatos jurídicos caudificantes* (ex. caducidade das ações redibitória, anulação de casamento, anulabilidade dos atos jurídicos).

[125] *Ato jurídico stricto sensu* diz respeito aos atos em que, embora decorram de uma manifestação de vontade, não há escolha de sua categoria jurídica, *i.e.*, a manifestação só produz os efeitos preestabelecidos pelas normas jurídicas respectivas (ex. reconhecimento da filiação não resultante do casamento, perdão, quitação). AMARAL, *op. cit.*, p. 509 e MELLO, *op. cit.*, 2014, p. 219, reconhem a sua não condicionalidade. Por esta razão, a condição não encontra campo fértil no Direito de Família, o qual envolve numerosos atos jurídicos em sentido estrito.

[126] Fato ilícito é todo fato "contrário a direito que seja imputável a alguém com capacidade delitual (= de praticar ato ilícito")" (MELLO, *op. cit.*, 2014, p. 292).

[127] MELLO, Marcos Bernardes de. *Teoria do fato jurídico:* plano da eficácia. 8. ed. São Paulo: Saraiva, 2013. p. 48-49. parte 1. Reconhecendo a inadmissibilidade de condicionar atos-fatos jurídicos e fatos jurídicos (PONTES DE MIRANDA, *op.cit.* t. V.p. 163; 167).

[128] COUTO E SILVA, Clóvis. *Obrigação como processo*. São Paulo: FGV, 2006. p. 56.

[129] *Idem.*, p. 52

[130] *Idem,*, p. 56- ss.

[131] Art. 307. Só terá eficácia o pagamento que importar transmissão da propriedade, quando feito por quem possa alienar o objeto em que ele consistiu.

CONDIÇÃO SUSPENSIVA

Na prática, tem-se visto alguns casos nos quais o próprio pagamento de uma das partes é condicionado[132], como no exemplo sobre contrato de empreitada e subempreitada referido no item 1 deste capítulo: contrato de subempreitada cujo pagamento fica condicionado ao pagamento do empreiteiro no contrato de empreitada original. Nessa hipótese, poderia surgir a dúvida sobre a possibilidade de o adimplemento ser condicionado, uma vez que, para alguns, a sua natureza jurídica é de *ato-fato jurídico*[133]. De fato, o pagamento é *juridicamente* um *ato devido*, enquanto *materialmente* é voluntário, salvo em caso de execução coativa, quando sobrevém o fato de ser um ato devido[134]. Sendo *ato devido*, não poderá, a rigor, ser condicionado em razão da incerteza da ocorrência do evento condicional[135].

Em segundo lugar, outro limite ao condicionamento encontra-se na vedação à subordinação de *efeitos* de negócios jurídicos que, por sua função, não admitem *incerteza*[136], tais como: os títulos de crédito, a revogação, a denúncia, a aceitação ou renúncia de herança (art. 1.808 do Código Civil[137]) ou do legado, o endosso (art. 912 do Código Civil[138])[139]. Como se

---

[132] SÃO PAULO. Tribunal de Justiça. 3. Câmara de Direito Privado. Apelação cível n. 9081533-47.208.8.26.0000. Rel. Hélio Nogueira, julgado em 20 mar. 2014. São Paulo: Tribunal de Justiça, 2014; SÃO PAULO. Tribunal de Justiça. 27. Câmara de Direito Privado. Apelação n. 0125611-47.2006.8.26.0100. Rel. Gilberto Leme, julgado em 09 abr. 2013. São Paulo: Tribunal de Justiça, 2013; SÃO PAULO. Tribunal de Justiça. 34. Câmara de Direito Privado. Apelação n. 0122814-44.2005.8.26.0000. Rel. Des. Irineu Pedrotti, julgado 15 ago.2007; SÃO PAULO. Tribunal de Justiça. 29. Câmara de Direito Privado. Apelação n. 992.05.113228-0. Rel. Des. Ferraz Felisberto, julgado em 07 jul. 2010. São Paulo: Tribunal de Justiça, 2010; RIO DE JANEIRO. Tribunal de Justiça. 3. Câmara Cível. Apelação n. 2004.001.08884. Rel. Murilo Andrade de Carvalho, julgado 10 ago. 2004. Rio de Janeiro: Tribunal de Justiça, 2004.

[133] Entendem que o pagamento constitui um *ato-fato jurídico*: PONTES DE MIRANDA, Francisco Cavacalnti. *Tratado de Direito Privado*. São Paulo: RT, 2012. p. 151. t. XXIV; MELLO, Marcos Bernardes de. *Teoria do fato jurídico*: plano da existência. 20. ed. São Paulo: Saraiva, 2014. p. 195. Sobre a discussão da natureza jurídica do pagamento ver: SILVA, Jorge Cesa Ferreira da; REALE, Miguel, MARTINS-COSTA, Judith (Coords.). *Adimplemento e extinção das obrigações*. São Paulo: RT, 2007. p. 49-ss. v. 6.

[134] BESSONE, Darcy. *Da compra e venda*. 4. ed. São Paulo: Saraiva, 1997. p. 218. nota de rodapé n. 6.

[135] BESSONE, *op. cit.*, p. 218, nota de rodapé n. 6.

[136] AMARAL, Francisco. *Direito Civil*. 8. ed. Rio de Janeiro: Renovar, 2014. p. 508-509; RÁO, Vicente. *Ato jurídico*. São Paulo: Mas Limonad, 1961. p. 294.

[137] Art. 1.808. Não se pode aceitar ou renunciar a herança em parte, sob condição ou a termo.

[138] Art. 912. Considera-se não escrita no endosso qualquer condição a que o subordine o endossante.

[139] SERPA LOPES, Miguel Maria de. *Curso de direito civil*. 8.ed. Rio de Janeiro: Freitas Bastos, 1996. p. 491. v. 1.

verá, a *incerteza* está no cerne do negócio condicional, é sua característica mais marcante, razão pela qual é totalmente coerente a inadmissão do uso desse mecanismo em negócios que não suportam a incerteza[140].

Em terceiro lugar, a doutrina costuma inadmitir a subordinação de efeitos de atos referentes ao exercício dos *direitos personalíssimos*[141], por serem direitos indisponíveis e irrenunciáveis. Com efeito, como será visto no item 2.2.4 do Capítulo 1 tais estipulações serão, em princípio, reputadas ilícitas por afronta ao princípio da dignidade humana.

Por fim, cabe questionar qual a consequência da indevida subordinação dos efeitos mediante o uso da modalidade condicional. De modo geral, a consequência será a invalidade do negócio. Assim, será inválido, por exemplo, o negócio jurídico que condiciona algum *direito de personalidade*, em razão da sua ilicitude (art. 123, II, do Código Civil); e os incompatíveis com a *incerteza* serão juridicamente impossíveis, que igualmente sofrem a consequência de nulidade, no caso de condição suspensiva (art. 123, I, do Código Civil).

2.1.2. Voluntariedade

A voluntariedade é uma característica relevante da definição da condição cuja previsão se encontra no art. 121 do Código Civil, quando determina que será condição somente a cláusula que derivar exclusivamente da vontade das partes. Segundo José Carlos Moreira Alves, relator da parte geral do atual Código Civil, a inclusão da expressão "derivando exclusivamente da vontade das partes" teve como escopo "afastar do terreno das condições em sentido técnico as *condiciones iuris*"[142]. Assim, na maioria das vezes, quando ausente o exercício exclusivo da autonomia das partes, será *conditio iuris*; não, condição propriamente dita[143].

Como referido, a condição é um instrumento valioso e típico do campo da autonomia negocial, por meio do qual as partes estipulam o programa contratual a ser perseguido. Nesse contexto, o uso da condição ganha relevância acentuada, já que, por meio dela, os contratantes podem "querer, sem temer o futuro: por ela [condição], o que não se quereria, sem auxílio

---

[140] Ver itens 1 e 1.4.4. do Capítulo 1.
[141] Exemplificativamente: AMARAL, *op. cit.*, p. 509; RÁO, *op. cit.*, p. 293.
[142] ALVES, José Carlos Moreira. *A parte geral do projeto do Código Civil brasileiro*. 2. ed. São Paulo: Saraiva, 2003. p. 111.
[143] Sobre a distinção ver *premissas* do Capítulo 1.

de hipótese, pode ser querido"[144]. Ela permite, como se viu, que motivos atípicos do contrato determinem a vontade contratual[145].

Ao se reconhecer que só haverá condição se exclusivamente sua estipulação derivar da vontade das partes, dois aspectos relevantes assinalam-se: (i) a seriedade da vontade; (ii) o alcance da exterioridade. Cabe analisar, neste momento, a primeira dessas consequências. Em seguida, a segunda consequência será devidamente estudada.

a) Seriedade da vontade

É uma premissa elementar do Direito Civil que os negócios em geral devem ser utilizados com responsabilidade, não podendo ser criados levianamente, "mas só em vistas de razões sérias, após um cuidadoso exame da situação de facto"[146]. Faltando a vontade *séria,* torna-se impossível formar efetivamente o *vínculo jurídico*[147].

A falta da *seriedade* da vontade na celebração do negócio condicional sempre figurou como razão justificadora de algumas anormalidades que podem ocorrer. Justificou-se, por exemplo, a não aplicabilidade do regime condicional às *condições contraditórias, incompreensíveis, impossíveis, puramente potestativas.*

Contudo, em razão do poder modelador do conteúdo da vontade – *i.e.,* a condição admite vasto campo para criatividade das partes, afinal torna relevantes motivos que, em princípio, são irrelevantes –, a *seriedade* da declaração condicional pode, despercebidamente, estar comprometida. Figure-se, por exemplo, a convenção de um evento impossível como *condição-fato.* Evidente, neste caso, que não há vontade séria de se vincular.

Importante, deste modo, realizar um exame detido acerca da declaração condicional, já que existindo falta de *seriedade,* a vontade, elemento cerne do suporte fático, estará maculada, levando à inexistência do contrato.

---

[144] PONTES DE MIRANDA, *op. cit.*, t. V. p. 165.
[145] FERREIRA, Durval. *Negócio jurídico condicional.* Coimbra: Almedina, 1998. p. 7; ESPINOLA, *op. cit.*, v. 3. 2ª parte, p. 210-ss.
[146] BETTI, *op. cit.*, t. III. p. 444.
[147] CARVALHO SANTOS, *op. cit.*, p. 34. Sentido similar: FERRARA *apud* SERPA LOPES (SERPA LOPES, Miguel. *Curso de Direito Civil.* 8. ed. Freitas bastos, 1996. p. 495, v. 1.)

b) Alcance da exterioridade

A *condição-fato* deve corresponder a *fato exterior*[148], e essa característica de *exterioridade* será implementada mediante o exercício da autonomia negocial, dela devendo derivar de modo exclusivo, conforme o disposto no art. 121 do Código Civil. Melhor esclarecendo: a condição depende apenas e tão somente de uma decisão autônoma das partes, e não, de imposição heterônoma, provinda seja de lei, seja de regulamento ou seja de qualquer outro fator alheio à determinação da autonomia privada.

A questão central diz respeito à determinação do alcance da *exterioridade* do fato. Por outros termos, a *exterioridade* proíbe quais convenções das partes? Proíbe que elementos do tipo do negócio sejam considerados *condição-fato*? Esta proibição abrange quaisquer qualidades e consequências necessárias do ato? Ou somente consequências necessárias à sua eficácia, já que a condição somente subordina a eficácia do negócio?

De fato, não existe na lei sistematização desse alcance. O Código Civil de 1916, por sua vez, considerava *condição imprópria* a convenção condicional que decorresse necessariamente da natureza do direito, a que acedesse (art. 117). A doutrina brasileira costuma tangenciar o assunto, repetindo, na maioria das vezes, o não alcance do regime condicional à *conditio iuris*

---

[148] "[A] condição (...) estabelece um nexo subjectivo e arbitrário entre o negócio e um evento estranho, e é, portanto exclusiva criação da autonomia das partes" (BETTI, *op. cit.*, t. III. p. 108); "(...) só é razoável e adequado quando todo o negócio fica dependente dum fato estranho, exterior, futuro e incerto; que apenas se refere à plena integração da realidade da relação de interesses para que o regime típico que foi criado" (FERREIRA, *op. cit.*, p. 164); FALZEA, Angelo. *La condizione e gli elementi dell'atto giuridico*. Milano: Giuffrè, 1941. p. 7; "Tratando-se [a condição] de um evento externo, alheio à estrutura do negócio (...)" (MIRANDA, Custodio da Peidade Ubaldino. *Teoria geral do negócio jurídico*. 2. ed. São Paulo: Atlas, 2009. p. 67); "Extériorité par rapport à la volonté des parties. – C'est que, si l'événement dépendait de la volonté d'une partie, pour celle-ci il n'y aurait plus d'incertitude, plus de véritable condition. Cette exigence d'extériorité conduit à une distinction entre diverses espèces de conditions" (Tradução livre: Isto é, se o evento dependia da vontade de uma das partes, nesse caso não haveria incerteza, e, também, condição verdadeira. Este requisito de exterioridade leva a uma distinção entre as diferentes espécies de condição (CARBONNIER, Jean. *Droit Civil*. Paris: Quadrige, 1955. p. 2.154-2.155. v. 2.).
Registre-se, porém, que João de Oliveira Geraldes realizou profundo trabalho no qual defende que a exterioriedade não deve ser entendida como requisito da condição. Sinteticamente, a razão para tanto é que a condição faz parte do conteúdo negocial concreto, rejeitando-se que possa estar sujeita a outro tipo de limitações, como no caso da exterioridade (GERALDES, João de Oliveira, *Op. cit.* 2010).

e às consequências necessárias do contrato. Nessa linha, Sílvio Rodrigues já afastou a possibilidade de ser reputada como condição suspensiva a cláusula que subordina a efetivação de uma compra e venda de imóvel à outorga da escritura por parte da vendedora[149]. Clóvis Bevilaqua entendia não consistir condição própria a cláusula que subordinasse a locação ao uso pacífico, durante o tempo do contrato, pois tal convenção é obrigação do locador (art. 1.189, II, do Código Civil de 1916[150])[151]. Álvaro Villaça, nessa linha, cita o exemplo da cláusula que condiciona o contrato de comodato à gratuidade[152].

Coviello teceu considerações relevantes sobre a distinção entre condição em sentido estrito e *conditio iuris*, que, por consequência, resultou em uma conclusão interessante para resolver a questão da *exterioridade* da condição. O autor distingue três situações nas quais comumente se fala em *conditio iuris* as que envolvem: (i) elementos essenciais e constitutivos de um negócio jurídico; (ii) pressupostos de fato queridos pela lei e pela natureza da relação, para que um negócio jurídico, revestido de seus elementos constitutivos, possa produzir sua regular eficácia; e (iii) fatos que, não sendo pressupostos, devem, por lei, sobrevir a um negócio já realizado, para que este produza os correlativos efeitos[153]. O autor conclui que, nas duas primeiras hipóteses, não pode ser-lhes aposto o regime condicional em razão da impossibilidade da retroatividade dos efeitos, pois tais negócios estão, a rigor, incompletos. Quanto à última situação, entende que, em razão de o negócio estar formado e completo, a retroatividade não sofre nenhum impedimento.

A solução parece adequar-se, em parte, ao Direito brasileiro. Diz-se em parte porque, rigorosamente, o sistema jurídico brasileiro não adotou o princípio da retroeficácia da condição (ver premissas do Capítulo 3). A condição, como dito, atua simplesmente no *plano da eficácia*. Assim, à medida que é necessária a constituição do *fato jurídico* previamente à *condição-fato*,

---

[149] RODRIGUES, *op. cit.*, p. 241. Mesmo sentido: CARVALHO SANTOS, *op. cit.*, p. 149.

[150] Art. 1.189. O locador é obrigado: (...) II. A garantir-lhe, durante o tempo do contracto, o uso pacifico da coisa.

[151] BEVILAQUA, Clóvis. *Código Civil dos Estados Unidos do Brasil*. v. 1. Rio de Janeiro: Francisco Alves, 1927, pp. 362-363.

[152] AZEVEDO, Álvaro Villaça de. *Código Civil comentado*. São Paulo: Atlas, 2003. p. 122. v. 2.

[153] ESPINOLA, *op. cit.*, p. 256; COVIELLO, Nicola. *Manuale di Diritto Civile italiano*. 4. ed. Milano: Società Editrice Libraria, 1929. p. 423-425.

os elementos constitutivos do negócio jurídico, a rigor, não podem corresponder ao evento previsto na *condição-cláusula*. Nessas situações, a autonomia privada está impedida de operar, já que inexistindo *fato jurídico*, razão não existiria para se manter o regime condicional[154].

Contudo, há situações ditas complexas, nas quais "condição de eficácia" completa o "elemento da declaração", mas não afeta diretamente a existência do *fato jurídico*. Figure-se, a título exemplificativo, a necessidade de alvará judicial para a venda de coisa de propriedade do menor. A sua simples exigência, sem limitação temporal, não a torna condição em sentido técnico. No entanto, nada obsta a que o comprador estipule como condição que o vendedor apresente o alvará judicial até a determinada data, já que neste caso "o assentimento que chegou dentro do prazo não seria só excludente de anulabilidade, seria implemento de condição"[155].

Com efeito, os elementos imprescindíveis para existência do negócio jurídico jamais poderão ser objeto de condição, em virtude da inexistência de *fato jurídico* para justificar o regime condicional. Por outro lado, os demais elementos ou consequências exigidos por lei poderão ser convencionados como condição, quando houver alguma interferência da autonomia privada, como, por exemplo, uma limitação temporal para sua ocorrência[156]. Caso contrário, em princípio, não passarão de repetição da lei e a atuação da autonomia privada não será caracterizada.

É comum, na prática, que uma obrigação seja assumida como *condição--fato*. Quando, por exemplo, a compra e venda fica condicionada à obtenção pelo devedor de uma licença administrativa. A rigor, nesses casos, não é a obrigação em si que é o evento condicional, mas, sim, o seu resultado. De qualquer forma, caso se considere legítima tal estipulação, haveria uma alteração do regime de inexecução da obrigação[157].

---

[154] Ráo, *op. cit.*, p. 357.
[155] Exemplo de Pontes de Miranda, *op. cit.*, t. V. p. 178.
[156] Registre-se a opinião de Werner Flume para quem, em casos isolados, circunstâncias que por disposição legal são importantes para a eficácia de um negócio jurídico podem ser objeto de condição negocial, com o efeito de que se estabeleçam requisitos adicionais para a relevância jurídica dessas circunstâncias ou que a relevância jurídica seja basicamente modificada (Flume, Werner. *El negocio jurídico*. t. II. 4. ed. Madrid : Fundación Cultural del Notariado, 1998. p. 794-795).
[157] Ver, adiante, a menção às condições implícitas, item 2.2.7.

Galgano, um dos poucos autores que enfrentaram tal assunto, inadmite a aplicação do regime condicional às referidas cláusulas, isso porque, durante a pendência da condição, só haveria um dever de cooperar puramente negativo (art. 1.358 do Código Civil italiano[158]) – *i.e.*, dever de abster-se de qualquer ato que prejudique as expectativas do outro contratante, motivo pelo qual o regime do incumprimento das obrigações seria o mais adequado[159].

Esse argumento, entretanto, não parece ser consistente, pois a *obrigação* convencionada como meio de se realizar a condição não decorre do dever de cooperar, mas, sim, de uma estipulação contratual. Essa obrigação, a rigor, é exigível, e, caso o incumbido de realizá-la não exerça nenhuma medida, a outra parte poderá valer-se da *execução coativa* (Código de Processo Civil de 2015, arts. 778 a 823), sempre que a obrigação de fazer não seja personalíssima[160].

Estipulações como essas são comuns nas chamadas "condições precedentes ao fechamento", que serão mais bem analisadas no item 2.3.6 deste capítulo, adiantando-se agora, apenas, serem cláusulas importadas da prática negocial anglo-saxônica, que estipulam um dever de realizar alguma obrigação ou a realização de algum acontecimento, antes da data do "fechamento". São habituais nos contratos de aquisição acionária ou em outros contratos empresariais, em que há um descompasso temporal entre a data da conclusão do contrato e a do seu aperfeiçoamento, pelo cumprimento das mencionadas "condições precedentes".

Assim, o alcance da *exterioridade* deve ser medido com cautela. Nunca poderá, logicamente, desrespeitar norma imperativa e, quando se referir a algum elemento típico, não poderá, por uma questão de lógica, interferir na existência do negócio jurídico. No entanto, não há razões para que não lhe seja aplicado o regime condicional ao advento de uma obrigação posterior à formação do contrato, como, por exemplo, a concessão de uma

---

[158] Artigo 1.358: *Comportamento delle parti nello stato di pendenza. Colui che si è obbligato o che ha alienato un diritto sotto condizione sospensiva, ovvero lo ha acquistato sotto condizione risolutiva, deve, in pendenza della condizione, comportarsi secondo buona fede per conservare integre le ragioni dell'altra parte* (Tradução livre: "Comportamento das partes no estado de pendência. Aquele que se obrigou ou alienou um direito sob condição suspensiva ou adquiriu sob condição resolutiva, deve, na pendência da condição, agir de boa-fé para preservar integra as razões da outra parte").

[159] GALGANO, Francesco. *El negocio jurídico.* Valencia: Tirant lo blanch, 1992. p. 165-166.

[160] Sobre o adimplemento e execução coativa ver: MARTINS-COSTA, *op. cit.,* v. 5. t. I. p. 124.

autorização de um órgão regulamentador, desde que não interfira na existência do *fato jurídico*, e que, de alguma forma (normalmente pela limitação temporal), haja efetiva atuação da autonomia privada.

2.1.3. Futuridade

De acordo com o art. 121 do Código Civil, a condição pode ser definida como o evento futuro e incerto de cuja verificação depende a eficácia definitiva do negócio jurídico.

A futuridade pressupõe que o acontecimento não tenha ocorrido, o que confere sentido ao caráter temporal da dependência dos efeitos definitivos do negócio jurídico. Por outros termos, se o negócio jurídico já se verificou, seus efeitos principais não estão a depender "de algo"; estão, pelo contrário, plenamente desenvolvidos.

Contudo, muito se discute na doutrina (especialmente nos países cuja legislação flexibiliza a futuridade como requisito da condição suspensiva, *e.g.*, Espanha[161] e França[162]), se é possível fatos passados ou presentes, igno-

---

[161] Código Civil espanhol, artigo 1.113: *Será exigible desde luego toda obligación cuyo cumplimiento no dependa de un suceso futuro o incierto, o de un suceso pasado, que los interesados ignoren* (em razão da similitude com a língua portuguesa, as citações em espanhol não serão traduzidas neste trabalho).

[162] Código Civil francês, artigo 1.181: *L'obligation contractée sous une condition suspensive est celle qui dépend ou d'un événement futur et incertain, ou d'un événement actuellement arrivé, mais encore inconnu des parties*. (Tradução livre: "A obrigação contratada sob condição suspensiva é a que depende ou de um acontecimento futuro e incerto, ou de um evento que aconteceu agora, mas ainda desconhecido das partes"). Contudo, como adverte Eduardo Ribeiro, a condição suspensiva relativa a fato futuro e incerto está submetida ao regime próprio da condição: "a obrigação não pode ser executada senão após o evento", enquanto em relação à condição suspensiva sobre fato passado e ignorado pelas partes, o regime levará em conta "que a obrigação terá efeito no dia em que contratada. Daí decorre relevante consequência, pertinente à distribuição de riscos, uma vez que, no caso de acontecimento já ocorrido, a obrigação será tida como pura desde a origem. Os riscos serão do credor. Trata-se, em verdade, de uma pseudocondição" (OLIVEIRA, Eduardo Ribeiro. *Comentários ao novo Código Civil*. Rio de Janeiro: Forense, 2008. p. 302-303. v. 2.). Silvio Rodrigues também teve oportunidade de comentar o artigo 1181 do Código Civil francês, e assim registrou: "Verdade que se sustentou na doutrina e com base no art. 1.181 do Código Civil francês que se poderia submeter a eficácia de um negócio a um evento incerto, já ocorrido, mas ainda desconhecido dos contratantes. Porém tal opinião hoje encontra poucos adeptos, pois os próprios escritores franceses entendem que na hipótese o negócio não é condicional, antes, pelo contrário, será puro se o fato ocorrido confirma a avença, e será inexistente se o evento o torna ineficaz" (RODRIGUES, Silvio. *Direito Civil*. 32. ed. São Paulo: Saraiva, 2002. p. 242. v. 1).

rados pelos contratantes, serem considerados *condição-fato, i.e.*, a chamada *conditio in praesens vel in praeteritum collatae*. Aqueles que defendem tal possibilidade veem na incerteza do fato o elemento qualificador fundamental da condição[163]. Assim, pouco importará se futuro, presente ou passado; se o evento for incerto, tanto subjetivamente quanto objetivamente, poderá configurar condição[164].

Giovanni Tatarano afirma não passar de um silogismo formal o argumento segundo o qual a condição não pode referir-se ao passado ou presente já que, se o fato não ocorreu no passado – antes da pactuação da condição –, será reputada como condição impossível (que é defesa). Segundo esse autor, o esquema *condição possível-impossível* é um critério meramente preventivo de avaliação de *seriedade* da vontade[165]. Assim, dependendo do efetivo programa contratual estabelecido pelas partes, poderá ser reputada como *condição séria* aquela que se refira a fato passado ou presente, bem como poderá ser entendida como *condição não séria* aquela que se reporte a fato futuro[166].

Por outro lado, outros não reconhecem o caráter condicional a contrato pelo qual as partes visam a subordinar os efeitos do negócio a fato passado desconhecido pelos figurantes, já que tais efeitos não estarão efetivamente subordinados. Entendem que, se o fato ocorreu, o ato será puro e simples[167], nada suspendendo os seus efeitos; se o acontecimento não ocorreu, o ato jurídico não produziria nenhum efeito, já que desde o seu surgimento haveria um fato que o impedia[168]. Nesta hipótese, portanto, falta a própria pendência dos efeitos contratuais[169].

---

[163] GASCÓ, *op. cit.*, p. 37-ss.

[164] GALGANO, Francesco. *Diritto Civile e Commerciale*. 3.ed. CEDEM: Milani, 1999. p. 244. v. 2.

[165] Como ensina Emílio Betti, o negócio é instrumento que deve ser utilizado com cautela pelos contratantes, não podendo ser criado levianamente, "mas só em vistas de razões sérias, após um cuidadoso exame da situação de facto" (BETTI, *op. cit.*, t.III. p. 444).

[166] TATARANO. Giovanni. *Incertezza, autonomia privata e modelo condizionale*. Napoles: Editore Jovene, 1976. p. 9.

[167] MONTEIRO, Washington de Barros. *Curso de direito civil:* parte geral. 39. ed. São Paulo: Saraiva, 2003. p. 267. v. 1.; CARVALHO DE MENDONÇA, *op. cit.*, v. 1. 244.

[168] Segundo Pontes de Miranda, a *conditio in praeteritum vel praenses relata* não é verdadeira condição, nela os riscos passam imediatamente ao adquirente; à diferença do que ocorre nas compra-e-vendas sob condição suspensiva" (PONTES DE MIRANDA, *op. cit.*, p. 173). Também OLIVEIRA, *op. cit.*, p. 302-303. CARVALHO SANTOS, *op. cit.*, p. 7. Ressalta-se, contudo, que Pontes de Miranda, na mesma obra, afirma que se, ao ser concluído o contrato condicional, os

Para essas hipóteses, Durval Ferreira traz a seguinte solução:

(...) deve esta [verificação] ter um prazo ou ser exigível a uma das partes para fixá-lo; bem como a invocação da falha deve ter prazos de alegação desde o seu conhecimento e o regime de eventual resolubilidade será o regime geral e não o regime específico e mais forte do negócio condicional[170].

A legislação brasileira, com clareza, definiu como requisito do regime condicional a futuridade da *condição-fato,* o que deve, por isso, sempre ser observado[171]. No entanto, existem situações nas quais fatos passados ou presentes precisam ser confirmados, *i.e.,* sem um fato futuro (*fato da confirmação*) não há como determinar se o mesmo ocorreu. Nessas hipóteses, a rigor, a *condição-fato* não corresponde efetivamente ao fato passado ou presente, mas, sim, ao *fato da confirmação* de evento passado ou presente. Importante, contudo, que a *incerteza* quanto à verificação do fato seja *objetiva, i.e.,* não importa somente o desconhecimento das partes sobre sua ocorrência[172]. São fatos passados ou presentes que efetivamente necessitam de confirmação[173].

contratantes ignoravam que a *condição-fato* já se tivesse realizado, ou deixado de se realizar, os princípios relativos à condição em sentido técnico deveriam incidir (PONTES DE MIRANDA, *op. cit.,* p. 222).

[169] Nesse sentido: "A incerteza subjetiva não condiciona a eficácia do negócio jurídico, não obstante, alguns admitem – aceitando a incerteza 'in mente'- que o acontecimento pode ser pretérito, ou presente, bastando que as partes o ignorem, mas nesse caso faltaria a pendência" (GOMES, Orlando. *Introdução ao Direito Civil.* 19. ed. Rio de Janeiro: Forense, 2008. p. 348).

[170] FERREIRA, *op. cit.,* p. 164.

[171] Nesse sentido: "Em nosso direito, não há espaço para dúvidas, pois a futuridade insere-se no conceito legal de condição, inexistindo qualquer ressalva apta a conduzir à conclusão de que seja dado equiparar o evento future ao desconhecido do declarante" (OLIVEIRA, *op. cit.,* p. 303).

[172] Por essa razão, não se concorda com a opinião de Nehemias Gueiros, para quem haverá sempre *incerteza subjetiva* quando se trata de fatos passados e presentes (GUEIROS, Nehemias. *Da condição em face do Código Civil.* Recife: Jornal do Commércio, 1935. p. 40). Acredita-se, assim, que deverá ser efetivamente avaliado o grau de objetividade da incerteza do evento, não se podendo, *a priori,* classificar a incerteza quanto ao evento passado e presente como subjetiva.

[173] Entendimento similar é o de José Gabriel Pinto Coelho para quem não haveria impedimento que fatos passados ou presentes fossem considerados *condição,* desde que falte a confirmação da sua ocorrência, e tenha sido intenção das partes fazer depender a eficácia do negócio a essa verificação (COELHO, *op. cit.,* p. 73). Também Giorgio Giorgi: "Non è per altro impossibile, che anche un fato storico ed un avvenimento ignoto constituiscano vera e própria condizione. Ciò avviene, quando la intenzion delle parti fu rimettere in condizione la prova di un fato storico incerto; ovvero, quando si prospero di mettere in condizione il verificarsi di un fato,

Para melhor ilustrar a situação acima, tomem-se os seguintes exemplos. Pense-se na compra e venda de sociedade cuja *condição-fato* seja a inexistência, nos últimos dois anos, de constituição de passivo maior do que determinado valor. A existência ou não desse passivo será confirmada mediante o procedimento de *due diligence*, a ser realizado seis meses após a data do fechamento. Outro exemplo é a doação a um hospital no caso em que a média das vítimas de certa doença nos últimos 10 anos tenha excedido a uma cifra determinada, o que somente será confirmado após pesquisa[174]. Ou ainda quando a eficácia do negócio está condicionada à absolvição de um crime na justiça criminal, o qual, a rigor, aconteceu antes da celebração do negócio. Em todos os casos, embora a condição indiretamente se remeta a fatos passados, o negócio não pode produzir seus efeitos imediatamente, ficando suspensos enquanto não se verificar a confirmação deles, de sorte que a *condição-fato* corresponde ao *fato do conhecimento* do *fato passado*, que é um fato futuro.

De qualquer forma, a redação da *condição-cláusula* deve ser realizada com atenção, a fim de não comprometer a futuridade do evento. Tome-se o seguinte exemplo didático de Pontes de Miranda: num negócio de

che dissipi l'incertezza intorno a un evento verificato, ma ignoto" (GIORGI, Giorgio. *Teoria delle Obbligazioni*. 7.ed. Firenze: Fratelli Cammelli, 1908. p. 361-362. v. 4, tradução livre: "Não é impossível, que ainda um fato histórico e um acontecimento ignorado constitua uma verdadeira condição em sentido próprio. Isso acontece, quando a intenção das partes foi remeter-se a prova de um fato histórico incerto; ou, quando convenciona como condição o verificar de um fato, que dissipe a incerteza em torno de um evento verificado, mas ignorado").

[174] Exemplo similar ao de PINTO COELHO, *op. cit.*, p. 75 e ao de ESPINOLA, *op. cit.*, p. 57. O último autor afirma que "no caso de haverem as partes indicado como condição um acontecimento passado, por o suporem ainda não ocorrido, o negócio não se considera condicional, – é o que de modo geral se pode afirmar; fora daí cabe a interpretação da vontade, tendo sempre em vista a natureza do negócio. Quando, por exemplo, se prometa fazer uma doação a determinado hospital, no caso de apurar que faleceram no país mais de mil pessoas de certa moléstia, durante o ano anterior, temos uma declaração francamente condicional" (ESPINOLA, *op. cit.*, p. 57, nota de rodapé n. 19). Registre-se a opinião de Nehemias Gueiros, para quem, em tais hipóteses, não haverá condição em sentido técnico por se tratar somente de incerteza subjetiva. Acredita esse autor que não haveria uma obrigação de dar condicional, "mas uma simples promessa de doação, verificado certo, ou feita a prova de certo fato. Seria uma espécie de doação incompleta, ou de começo de doação, se quiserem, a qual só se tornaria perfeita e acabada, em seguida à apuração do facto cuja prova se estabeleceu impropriamente como condição (...) Seria como um contrato que já nasceu morto, desde que o fato pretérito estabelecido como requisito para a sua efetivação, jamais teve existência" (ESPINOLA, *op. cit.*, p. 40).

compra de fábrica no qual as partes estipulam que ele se efetivará *"se há lei que lhe deu isenção do imposto b"*; será caso de *conditio in praeteritum vel praesens relata, i.e.*, não será condição em sentido próprio. Contudo, se tal negócio fosse condicionado "para o caso de ser julgado futuramente pelo Supremo Tribunal Federal que a fábrica teve isenção do imposto *b*"; então será negócio condicional. Percebe-se, assim, que é uma sutileza na escolha da *condição-fato*, mas que faz toda diferença no regime contratual a ser seguido.

2.1.4. Incerteza

A incerteza representa o caráter fundamental da condição, cuja previsão se encontra no art. 121 do Código Civil. Esta característica é, para aqueles que reconhecem a possibilidade de a *condição-fato* representar evento passado e desconhecido pelas partes, capaz de diferenciar a condição de outros institutos, o que o elemento "futuridade" não é capaz de fazer[175].

Com efeito, o requisito da *incerteza* decorre justamente do próprio aspecto funcional da condição. A função da condição é o deslocamento temporal da *exigibilidade* de efeitos do negócio jurídico em razão da *incerteza* decorrente da indisponibilidade de um dado decisivo. Por essa razão, a *incerteza* é inerente ao seu conceito. Os contratantes incertos sobre a ocorrência, ou não, de um evento, decidem previamente se vincularem.

A doutrina brasileira é pacífica ao afirmar que a incerteza há de ser *objetiva*[176], *i.e.*, não haverá condição se o agente, na sua íntima percepção, estiver em dúvida sobre a ocorrência do evento, mas esta for objetivamente certa.

Não se deve confundir a incerteza do evento com o termo certo ou incerto da condição. Na lição de Caio Mário, haverá condição quando a incerteza da declaração de vontade corresponder às seguintes espécies: *incertus an incertus quando* ou *incertus an certus quando*. Aquela diz respeito ao evento que não se sabe se acontecerá nem quando poderá acontecer, significando que o "fato pode vir a concretizar-se, ou não, e num tempo totalmente indeterminado"[177]. A última refere-se ao evento que não se sabe se acontecerá, mas, se assim ocorrer, será dentro de um lapso temporal determinado, isto é, "o fato pode vir a realizar-se ou não, mas dentro

---

[175] GIORGI, *op. cit.*, p. 362.
[176] Por todos: "A incerteza tem que ser objetiva, isto é, real, não bastando que o evento seja desconhecido das partes" (GOMES, *op. cit.*, p. 348); CARVALHO SANTOS, *op. cit.*, v. 3. p. 9.
[177] PEREIRA, *op. cit.*, v.1. p. 466.

CONDIÇÃO SUSPENSIVA

de um tempo determinado e preciso"[178]. A limitação temporal ainda pode ter a função de caracterizar um fato certo como incerto[179]. Isso pode ocorrer quando se estipula como *condição-fato* a ocorrência da morte de alguém durante um prazo específico. Nesse caso, a morte é fato certo, contudo, ao ser limitada no tempo, transforma-se um evento certo em incerto (o termo passa a ser condição).

Ressalta-se, além disso, que o requisito da incerteza da condição é o fundamento pelo qual se exige que a condição deva ser possível jurídica e fisicamente (para a distinção ver item 2.3 deste capítulo) já que, se o evento é impossível, não haverá *incerteza* sobre sua ocorrência[180].

A determinação da incerteza nem sempre é fácil de se verificar no caso concreto. A 3ª Turma do Superior Tribunal de Justiça, no julgamento do Recurso Especial n. 187.174/SP, deparou-se com este problema. Tratava-se de contrato de compra e venda de imóvel, com preço pago, faltando apenas, para se aperfeiçoar, a regularização do imóvel pela vendedora. A regularização é uma providência fundamental para transferência da propriedade, tendo o vendedor expressamente assumido o ônus de realizá-la.

Contudo, a cláusula motivadora da discussão dispunha que a escritura definitiva da transmissão de domínio seria outorgada ao comprador uma vez concluída a regularização do imóvel e quando obtida pela vendedora a certidão negativa de débito e o IAPAS. A parte vendedora tentou demonstrar ser dificílima a regularização daquele particular imóvel, que fora adquirido em leilão, de modo a constituir um evento futuro e incerto.

Dentre outras razões, não se reconheceu a dita cláusula como condicional, pelo fato de a obtenção da regularização não apresentar incerteza. Esta não parece, porém, a melhor conclusão. Não há como reconhecer a certeza da concessão de determinado ato do Poder Público, ou de qualquer terceiro.

2.2. Espécies de condição

A condição comporta várias espécies, cujas diferenças práticas são marcantes. O estudo do regime jurídico de cada uma delas será abordado ao

---

[178] *Ibidem*
[179] *Ibidem*. OLIVEIRA, Eduardo, *op. cit.*, v. 2. p. 304.
[180] BEVILAQUA, *op. cit.*, v. 1. p. 361, remetendo-se à lição de Savigny; ESPINOLA, *op. cit.*, v. 3. 2ª parte. p. 200.

longo deste trabalho. Neste momento, porém, é oportuno realizar uma breve diferenciação entre elas.

2.2.1. Quanto ao modo de atuação: condições suspensivas e resolutivas

A condição diferencia-se, quanto ao seu modo de atuação, em condição suspensiva e condição resolutiva. A primeira (objeto do estudo deste trabalho) é *condição-cláusula* que suspende a eficácia do ato até a realização do evento futuro e incerto. A segunda é aquela em que a verificação do evento condicional determina a cessação dos efeitos do negócio ou de algum de seus efeitos.

Percebe-se, pois, que a atuação dessas modalidades de condição são justamente opostas. Realizado o acordo, a condição suspensiva dá azo a um período de pendência no qual vigoram *efeitos secundários* que visam a, de modo geral, tutelar o crédito condicional. O credor é titular de um direito aquisito de outro direito, cuja exigibilidade depende da ocorrência de um fato futuro e incerto.

Já no negócio sob condição resolutiva, o que ocorre é o inverso: desde logo a aquisição plena do direito é verificada e os efeitos do negócio são produzidos. A verificação do evento condicionante importa resolução do negócio.

Nem sempre, porém, é fácil distinguir entre tais espécies de condição, *i.e.*, é possível que as partes redijam a cláusula condicional de forma ambígua, não sendo possível, *a priori*, determinar se se trata de condição suspensiva ou resolutiva. Veja-se, por exemplo, a cláusula segundo a qual determinado contrato "será ineficaz se o próximo conselho de administração da sociedade X não aprovar a operação Z"[181]. Remanesce a dúvida se o contrato estará suspenso no seu efeito ou produzirá, desde a celebração, efeitos que, todavia, serão diminuídos se o conselho não decidir ou decidir em termos negativos.

Em decisão paradigma, o Tribunal de Apelação do Tribunal de São Paulo entendeu que "para decidir se uma condição é suspensiva ou resolutiva, deve o julgador procurar a intenção das partes ou do outorgante e, em seguida, consultar os termos do ato e as circunstâncias da causa"[182].

---

[181] TATARANO, *op. cit.*, p. 16.
[182] SÃO PAULO. Tribunal de Justiça. 1.Câmara do Tribunal de Apelação. Apelação n. 20.257. Rel. Des. Paulo Colombo, julgado em 4 out. 1943. *Revista dos Tribunais*, São Paulo, n. 529,

Contudo, o problema se dificulta quando o processo hermenêutico não é suficiente para determinar a natureza da condição, momento no qual surge a discussão acerca da possibilidade do uso da presunção. Alguns rechaçam qualquer presunção[183]. Há quem entenda que se deve ter sempre como presunção absoluta que se trata de condição resolutiva, dado

p. 223-231, nov. 1979. O caso versava sobre a compra de um imóvel hipotecado, em que se discutia a natureza da condição prevista numa escritura pública em que os compradores do imóvel transacionavam com o credor hipotecário o montante de seu crédito contra os vendedores do imóvel: "a) o credor declarou que a dívida, contando-se os juros à razão de 12%, como ele pretendia, era fixada em Cr$ 114.313,52; b) os proprietários do imóvel e responsáveis pela dívida pagaram ao credor Cr$ 103.000,00 de capital, juros contados à taxa de 8% e impostos; c) a diferença entre estas duas quantias, ou seja a importância de Cr$ 11.313,52 e proveniente da diferença da taxa de juros, ficou de ser paga pelos proprietários devedores com juros, se em grau de revista ou de recurso extraordinário fosse reconhecido ao credor o direito de cobrar a taxa de 12% ao ano, obrigando-se o credor a desistir da ação executiva que havia antes iniciado e que estava com processo sustado, se a decisão definitiva, em revista ou recurso extraordinário, lhe fosse contrária".

Em primeira instância, a ação de consignação promovida pelo devedor hipotecário foi julgada improcedente, adotando-se como fundamento a taxa de juros era de 12%. Após, em segunda instância, reconheceu-se a taxa de 8%, mas manteve-se a improcedência da ação por outros motivos. O credor hipotecário, sentindo-se prejudicado com essa decisão, interpôs recurso de revista. A transação acima referida ocorreu então antes do julgado desse recurso interposto. As partes, porém, interpretam diversamente essa cláusula. Para o credor hipotecário: "a dívida desapareceria se em revista ou em recurso extraordinário fosse decidido que os juros eram pela taxa de 8%; a condição seria resolutiva"; Para os devedores: "a obrigação de pagar surgiria se em revista ou recurso fosse reconhecido ao credor o direito de cobrar os juros pela taxa de 12%; a condição seria suspensiva".

Contudo, como a questão de taxa de juros não foi julgada em revista ou em recurso extraordinário, o credor sustenta que pode cobrar a dívida, já que a condição resolutiva não pode mais se operar. Já os devedores sustentam ter desaparecido a dívida, porque não se realizou o evento condicional.

Assim, no julgamento da apelação, o tribunal, interpretando as cláusulas da transação, entendeu que "a não desistência do recurso se revista, a reserva do uso do recurso extraordinário e o reconhecimento do direito desse uso aos outorgados eram para o fim de se firmar a obrigação dos outorgados de pagar a diferença da taxa, caso fosse reconhecido esse direito ao outorgante". Nesse contexto, a suspensividade da condição fica clara: a obrigação só seria exigível se fosse realizado o fato futuro e incerto: reconhecimento do direito ao credor de cobrar a taxa de 12%.

[183] Como reporta Eduardo Espínola, os autores clássicos partidários dessa opinião são Baurdy-Lacantinère et Barde, Laurent, Aubry et Rau (CARVALHO SANTOS, J.M. (Coord.). *Repertório enciclopédico do Direito brasileiro*. Rio de Janeiro: Borsoi, [s.d.]. p. 377. v.10.). Atualmente: MIRANDA, *op. cit.*, p. 70.

que as obrigações devem se presumir puras[184]. Além disso, outros entendem que se "deve considerar resolutiva no caso de ter recebido execução o contrato; suspensiva no caso contrário"[185].

Conclui-se que, em caso de dúvida, a questão deve, em primeiro lugar, tentar ser resolvida por interpretação. Se esse recurso não for suficiente, razoável proceder à presunção de modo que se considere resolutiva, caso a execução do contrato já tenha sido iniciada; suspensiva, se a execução não tiver ainda ocorrido.

2.2.2. Condições positivas e negativas

Distingue-se a condição positiva da condição negativa. Na primeira espécie, a condição exige a ocorrência de um evento que pode ou não ocorrer, *i.e.*, a *condição-fato* corresponde a uma alteração de um estado anterior de coisas. Por exemplo, se o atual presidente for reeleito, vender-te-ei minha participação acionária na sociedade X. Já na segunda espécie, o oposto ocorre: será necessário que o evento (futuro e incerto) não se consume, pois, quando ocorrido, a parte não poderá mais postular o direito condicional[186], *i.e.*, a *condição-fato* traduz-se na não alteração de uma situação de coisas preexistentes. Exemplifica-se: se o atual presidente não for reeleito, vender-te-ei minha participação acionária na sociedade X.

2.2.3. Condições impossíveis e possíveis

A condição tem também como critério diferenciador a própria possibilidade da ocorrência da *condição-fato*. Será *impossível* aquela condição cujo evento futuro e incerto é *jurídica* ou *fisicamente impossível*. A *condição juridicamente impossível*, nas palavras de Pontes de Miranda, é aquela "que tem por fito ato que o mundo jurídico não deixa entrar ou se valer, por ser contra as regras jurídicas: obsta à sua realização a ordem jurídica"[187]. Exem-

---

[184] GUEIROS, *op. cit.*, p. 80-81, remetendo-se às lições de Larombière.
[185] Essa é a opinião de Eduardo Espínola, que ainda refere que assim também: Giorgo Giorgi, Thibaut (*op. cit.*, p. 377). Também nesse sentido: GOMES, *op. cit.*, p. 351; ANDRADE, *op. cit,*. p. 367.
Registre-se, porém, a crítica de Nehemias Gueiros segundo a qual aquele ponto de vista implicaria presunção a favor da condição suspensiva, já que, na maior parte dos casos, a dúvida é "suscitada antes de se pôr em execução o ato ou contrato, exatamente para saber qual o efeito que se lhe deve atribuir" (*op. cit.*, p. 80).
[186] ABREU FILHO, José. *O negócio jurídico e sua teoria geral.* 5.ed. São Paulo: Saraiva, 2003. p. 201.
[187] PONTES DE MIRANDA, *op. cit.*, t. V. p. 191.

plica-se: vender-te-ei certo imóvel, se meu sobrinho se tornar maior aos 15 anos[188]. *Fisicamente impossível* corresponde à condição que vincula os efeitos do negócio a evento que contraria as leis da física e da natureza. Por exemplo, quando se convenciona como *condição-fato* o retorno de um navio que se sabe ter naufragado.

Como referido no item 2.1.4 deste capítulo, exige-se que, para que se verifique uma condição em sentido estrito, a condição deve ser possível, pois, caso contrário, não haverá *incerteza objetiva* sobre sua ocorrência. Assim, as partes convencionam o negócio sabendo que a *condição-fato* é impossível de ocorrer, não pretenderam efetivamente a produção dos seus efeitos. Dito de outro modo, o vínculo jurídico, por falta de *seriedade de vontade*[189], não chegou a se constituir.

Esta lógica não é completamente condizente com o entendimento segundo o qual a *incerteza* do evento condicional deva ser *objetiva*. Tatarano reconhece situações excepcionais de *incerteza subjetiva* em que a *seriedade da vontade* dos contratantes pode não estar maculada. Toma como exemplo a condição referente a fatos passados ou presentes, desconhecidos pelas partes. Se, de fato, as partes desconheciam a sua ocorrência, a seriedade da vontade não estaria comprometida, afinal, as partes não estariam cientes da sua impossibilidade[190].

Nessa linha, Barbero afirma que a "possibilidade da condição" não deve ser entendida como a absoluta *certeza da possibilidade* do evento, mas como a *certeza da impossibilidade* de o evento ocorrer[191]. Isso porque, a *incerteza da impossibilidade* não é suficiente para macular a seriedade da vontade, razão pela qual não se pode invalidar o negócio. Já a *certeza da impossibilidade* não corresponde à vontade efetiva de se vincular, de sorte que, então, há

---

[188] Espínola, *op. cit.*, v. 3. 2ª parte. p. 200.
[189] Barbero, Domenico. "condizione" In: Azara, Antonio. Eula, Ernesto(coords.). *Novíssimo digesto italiano*. Torino: Torinense, 1957. p. 1.100. v. 3.
[190] Tatarano, *op. cit.*, 1976, p. 9.
[191] Mesmo sentido: Carresi, *op. cit.*, 1987, nota de rodapé n. 139, p. 259, para quem a impossibilidade do fato deve ser interpretada segundo um juízo de razoabilidade, motivo pelo qual a seriedade da vontade, nessas circunstâncias, não deve ser avaliada em relação à realidade efetiva, mas, sim, à opinião das partes na formação do contrato.
Sobre o assunto, Luiz da Cunha Gonçalves entende que se a possibilidade do evento for duvidosa, deverá admitir-se a validade do contrato, pois que é boa regra a interpretação dos contratos *magis ut valeant quam pereant*" (Gonçalves, Luiz da Cunha. *Tratado de Direito Civil*. 2. ed. São Paulo: Max Limonad, 1955. p. 578. v. 4. t.II.).

razões para invalidar o negócio. O autor ressalta ainda que a lei, a rigor, não considerou a possibilidade do evento como requisito da condição, mas tão somente regulou a sua relevância, o que ocorreu identicamente no sistema brasileiro. Por tudo isso, Barbero conclui que a *possibilidade* da condição é um caráter imanente da condição, que deve ser analisada mais em razão da *seriedade da vontade* do que da possibilidade efetiva do evento[192].

Para tratar da *impossibilidade* da condição, importante distingui-la da *impossibilidade do negócio jurídico* (art. 166, VII, do Código Civil[193]) e da *impossibilidade da prestação* (art. 166, II[194]). A *impossibilidade* do art. 123, I, do Código Civil diz respeito à *condição-fato*, e sua consequência é a invalidade do negócio (nos casos de condição suspensiva). Figure-se, por exemplo, doação condicionada a atravessar caminhando o Brasil em um dia. Em princípio, a prestação ou o negócio jurídico não são impossíveis, o evento que é efetivamente impossível de ocorrer. A *impossibilidade* do art. 166, II, do Código Civil[195] recai sobre o objeto da prestação, cujo efeito será a nulidade do negócio jurídico. Estará presente, por exemplo, quando alguém se obriga a doar para outrem a Lua ou as estrelas[196]. Note-se que a *impossibilidade da prestação* só fulminará o negócio com a sanção de nulidade se for concomitante ao aperfeiçoamento do negócio. Se for superveniente, o *plano da validade* restará preservado, "podendo a eficácia do negócio ser prejudicada (v. arts. 234-236; 238-240, 246, 248 e 250)"[197]. Por fim, a *impossibilidade do negócio jurídico* diz respeito aos negócios que a lei taxativamente declara nulos, ou proibe-lhes a prática, sem cominar sanção. É o caso, *e.g.*, de compra e venda que deixa a fixação do preço ao arbítrio exclusivo de uma das partes.

---

[192] BARBERO, *op. cit.*, 1957, p. 1.100.
[193] Art. 166. É nulo o negócio jurídico quando: (...) VII – a lei taxativamente o declarar nulo, ou proibir-lhe a prática, sem cominar sanção.
[194] Art. 166. É nulo o negócio jurídico quando: (...) II – for ilícito, impossível ou indeterminável o seu objeto.
[195] Também chamada de "impossibilidade inicial absoluta"; ou "impossibilidade originária da prestação".
[196] MARTINS-COSTA, Judith apud COUTO E SILVA, Clóvis; AGUIAR JUNIOR, Ruy Rosado de (MARTINS-COSTA, Judith; TEIXEIRA, Sálvio de Figueiredo (Coord.). *Comentários ao novo Código Civil*. 2. ed.. Rio de Janeiro: Forense, 2009, p. 376. t. II.)
[197] TEPEDINO, Gustavo; BARBOZA, Heloísa Helena; MORAES, Maria Celina Bodin de. *Comentários ao Código Civil conforme a Constituição da República*. 3.ed. Rio de Janeiro: Renovar, 2014. p. 222. v. 1.

Vale mencionar que a condição pode interferir nas consequências jurídicas da *impossibilidade da prestação*. Segundo o art. 106 do Código Civil[198], a *impossibilidade inicial* do objeto não invalida o negócio se cessar antes de realizada a condição a que ele estiver subordinado. Figure-se, por exemplo, a compra sob condição de algo que é meu, se não for meu ao tempo de se cumprir a condição, válida será a convenção[199]. Conforme o art. 234 do Código Civil[200], a *impossibilidade superveniente* da prestação, nos casos de obrigação de dar coisa certa, resolverá a obrigação para ambas as partes, se a coisa perecer até a data da verificação da condição, matéria que é objeto do terceiro capítulo deste trabalho. Deve ter-se consciência que não se trata, nessas hipóteses, de *impossibilidade da condição*, mas, sim, da *prestação*.

Ressalta-se que, embora os regimes jurídicos de *impossibilidade de prestação* e de *impossibilidade da condição* se assemelhem, não podem ser confundidos entre si. Assemelham-se nas hipóteses de *impossibilidade inicial da prestação*, em que a baliza *impossibilidade-possibilidade* diz respeito à constituição efetiva do vínculo, atuando, assim, no *plano da validade*. Quanto à *impossibilidade superveniente*, o regime jurídico refere-se ao *plano da eficácia*, no qual a baliza *impossibilidade-possibilidade* da condição não atua. Note-se que essa afirmativa não exclui a possibilidade de a estipulação condicional atuar como um mecanismo de repartição dos riscos típicos do *inadimplemento da prestação*, como comumente é feito nos negócios dependentes de licença ou autorização[201].

---

[198] Art. 106. A impossibilidade inicial do objeto não invalida o negócio jurídico se for relativa, ou se cessar antes de realizada a condição a que ele estiver subordinado.

[199] Pontes de Miranda entende que nos negócios condicionais e nos a termo, a *impossibilidade jurídica do objeto* pode não macular o negócio quando houver *impossibilidade jurídica secundária*, i.e., aquela que impossível é porque há situação jurídica que o impede. Assim, se ao tempo da condição ou do termo, a situação fática foi alterada, válido estará o negócio. Diferente será a consequência para as situações em que há uma *impossibilidade jurídica primária* (i.e., aquela que impossível é porque a lei o diz). Segundo o autor, seria imoral especular-se a mudança de regras jurídicas, ressaltando-se, nessas situações, a fraude à lei. (PONTES DE MIRANDA, op. cit., v. 4. p. 259-260).

[200] Art. 234. Se, no caso do artigo antecedente, a coisa se perder, sem culpa do devedor, antes da tradição, ou pendente a condição suspensiva, fica resolvida a obrigação para ambas as partes; se a perda resultar de culpa do devedor, responderá este pelo equivalente e mais perdas e danos.

[201] COUTO E SILVA, Clóvis V. do. *A obrigação como processo*. São Paulo: FGV, 2007. p. 102-103.

Quanto ao regime jurídico da *impossibilidade da condição*, importante mencionar que apresenta consequências diversas a depender se suspensiva ou se resolutiva. Na primeira hipótese, o negócio jurídico será inválido, se subordinado a condições física ou juridicamente impossíveis, conforme art. 123, I, do Código Civil[202]. Na segunda, o negócio será considerado puro e simples, conforme art. 124 do Código Civil[203].

O Código Civil anterior tratava de modo diferente a matéria. Dispunha que as condições fisicamente impossíveis e as de não fazer coisa impossível seriam inexistentes (*i.e.*, o ato não seria nulo, mas seria puro e simples); e as juridicamente impossíveis invalidariam os atos a elas subordinados. Contudo, a primeira hipótese foi alvo de críticas[204], de modo que o novo código tratou com acerto a matéria, pois, a rigor, aquele que convenciona o negócio sabendo que é impossível não pretendeu efetivamente a produção dos efeitos do negócio, e não constitui a *vontade séria* de se obrigar[205]. A sanção de inexistência, portanto, é completamente incongruente para essas situações, já que admite no negócio condicional uma dupla declaração de vontade, o que, como vimos, é rechaçado pela autorizada doutrina. Diferente, porém, é a situação de condição de não fazer coisa impossível cuja sanção é a de inexistência, conforme art. 124 do Código Civil.

Discute-se, na doutrina, se a *impossibilidade invalidante* deve ser *absoluta* ou *relativa*, *i.e.*, terá o condão de macular o negócio somente a *condição-fato* cujo acontecimento seja absolutamente impossível de acontecer, ou também a que, embora considerada em si possível, não pode se realizar em razão de alguma circunstância específica (tempo, modo e lugar)[206]. Para Caio Mário, no caso das condições, a *impossibilidade relativa* deve ser tratada como se absoluta, pois:

---

[202] Art. 123. Invalidam os negócios jurídicos que lhes são subordinados: I – as condições física ou juridicamente impossíveis, quando suspensivas.

[203] Art. 124. Têm-se por inexistentes as condições impossíveis, quando resolutivas, e as de não fazer coisa impossível.

[204] CARVALHO SANTOS, *op. cit.*, v. 3. p. 42; ESPÍNOLA, *op. cit.*, v. 3. 2ª parte. p. 196- ss.

[205] Sobre o assunto, Nehemias Gueiros sinteticamente observa que, de maneira geral, a impossibilidade da condição manifesta a vontade de que esta não se realize o que se choca com a sanção de inexistência dela. Afinal, "quem quer sob certa condição, e ao mesmo tempo não quer que a condição se realize, evidentemente nada quer" (GUEIROS, *op. cit.*, p. 103).

[206] CARVALHO SANTOS, *op. cit.*, v. 3. p. 44. RIBEIRO, *op. cit.*, v. 3. p. 314; RODRIGUES, *op. cit.*, v. 1. p. 247.

(...) é claro que o agente subordinou a declaração de vontade a uma determinação acessória que se poderia cumprir relativamente a outrem, mas que quanto a determinado indivíduo, não tem suscetibilidade de realização, seu efeito equipara-se, naquele negócio, e quanto àquele individuo, à condição absolutamente impossível[207].

A questão temporal também é relevante para a impossibilidade da *condição-fato*. Em razão de o art. 123 do Código Civil referir-se ao *plano da validade*, intuitivo que está a tratar da impossibilidade inicial. Na prática, porém, pode acontecer que *impossibilidade* (inicial) do evento seja *transitória*. Isto é, no momento em que foi convencionada, a condição era impossível, mas após a celebração do negócio, torna-se possível, em razão de alguma mudança no ordenamento jurídico (*impossibilidade jurídica primária*), por conta de avanços tecnológicos e científicos (*impossibilidade física*)[208], ou por alguma mudança fática que afaste a impossibilidade jurídica precedente (*impossibilidade jurídica secundária*). Alguns entendem que estará sujeito ao regime condicional somente o contrato pelo qual a *condição-cláusula* tiver previsto a possibilidade futura do acontecimento da *condição-fato*[209]. Do ponto de vista que se assume neste trabalho, parece que esse entendimento está em consonância com a lógica do regime condicional, dado que a previsão antecipada pelas partes garante que a vontade de se obrigar seja *séria*.

Ainda sobre a questão temporal, conta-se com a situação segundo a qual inicialmente a condição seja possível, e posteriormente venha a se tornar impossível, *i.e., condições fisicamente impossíveis supervenientes*. Nestes casos, o que ocorrerá será justamente o reconhecimento de uma *condição falha*, que, sendo suspensiva, impede efetivamente a aquisição do direito[210].

Pode ainda acontecer que uma parte saiba da impossibilidade sobre a realização da *condição-fato*, enquanto a outra, não. Nesses casos, não há que se falar em nulidade do contrato (art. 123, I do Código Civil), mas,

---

[207] PEREIRA, *op. cit.*, v. 1. p. 480.
[208] BETTI, *op. cit*, t. III. p. 136.
[209] CARVALHO SANTOS, *op. cit.*, v. 3. p. 46, remete-se às lições de Espínola e Giorgi; ESPÍNOLA, *op. cit.*, v. 3. 2ª parte. p. 222. Cunha Gonçalves entende que, "se a impossibilidade existente no momento inicial for destinada a desaparecer, por circunstâncias de fácil previsão, a condição não será impossível, antes deve supor-se terem os contraentes previsto essa mudança" (GONÇALVES, *op. cit.*, p. 580).
[210] RÁO, *op. cit.*, p. 312; GUEIROS, *op. cit.*, p. 106.

sim, em violação de dever de informar do contratante que tinha ciência da impossibilidade. Figure-se, por exemplo, o contrato de fornecimento que fica subordinado à produção pelo fornecedor de determinado volume de matéria-prima até determinada data. O fornecedor, sabendo que é impossível realizar o volume convencionado, vincula-se, mesmo assim, ao contrato de fornecimento. Nas circunstâncias fáticas, a outra parte não tem como suspeitar da impossibilidade. Haveria, portanto, inadimplemento por violação de dever anexo[211].

2.2.4. Condições ilícitas e lícitas

Ainda, tem-se a distinção entre condição lícita e condição ilícita. A primeira está prevista no art. 122 do Código Civil, cuja redação determina que "são lícitas, em geral, todas as condições não contrárias à lei, à ordem pública ou aos bons costumes". Ao contrário senso, serão ilícitas as que contrariarem a lei (ilicitude por ilegalidade), a ordem pública ou os bons costumes (ilicitude por imoralidade). Esclarece-se que, na primeira hipótese, será defesa aquela condição na qual a contrariedade diga respeito à lei imperativa[212]. Assim, sendo dispositiva, sua estipulação será licita, de sorte que o negócio jurídico não sofrerá a sanção de invalidade, típica das condições ilícitas (art. 123, II, do Código Civil).

Vale mencionar que a *condição ilícita* não é sinônimo de *condição juridicamente impossível*. Isto porque, a *condição ilícita* é aquela reprovada pela ordem jurídica, e não simplesmente a que está fora da abrangência da lei[213]. Além disso, as juridicamente impossíveis jamais podem se realizar, não há incerteza inerente da condição em sentido técnico, razão pela qual não podem assim ser classificadas[214], o que não ocorre nos casos de *condição ilícita*, cujo evento condicional pode materialmente ocorrer. A título exemplificativo pense-se nas seguintes hipóteses: um roubo e uma adoção feita por menor.

---

[211] Nas palavras de Judith Martins-Costa "o inadimplemento é a não-satisfação da prestação devida, quando devida e na medida em que devida" (MARTINS-COSTA, *op. cit.*,v. 5. t. II. p. 108), cuja ocorrência pode se dar em razão da violação de deveres anexos da obrigação principal (*idem*). Tais deveres derivam da boa-fé objetiva, os quais "se apresentam como um *sucedâneo* da obrigação principal (como o dever de indenização, que surge diante da impossibilidade de prestar o prometido)" (*idem*, p. 87).
[212] RIBEIRO, *op. cit.*, V. 3. p. 308.
[213] PONTES DE MIRANDA, *op. cit.*, t. V. p. 191.
[214] GUEIROS, *op. cit.*, p. 101.

O primeiro evento, embora seja contrário ao direito, pode faticamente realizar-se. O segundo, por sua vez, é absolutamente impossível de acontecer, dado que a adoção só pode ser feita por maior[215].

Esclarece-se, ainda, que o ilícito defeso de condicionamento é aquele que depende, de alguma forma, da atitude do contratante. Se a ilicitude do evento não está sujeita de qualquer maneira a alguma conduta do agente, não há razões para invalidar o negócio. Assim, se convenciono que comprarei seu celular, se o meu vier a ser furtado no próximo ano, não incide o suporte fático do inciso II, do art. 123, do Código Civil, exceto se o próprio vendedor foi quem furtou.

De todo modo, a condição ilícita pode-se dar de diversas formas: (i) a *condição-fato* pode constituir um fato ilícito (dou-te 100, se sonegares impostos); (ii) a *condição-fato* por si só é lícita, mas no contexto em que aposta, torna-se ilícita (dou-te 100, se mudares de religião). Nessa última hipótese, o fato "mudar de religião", como se sabe, não é ilícito, mas, no contexto condicional, ele se transforma em uma restrição à liberdade individual da figurante, atraindo a caracterização da ilicitude. Sobre o assunto, o Código Civil português foi bem casuísta, ao expressamente classificar como ilícitas as condições de conviver ou não com certa pessoa; de tomar ou deixar de tomar determinada profissão; ou de casar ou não casar[216].

Diferentemente, o Código Civil brasileiro, em melhor técnica, optou por uma cláusula geral contendo conceitos abertos como "ordem pública" e "bons costumes". Ao invés de minudenciar casuisticamente as hipóteses, optou por apenas enunciar, no art. 122, a *contrario senso*, serem ilícitas condições contrárias à lei, à ordem pública e aos bons costumes. Evidentemente, seria contrário à ordem pública afrontar ou restringir o livre desenvolvimento da pessoa humana, por contrariar o princípio da dignidade da pes-

---

[215] GUEIROS, *op. cit.*, p. 100.
[216] No Código Civil Português, art. 2.232: "Consideram-se contrárias à lei a condição de residir ou não residir em certo prédio ou local, de conviver ou não conviver com certa pessoa, de não fazer testamento, de não transmitir a determinada pessoa os bens deixados ou de os não partilhar ou dividir, de não requerer inventário, de tomar ou deixar de tomar o estado eclesiástico ou determinada profissão e as cláusulas semelhantes"; art. 2.233: "1. É também contrária à lei a condição de que o herdeiro ou legatário celebre ou deixe de celebrar casamento. 2. É, todavia, válida a deixar de usufruto, uso, habitação, pensão ou outra prestação contínua ou periódica para produzir efeito enquanto durar o estado de solteiro ou viúvo do legatário".

soa humana[217], cuja proteção é reconhecida como valor de fundamento da República, conforme o art. 1º, inciso III, da Constituição Federal[218]. Assim, a condição que imponha que o figurante deva mudar de religião está a cercear a sua liberdade individual, devendo ser reputada ilícita.

Discute-se se o fato de se sujeitar a condição à abstenção de realizar algo ilícito (se não sonegares impostos, dou-te 100) será ilícita. O argumento a favor do reconhecimento da ilicitude consubstancia-se no preceito segundo o qual existe dever primário à abstenção de proceder ilicitamente, não se coadunando tal negócio com a ordem jurídica[219]. O fundamento contrário retira a ilicitude em razão de a condição atuar como contraestímulo à prática do ato ilícito[220].

Sobre o assunto, a posição de Manuel Domingues A. de Andrade parece ser a mais acertada. Segundo este autor, se a cláusula condicional representar efetivamente um contraestímulo ao ilícito, poderá ser reputada lícita[221], como será o caso da seguinte convenção: "dou-te certa quantia à sua campanha eleitoral, mas a doação ficará sem efeito se praticares tal fato ilícito".

2.2.5. Condições incompreensíveis e contraditórias

Contamos ainda com a *condição contraditória* (ou *perplexa*) e a *incompreensível*. Ambas são logicamente impossíveis[222]. A *contraditória* subordina "o efeito do ato jurídico a eventos futuros e incertos que se opõem entre si"[223].

---

[217] Entende-se, neste trabalho, dignidade da pessoa humana como a "qualidade intrínseca e distintiva de cada ser humano que o faz merecedor do mesmo respeito e consideração por parte do Estado e da comunidade, implicando, neste sentido, um complexo de direitos e deveres fundamentais que assegurem a pessoa tanto contra todo e qualquer ato de cunho degradante e desumano, como venham a lhe garantir as condições existentes mínimas para uma vida saudável, além de propiciar e promover sua participação ativa e co-responsável nos destinos da própria existência e da vida em comunhão com os demais seres humanos" (SARLET, Ingo Wolfgang. *Dignidade da pessoa humana e direitos fundamentais na Constituição Federal de 1988*. 5. ed. Porto Alegre: Livraria do Advogado, 2007. p. 62).

[218] Art. 1º A República Federativa do Brasil, formada pela união indissolúvel dos Estados e Municípios e do Distrito Federal, constitui-se em Estado Democrático de Direito e tem como fundamentos: (...) III – a dignidade da pessoa humana.

[219] PEREIRA, *op. cit.*, v. 1. p. 479; TEPEDINO; BARBOZA; MORAES, *op. cit.*, v. 1. p. 255.

[220] ANTUNES VARELA, *op. cit.*, p. 377.

[221] ANDRADE, *op. cit.*, v. 2. p. 370.

[222] PONTES DE MIRANDA, *op. cit.*, t. V. p. 193.

[223] ANTUNES VARELA, *op. cit.*, p. 375.

Assim, tais cláusulas "não chegam a subordinar o negócio a fato impossível, mas criam uma situação contraditória nos seus próprios termos"[224].

Melhor dizendo: falta clareza às condições incompreensíveis, o que compromete, mais uma vez, a *seriedade* do vínculo contratual, razão pela qual a consequência da invalidade do negócio jurídico, imposta pelo art. 123, inciso III, do Código Civil, mostra-se coerente.

2.2.6. Condições causais, potestativas e mistas

As condições distinguem-se ainda entre as *causais, mistas* e *potestativas*. Essa distinção considera a natureza do evento. A *causal* é aquela que depende do acaso, ou, unicamente, da vontade de terceiro[225]. Nessa modalidade de condição, o poder de realizá-la não está no poder nem do credor nem do devedor, dependente do próprio fortuito[226]. É o caso, por exemplo, de se condicionar o contrato à concessão de alguma licença de órgão administrativo. A *potestativa*, por sua vez, é aquela que se sujeita à vontade do agente. Por fim, as *mistas* são as que dependem do arbítrio de uma das partes e, também, da vontade de terceiro ou do acaso. Por exemplo, contrato de prestação de serviços educacionais condicionado à observância de número mínimo de alunos matriculados. Nessa hipótese, a aceitação de novos alunos certamente depende da vontade da instituição de ensino, mas não exclusivamente, já que depende também do surgimento de pessoas interessadas em se inscrever[227]. Depende do acaso, *i.e.*, que efetivamente haja pessoas interessadas em se associar.

Tanto as *causais* quanto as *mistas* podem ser livremente convencionadas pelos contratantes, não havendo, atualmente, discussões sobre sua admissibilidade. Não podemos dizer o mesmo das *potestativas*. Sobre este assunto, importante distinguir entre *condição simplesmente potestativa* e *puramente potestativa (condicio si voluero)*.

Haverá *condição simplesmente potestativa* quando o evento depender da vontade de uma das partes, mas não única e exclusivamente de seu arbítrio.

---

[224] PEREIRA, *op. cit.*, v. 1. p. 380.
[225] GOMES, *op. cit.*, p. 352; PEREIRA, *op. cit.*, v. 1. p. 245.
[226] SERPA LOPES, *op. cit.*, p. 496.
[227] Embora não tenha sido discutida a potestatividade da cláusula, mas sim a abusividade, esse caso envolveu o evento condicional do exemplo citado: SÃO PAULO. Tribunal de Justiça. 32. Câmara de Direito Privado. Apelação n. 0063823-36.209.8.26.0000. Rel. Luis Fernando Nishi, julgado em 17 out. 2013. São Paulo: Tribunal, 2013.

Por outros termos, a *simplesmente potestativa* depende também de outras circunstâncias, que prescindem vontade da parte. Circunstâncias estas que "representa[m], interesses apreciáveis, os quais, agindo sobre ela [vontade], influem para determinar, embora sejam confiados à exclusiva apreciação do interessado"[228]. Assim, é válida a condição segundo a qual "te vendo minha casa sob a condição suspensiva de que decida me mudar de cidade"[229]. Já a *puramente potestativa* é aquela que se sujeita puramente do árbitro de uma das partes, sem a interferência de qualquer fato externo, sendo sua utilização defesa consoante o art. 121 do Código Civil. Assim sendo, o cumprimento ou omissão da parte não depende "de motivos apreciáveis e sérios"[230], de modo a não importar-lhe "qualquer sacrifício, e portando[-lhe] nenhuma hesitação prévia"[231]. Vêm expressas, normalmente, mediante as expressões "se eu quiser", "se eu achar razoável".

Note-se que novamente a *seriedade* da vontade está em jogo por ser impossível que o contratante esteja, concomitantemente, obrigando-se e reservando-se o direito de não se obrigar[232]. Este parece ser o fundamento que os doutrinadores encontram para a proibição da condição *puramente potestativa*[233]. Pontes de Miranda, por sua vez, vê nessa proibição um repúdio pela ordem jurídica ao querer puro, sem limites[234].

De qualquer forma, a condição puramente potestativa tem suscitado dúvidas na doutrina, sobretudo quando se trata de contratos bilaterais sinalagmáticos[235]. Custodio da Piedade Ubaldino Miranda suscitou a questão,

---

[228] BETTI apud CASS, *op. cit.*, t. III. p. 132.
[229] GALGANO, Francesco. *El negocio jurídico*. Valencia: Tirant lo blanch, 1992. p. 157.
[230] BETTI, *op. cit.*, t. III. p. 132.
[231] *Ibidem*.
[232] Voto vista do Min. Dias Trindade Superior Tribunal de Justiça. 3. Turma. Recurso Especial n. 20.982/MG, Rel. Min. Eduardo Ribeiro, julgado em 10 nov. 1992. Brasília: STJ, 1992. Na doutrina: OLIVEIRA, *op.cit.*, p. 346.
[233] CARVALHO SANTOS, *op. cit.*, v. 3. p. 34. Sentido similar: SERPA LOPES *apud* FERRARA, *op. cit.*, p. 495; PINTO COELHO, *op. cit.*, p. 41; MIRANDA, *op. cit.*, p. 71. Ainda Carvalho de Mendonça afirma que, nos casos de condição puramente potestativa, não existe contrato e sim, proposta, em razão de o vínculo só surgir efetivamente no momento em que se declara o querer (CARVALHO DE MENDONÇA, *op. cit.*, p. 250). Para Lacerda de Almeida, na condição puramente potestativa falta um dos elementos essenciais da obrigação, qual seja, a formação do vínculo (LACERDA DE ALMEIDA, Francisco de Paula. *Obrigações*. 2. ed. Rio de Janeiro: Jacintho Ribeiro dos Santos, 1916. p. 138).
[234] PONTES DE MIRANDA, *op. cit.*, t. V. p. 217.
[235] ANDRADE, *op. cit.*, v. 2. p. 369.

afirmando que, nesses contratos, a condição potestativa não será, a rigor, arbitrária, pois:

> (...) o cumprimento do ato que constituir o evento condicionante é, por sua vez, condição da prestação do outro contratante, de modo que não será indiferente ao primeiro cumprir ou não o evento, o seu ato não consistirá num puro querer ou não será um fato materialmente insignificante, já que terá como contrapartida a prestação da outra parte, isto é, um interesse sério. Não obstante, deixará de ser assim se repugnar à lei ou aos bons costumes que se pratique tal ato mediante remuneração[236].

Vicente Ráo registra a mesma discussão entre alguns clássicos estrangeiros, Windscheid, Giorgi e Fadda e Bensa. O primeiro considera válida a cláusula que prevê condição puramente potestativa em contrato sinalagmático, já que uma parte não pode reclamar a execução sem prestar o que, por sua vez, prometeu, não havendo, assim, inconveniente para que somente uma das partes ficasse vinculada ao negócio. Giorgi segue essa linha, exemplificando que, na compra e venda, o vendedor pode vincular-se irrevogavelmente enquanto o comprador promete comprar "se lhe agradar". Contudo, o autor adverte que haveria mudança da natureza do contrato, *i.e.*, a compra e venda assumiria o caráter de uma promessa de venda. Fadda e Bensa, por outro lado, entendem que o pensamento de Windscheid não pode ser aplicado quando não há permissivo legal. Desse modo, não seria nula, por exemplo, a venda a contento[237], por existir permissão legal[238].

Tatarano defende que a nulidade da *condição puramente potestativa* somente se aplica aos contratos unilaterais "e não aos contratos com obrigações de ambas as partes, ao menos que nesse último caso a condição adere a uma só obrigação e não ao inteiro contrato"[239], porquanto nos contratos bilaterais a vontade da parte se reconduz a um *interesse apreciável*, decorrente da vantagem de receber a contraprestação do outro contra-

---

[236] MIRANDA, *op. cit.*, p. 71.

[237] Venda a contento é aquela modalidade de compra e venda que depende do consentimento do comprador após realização do exame da coisa objeto da prestação. No Brasil, está regulada nos arts. 509-512 do Código Civil.

[238] RÁO, *op. cit.*, nota de rodapé n. 97, item "b", p. 327-328.

[239] TATARANO, *op. cit.*, 2009, p. 32.

tante. Exemplifica, assim, que o interesse do vendedor na compra e venda condicionada não se faz a custo zero, já que, ao se liberar do dever de realizar a tradição, perde o direito correlato, a saber, o direito ao preço[240].

Na doutrina brasileira há quem rejeite a *condição puramente potestativa* quando suspensiva e sujeita à vontade do devedor ou alienante, e admite a subordinada à vontade do credor. O fundamento é que a obrigação, nesses casos, persistiria porque o cumprimento não depende do devedor[241].

De fato, em razão de previsão legal (arts. 509-510 do Código Civil), a venda a contento e a sujeita à prova são válidas em nosso sistema jurídico. A venda a contento, a rigor, seria uma condição puramente potestativa, uma vez que depende de um *simples querer* do comprador realizar a compra[242]. Contudo, em razão da expressa permissão legal, não haveria como reputá-la inválida. Já na hipótese de compra sujeita à prova, mesmo se não houvesse permissivo legal, não poderia ser alegada sua validade, uma vez que haveria um *interesse apreciável* e *sério*, qual seja, que a coisa tenha as qualidades asseguradas e seja idônea para o fim a que se destina[243].

Todavia, admitir uma condição puramente potestativa só pelo fato de o contrato ser sinalagmático não parece uma solução correta. A questão não pode prescindir da análise funcional da condição, que ressalta o interesse das partes na vinculação desde a celebração do negócio. A vinculação recíproca entre expectante e expectado é o que justifica o regime jurídico da condição (arts. 121-130 do Código Civil). No caso das condições puramente potestativas, essa vinculação parece não ter substância para compor um verdadeiro *direito expectado*. Assim, quando o efeito depender exclusi-

---

[240] *Idem*, p. 33.
[241] Nesse sentido: GOMES, *op. cit.*, v. 1. p. 352; AMARAL, *op. cit.*, 2014, p. 514. Pontes de Miranda, por sua vez, adverte que falar que a proibição somente se aplica às potestativas da parte do devedor "é uma dessas frases de grande herança dos velhos axiomas (...), que se vão repetindo por aí a fora, sem mais exame" (PONTES DE MIRANDA, *op. cit.*, t. LVI, 2012, p. 296). E conclui que a distinção é questão de fato.
[242] Caio Mário da Silva Pereira entende que a condição da venda a contento não depende exclusivamente do arbítrio do comprador, mas, sim, do *fato* de agradar-lhe a coisa (PEREIRA, Caio Mário da Silva. *Instituições de Direito Civil*. 13.ed. Rio de Janeiro: Forense, v. 3. 2009. p. 180).
[243] Pontes de Miranda afirma que são defesos os negócios que dependem de aprovação posterior, em razão do art. 115, 2ª parte, do Código Civil de 1916 (art. 122 do Código Civil atual), salvo disposição legal em contrário (como no caso de venda a contento) (PONTES DE MIRANDA, *op. cit.*, t. V. p. 219).

vamente do arbítrio de uma das partes é melhor qualificar o negócio subjacente como opção ou como propostas contratuais[244].

Além disso, o interesse apreciável é difícil de demonstrar com clareza, e, muito embora existam opiniões em contrário, acarretaria sempre uma valoração de pura conveniência da outra contraparte cuja apreciação é de extrema subjetividade, mesmo quando se trata de contrato bilateral.

Ainda vale mencionar que não há *potestatividade pura* quando o efeito condicionado é uma obrigação alternativa. Exatamente nessa linha, Caio Mário reconheceu a validade e licitude da cláusula, em um contrato de construção, pela qual a construtora poderia escolher outro índice de reajuste se o anteriormente ajustado não mais representasse a inflação vigente. Veja-se, assim, que a *condição-fato* é um fato totalmente exterior à vontade das partes, e que o arbítrio da construtora se dá em um momento posterior, qual seja, na própria fase de execução do contrato[245].

Questiona-se acerca da consequência jurídica que importa a *potestatividade pura* da condição. Ao se interpretar sistematicamente o Código Civil de 2002, poder-se-ia reconhecer a invalidade do negócio jurídico como consequência desse tipo de condição, em razão de as *condições puramente potestativas* estarem referidas no art. 122 Código Civil, que trata das condições ilícitas, que, a rigor, invalidam o negócio jurídico que lhe são apostas, consoante ao art. 123, inciso II, do Código Civil[246]. Contudo, conforme afirmado, antes de aplicar tal sanção, é preciso verificar se não se trata de outra figura contratual, tal como *opção* ou *proposta*.

Adverte-se que a distinção entre a *condição potestativa pura* e *impura* deve levar em conta mais a intenção dos contratantes, tal qual consubstanciada na declaração, do que a literalidade das palavras empregadas no contrato[247]. A matéria submete-se às regras gerais de hermenêutica do negócio jurídico expressas nos arts. 112 e 113 do Código Civil[248], cabendo a pesquisa sobre a intenção "consubstanciada" na declaração, avaliando-a, ademais,

---

[244] VASCONCELOS, Pedro Pais de. *Teoria geral do Direito Civil*. 4. ed. Coimbra: Almedina, 2007. p. 611.
[245] PEREIRA, Caio Mário da Silva. *Obrigações e contratos*. Rio de Janeiro: Forense, 2011. p. 61-62.
[246] AMARAL, *op. cit.*, 2014, p. 516.
[247] PONTES DE MIRANDA, *op. cit.*, t. V. p. 217
[248] Art. 112. Nas declarações de vontade se atenderá mais à intenção nelas consubstanciada do que ao sentido literal da linguagem; Art. 113. Os negócios jurídicos devem ser interpretados conforme a boa-fé e os usos do lugar de sua celebração.

à luz dos elementos contextuais: a boa-fé e os usos, a finalidade do ajuste e as demais circunstâncias do caso. Assim sendo, nem sempre o uso do "querer" implicará *cláusula potestativa pura*. As circunstâncias, os usos do setor econômico, as práticas seguidas pelos figurantes em outros negócios acaso convencionados e a importância do ato influenciam na interpretação da *cláusula-condição*.

A distinção entre as espécies de *cláusulas potestativas* nem sempre é apreciada com precisão técnica pela jurisprudência brasileira.

A 3ª Turma do Superior Tribunal de Justiça cominou de *puramente potestativa* a cláusula que subordina o contrato à regularização dominial do imóvel a ser efetuada pelo vendedor[249]. Frise-se que, nesse caso, em razão de outras questões, indagou-se a existência de condição[250]. No entanto, tecnicamente, se condição houvesse, não seria *puramente potestativa*, já que não estava a depender exclusivamente do "querer do vendedor", envolvendo igualmente a efetiva concessão da regularização do imóvel pelo órgão competente. Por outros termos, a realização do evento não está a depender unicamente da vontade do alienante; envolve, ao mesmo tempo, circunstâncias externas ao seu querer.

Conta-se ainda com outro precedente curioso do Supremo Tribunal de Justiça[251]. Tratava-se de *cláusula-condição* inserta no estatuto social de sociedade civil, que dispunha que determinada classe de sócios apenas gozaria de certos direitos se viessem a existir 4.900 (quatro mil e novecentos) sócios proprietários da sociedade com cotas integralmente pagas e aceitas pela Diretoria. Segundo o ministro Dias Trindade, a disposição seria *puramente potestativa* visto que deixava ao puro arbítrio da diretoria a admissão de novos sócios, além do que não havia qualquer condição objetiva para que novos sócios fossem admitidos. Assim, em sua opinião, esta cláusula implicaria efetivamente puro arbítrio da diretoria. Os ministros Cláudio Santos e Eduardo Ribeiro divergiram do referido voto. Para o primeiro, a mencionada condição não seria reputada *puramente potestativa*, já que seria necessário, além da vontade da diretoria, o efetivo surgimento de pessoas interessadas em se associarem à sociedade. Além disso, a cláu-

---

[249] BRASIL. Superior Tribunal de Justiça. 3. Turma. *Recurso Especial n. 182.174/SP*. Rel. Min. Waldemar Zveiter, julgado em 21 set. 2000. Brasília: STJ, 2000.
[250] Questionou-se também a incerteza do evento condicional em questão.
[251] BRASIL. Superior Tribunal de Justiça. 3. Turma. *Recurso Especial n. 20.982/MG*. Rel. Min. Eduardo Ribeiro, julgado em 10 nov.1992. Brasília: STJ, 1992.

sula não contrariaria nenhum limite ético-social, jurídico ou econômico. Eduardo Ribeiro, por sua vez, alinhou-se ao primeiro argumento do ministro Cláudio Santos, segundo o qual não seria *puramente potestativa* porque dependente também de um fator externo, além da vontade da diretoria.

A rigor, tratou-se de condição *mista*[252]. Evidentemente que o implemento da condição estava a depender também de um fato estranho ao simples querer da diretoria[253]. Como bem salientou o ministro Eduardo Ribeiro "claro que a simples vontade do devedor poderá impedir se realize a condição, por isso mesmo considera-se potestativa. Não, entretanto, meramente potestativa". Parece ser essa a confusão que normalmente se apresenta nos precedentes dos tribunais. Interpreta-se "qualquer querer" como se fosse "puro querer", e esquece-se que a condição *simplesmente potes-*

---

[252] Também realizando mesmo equívoco terminológico, ao entender que uma condição que envolva voluntariedade da parte conjuntamente com ato de terceiro configuraria condição simplesmente potestativa: SÃO PAULO. Tribunal de Justiça. 17. Câmara de Direito Privado. *Apelação n. 1.172.428-0*. Rel. Des. Antonio Marcelo Cunzolo Rimola. j. 29 set. 2005. São Paulo: Tribunal de Justiça, 2005.

[253] Essa interpretação equivocada da condição mista é comum na jurisprudência. A 34ª Câmara do Tribunal de Justiça do Estado de São Paulo reputou ilícita a cláusula que subordina o pagamento do preço de um contrato de subempreitada ao efetivo recebimento pelo empreitante do pagamento a ser recebido no contrato de empreitada original. Afirmou o julgador que seria puramente potestativa a cláusula, pois o empreitante da subempreitada teria o livre-arbítrio para decidir se cobraria, ou não, o preço da obra da empreitada original. Não se concorda, porém, com essa assertiva. Evidente que há interesses apreciáveis em questão, *i.e.*, a realização da obra, e a próprio interesse do empreiteiro da subempreitada de se ver remunerado pelos serviços por ele prestados. Além disso, se o empreitante da subempreitada esquiva-se de cobrar o pagamento, poderia o empreiteiro da subempreitada invocar a tutela prevista no artigo 129 do Código Civil (SÃO PAULO. Tribunal de Justiça. 34. Câmara de Direito Privado. *Apelação n. 0122814-44.2005.8.26.0000*. Rel. Des. Irineu Pedrotti, julgado em 15 ago. 2007. São Paulo: Tribunal de Justiça, 2007). Registre-se, porém, caso que envolvia cláusula similar, em que o tribunal não reconheceu sua ilicitude. Além disso, o julgador afirmou que aquele que vinculou o recebimento de sua prestação ao pagamento de valores devidos ao empreiteiro da empreitada original assumiu o risco inerente ao negócio (SÃO PAULO. Tribunal de Justiça. 29. Câmara de Direito Privado. *Apelação n. 992.05.113228-0*. Rel. Des. Ferraz Felisberto, julgado em 07 jul. 2010. São Paulo: Tribunal de Justiça, 2010). Sentido similar: SÃO PAULO. Tribunal de Justiça. 3. Câmara de Direito Privado. *Apelação n. 9081533-47.208.8.26.0000*. Rel. Hélio Nogueira, julgado em 20 mar. 2014. São Paulo: Tribunal, 2014. Por fim, importante registrar que há, em princípio, um uso atípico do mecanismo condicional nessas hipóteses, uma vez que a finalidade da condição é mais de gerenciamento de riscos do que a típica da condição (ver premissas ao Capítulo 1). Contudo, para os fins de demonstrar a diferença entre as espécies de potestatividade, tais casos não perdem sua utilidade.

tativa e a *mista* também envolvem um "querer". Caso contrário, não se faria necessária esta distinção, já que ou seria condição causal ou potestativa.

Ainda vale mencionar que não parece ter razão o ministro Cláudio Santos quando suscita os "limites ético-sociais, jurídicos ou econômicos"[254] como critérios para determinar se a condição é *simplesmente* ou *puramente potestativa*. Afinal, esses limites já estão abrangidos pela proibição de condição ilícita, assim como encontram obstáculo no art. 187 do Código Civil[255].

Ressalta-se, ainda, interessante interpretação jurisprudencial que se tem feito em relação à condição suspensiva em contratos de assessoria na importação de produtos e afins (contratos de prestação de serviços). São comuns, nesses contratos, cláusulas segundo as quais a remuneração do prestador de serviço não será devida caso o contratante decida não efetivar a importação. Entende-se que o cenário econômico influencia na interpretação da ausência da potestatividade nesses casos, já que haveria "razões justas" para que a importação não fosse celebrada[256].

De qualquer modo, por envolver uma exigência profunda de interpretação tanto da vontade dos contratantes como do contexto econômico, a classificação da potestatividade das condições é uma tarefa inevitavelmente complexa.

2.2.7. Condições tácitas e/ou implícitas

A condição tácita leva a doutrina a algumas confusões de razões terminológicas. Alguns entendem que a expressão "condição tácita" seria sinônimo de *conditio iuris, i.e.*, seriam condições previstas em leis que teriam sido tacitamente anuídas pelas partes[257]. Contudo, neste trabalho não se

---

[254] O ministro referiu-se ao precedente do CURITIBA. Tribunal de Justiça. Apelação Cível n. 42/61, julgado 8 nov.1962. Rel. Min. Aprígio Cordeiro. *Revista dos Tribunais*, São Paulo, v. 335, p. 321-324, set. 1963, em que esses limites foram originalmente convencionados.

[255] Art. 187. Também comete ato ilícito o titular de um direito que, ao exercê-lo, excede manifestamente os limites impostos pelo seu fim econômico ou social, pela boa-fé ou pelos bons costumes.

[256] SÃO PAULO. Tribunal de Justiça. 25. Câmara de Direito Privado. *Apelação Cível n. 992.05.059589-9*. Rel. Des. Risco Pessoa de Mello Belli, julgado em 20 abr. 2010. São Paulo: Tribunal de Justiça, 2010.

[257] Os seguintes autores reportam o erro terminológico: RÁO, *op. cit.*, p. 303; AMARAL, Francisco. *Direito Civil*. 8. ed. Rio de Janeiro: Renovar, 2014. p. 510; ABREU FILHO, José. *O negócio jurídico e sua teoria geral*. 5.ed. São Paulo: Saraiva, 2003. p. 211; GOMES, *op. cit.*, p. 349. Recaindo no equívoco: *Ibidem*.

adota esta sinonímia, pois "a tácita é manifestada tacitamente, não é elemento legal, previsto no suporte fático; e verdadeira condição"[258].

A declaração tácita é aquela deduzida de atos que levam a entender a vontade de vinculação negocial, o que se dá por meio do comportamento concludente incompatível com a não aceitação[259]. Isto é, o comportamento concludente é elemento objetivo da declaração tácita, exigindo a alta probabilidade da aceitação, e não, a sua inequivocidade[260]. Além disso, as características desses atos devem levar em consideração o que ordinariamente ocorre, devendo ser averiguado conforme os usos e costumes (Código Civil, art. 113)[261].

A questão fundamental é determinar se o regime jurídico condicional pode ser aposto às condições ditas tácitas. Autores há defendendo que somente a condição resolutiva pode ser tácita[262], ou rechaçando a ideia segundo a qual qualquer *condição própria* possa ser[263]. Há quem diga que, sendo tácita, a condição pode confundir-se com pressuposição, constituindo, por consequência, uma situação de contraste com o princípio da irrelevância dos motivos individuais[264].

A rigor, nada impede que uma condição em *sentido técnico* possa ser tácita, afinal a *condição-cláusula* integra a declaração de vontade, e, como declaração, pode ser tacitamente considerada[265].

Na doutrina mais recente abre-se uma nova perspectiva sobre o tema – suscitando mesmo uma nova terminologia, "condições implícitas" -, seja por influência do Direito Comparado, ao versar as *implied condictions*[266], seja

---

[258] PONTES DE MIRANDA, *op. cit.*, t. V. p. 177. Mesmo sentido: RÁO, *op. cit.*, p. 302-303; CARIOTA FERRARA, *op. cit.*, p. 672.

[259] TUTIKIAN, Priscila David Sansone. Silêncio como declaração negocial na formação dos contratos (sob a perspectiva dos modelos hermenêuticos de Miguel Reale). In: MARTINS-COSTA, Judith (Coord.). *Modelos de Direito Privado*. São Paulo: Marcial Pons, 2014. p. 155.

[260] TUTIKIAN, *op. cit.*, p. 174.

[261] *Idem*, p. 156.

[262] CRETELLA JÚNIOR, José. In: FRANÇA, Limongi (Coord.). *Enciclopédia Saraiva do direito*. São Paulo: Saraiva, 1978. p. 188. v. 17. GUEIROS, *op. cit.*, p. 118. Para o último autor, há, no direito obrigacional, regra segundo a qual a condição não se presume.

[263] AMARAL, Francisco. *op. cit.* 2014. p. 511.

[264] CARRESI, Franco. *Il contratto*. Milão: Dott. A. Giuffrè, 1987, p. 258. nota de rodapé n. 139.

[265] PONTES DE MIRANDA, *op. cit.*, t. V. p. 178-179; 222; THUR, *op. cit.*, p. 245.

[266] "Implied conditions" são condições não mencionadas expressamente, mas imputadas pela lei, pela natureza da transação ou pela conduta das partes de tacitamente terem anuído

por via da interpretação viabilizada pelo Código Civil de 2002 quanto à impossibilidade de prestar. Clóvis do Couto e Silva recordava, ainda nos anos 60, a hipótese de venda que dependa de licença de autoridade administrativa[267]. Conquanto alguns insiram a hipótese nos quadros da impossibilidade inicial prévia, a figura deve ser parificada, dizia o jurista, com a da venda condicional, no caso, sob condição de que a licença seja concedida. E ensinava: esse tipo de negócio, como é por todos sabido, dependem de licença, "presume-se que a vontade declarada estava na dependência dessa mesma concessão, através da interpretação integrativa, porque esse é o uso (venda civil), ou da aplicação do uso como meio legal de hermenêutica (direito comercial)"[268].

Mais recentemente o tema foi retomado por Judith Martins-Costa que, ao tratar da mora[269], versou sobre a hipótese dos negócios jurídicos que dependem de licença, ou de atos de terceiro que restam *in médio tempore*, isto é, em estado de ineficácia pendente. Assim, se a licença não for concedida, não se integrará um dos fatores de eficácia do negócio[270]. Então, nesses casos, será preciso recorrer aos usos do tráfico (art. 113 do Código Civil), pois se tem como ajustado o negócio sob condição.

No entanto, na prática, é difícil encontrar um caso sobre o assunto, uma vez que o evento futuro e incerto deve ser de alguma forma previsto pelas partes no momento da conclusão do negócio condicional. Tanto é assim que dos poucos julgados que tratam da condição suspensiva tácita, por imprecisão terminológica, não estão tratando efetivamente dela, mas, sim, de interpretação de cláusulas efetivamente expressas no contrato[271].

Figure-se, por exemplo, o caso julgado pela segunda Câmara Cível do Tribunal do Rio Grande do Sul que reconheceu como *condição-fato* prevista em contrato de construção de casas populares a concessão de certo financiamento, em razão da conjunção de duas cláusulas: a primeira cláu-

---

como parte do acordo (GARNER, Bryan A. *Black's law dictionary*. Saint Paul: Thomson Reuters, 2009. p. 334).

[267] COUTO E SILVA, *op. cit.*, p. 102-103.
[268] *Idem*, p. 102.
[269] MARTINS-COSTA, *op. cit.*, t. II. 2. ed. p. 380.
[270] *Idem*, p. 394. COUTO E SILVA, *op. cit.*, p. 102-103.
[271] SÃO PAULO. Tribunal de Justiça do Estado de São Paulo. 28.Câmara de Direito Privado. *Apelação Cível n. 01725-16.2012.8.26.0100*. Rel. Des. Cesar Lacerda, julgado em 11 nov. 2014. São Paulo: Tribunal de Justiça, 2014.

sula determinando que o preço do contrato seria coberto com o financiamento da Caixa Econômica Federal; a segunda estabelecendo que o contrato estava vinculado ao contrato de empréstimo firmado com a Caixa Econômica Federal[272].

Será condição suspensiva tácita, por exemplo, a compra e venda de unidade de condomínio pela administradora de condomínios que participou da reunião de assembleia daquele (anterior ao contrato de compra e venda), quando se decidiu que a venda de qualquer eventual unidade do condomínio só seria eficaz se determinado evento ocorresse? Nesse caso, embora não previsto no instrumento de compra e venda de unidade do condomínio pela administradora, por ter ela ciência prévia da condição imposta e não tendo nunca se oposto a ela, poderia ser vislumbrada a sua anuência tácita.

Assim visualizadas as diversas espécies de condição, cabe agora distinguir a *condição própria* dos institutos que mais se lhe aproximam.

2.3. Delimitação perante figuras próximas

O estudo do perfil estrutural de um instituto jurídico diz respeito à sua delimitação conceitual, *i.e.*, "o que é" aquele instituto. Para sua consolidação, nada melhor do que comparar seu conceito com os de figuras afins. Será esse, então, o objetivo do último item deste capítulo.

Adverte-se, ainda, que o escopo deste item é somente distinguir a condição de suas figuras próximas, e não, realizar um estudo exaustivo da função, estrutura e regime de tais figuras aqui invocadas comparativamente apenas a título distintivo.

2.3.1. Distinções básicas: termo e encargo

Termo e condições são institutos que se assemelham. Ambos referem-se aos efeitos dos negócios; determinam quando há de começar ou acabar algum efeito ou todos do negócio jurídico; não podem ser convencionados em atos ilícitos; são determinações, nas palavras de Pontes de Miranda, *inexas* aos atos jurídicos[273].

---

[272] PORTO ALEGRE (RS). Tribunal de Justiça. 2. Câmara Cível. *Apelação Cível n. 70028463883.* Rel. Des. Arno Werlang, julgado em 06 out. 2010. Porto Alegre: Tribunal de Justiça, 2010.
[273] PONTES DE MIRANDA, *op. cit.*, t. V. p. 159.

Duas distinções, no entanto, apresentam-se. A primeira, evidente, diz respeito ao fato de o termo gozar de certeza[274], diferentemente da condição, que pressupõe a incerteza do fato futuro[275]. A segunda relaciona-se ao momento da aquisição do direito. No negócio sob condição suspensiva, a aquisição do *direito expectado* se dá somente com a verificação da *condição-fato*, conforme o art. 125 do Código Civil[276]. Antes, há somente o *direito expectativo*. Já no negócio a termo, a aquisição do direito se dá a partir da celebração do negócio (art. 131 do Código Civil[277]), estando somente suspenso o seu exercício. Note-se que as partes, ao acordarem um termo, não tiveram interesse em diferir a eficácia do negócio jurídico até que certo fato complexo (tempo, espaço + x) se desse; só quiserem diferi-lo na dimensão do tempo[278]. No negócio a termo, "sabe-se que o *dies a quo* vai chegar; tudo está preestabelecido e previsto; e sabe-se que o efeito sustido se produzirá, no momento previsto, *ex nunc*"[279]. Atendendo a essa diferença, o legislador construiu dois regimes jurídicos distintos. Para o ato a termo, "o direito que surge é o direito previsto, mas destituído de pretensão; ele é assim um direito incompleto em relação ao direito final, completo"[280], enquanto no negócio sob condição suspensiva "o direito que surge é um direito diverso do direito previsto"[281].

---

[274] SÃO PAULO. Tribunal de Justiça. 4. Câmara. Agravo de Petição n. 2.891. Rel. Des. Cunha Cintra, julgado em 09 mar. 1938. *Revista dos Tribunais*, São Paulo, n. 104, p. 173-174, jul. 1938.

[275] Aderbal da Cunha Gonçalves, remetendo-se à lição de Henri de Page, demonstra com clareza solar essa diferença: "É esta hipotética previsão do acontecimento, embora encarado sob o ponto de vista objetivo, que conceitua a condição, estabelecendo uma linha divisória entre ela e o termo, onde o evento, se bem que futuro, é certo, pouco importando que as partes tenham ou não conhecimento da data de sua realização, porque ele é certo. Na condição, ao contrário, na expressão de Henri de Page, tudo é aleatório, insegurança absoluta, dúvida completa, repercutindo esta situação, profundamente, sobre a intensidade e a vitalidade do direito condicional. Enquanto a certeza do termo estabelece, de logo, a existência de direito desde sua origem, diferindo apenas a sua exigibilidade, na condição a incerteza impede o nascimento do direito" (GONÇALVES, Aderbal da Cunha. *Da propriedade resolúvel*. São Paulo: RT, 1979. p. 73-74).

[276] Art. 125. Subordinando-se a eficácia do negócio jurídico à condição suspensiva, enquanto esta se não verificar, não se terá adquirido o direito, a que ele visa.

[277] Art. 131. O termo inicial suspende o exercício, mas não a aquisição do direito.

[278] PONTES DE MIRANDA, *op. cit.*, t. V. p. 247.

[279] *Ibidem.*

[280] AZEVEDO, Antônio Junqueira de. *Estudos e parecer de direito privado*. São Paulo: Saraiva, 2004. p. 213.

[281] *Idem.*

Além disso, os graus de exigibilidade da obrigação condicional e da a termo diferenciam-se. Como explica Judith Martins-Costa, apoiada nas lições de Perlingieri, a incerteza da condição incide na qualidade, no conteúdo e na própria disciplina de sua exigibilidade. Por isso, "nas obrigações condicionais (e não nas obrigações a termo), deve o credor provar que o devedor teve ciência da data do implemento da condição como um dos pressupostos para sua exigibilidade, como se deduz da parte final do art. 332"[282].

No mais, a incerteza do evento nem sempre é fácil de aferir no caso concreto. Desde a época de Teixeira Freitas já se buscavam critérios para essa distinção. Tal autor afirmava que em caso de dúvidas:

> Art. 638. Não obstante as expressões empregadas nos atos jurídicos, entenda-se haver *prazo*, e não *condição*, sempre que o fato futuro for necessário, ainda que seja incerto o *quando*, salvo nos casos em que prazo deva valer como condição.
>
> Art. 639. Entenda-se haver *condição*, e não *prazo*, sempre que o fato futuro for incerto; não obstando que as expressões empregadas para designarem esse fato lhe tenham dado aparência de uma fixação de prazo. Está neste caso, por exemplo, o dia em que uma pessoa se case.
>
> Art. 640. Entenda-se outrossim haver *condição*, e não *prazo*, se os atos contiverem um prazo subordinado ao cumprimento de uma condição. Está neste caso, por exemplo, o dia em que uma pessoa completar a idade de vinte e um anos, o que depende da condição de viver até esse dia (art. 75)[283]

Há quem estabeleça outros princípios para pôr fim à referida ambiguidade: serão sempre termos as situações de *dies certus an et quando* e de *certos an, incertus quando*; enquanto serão sempre condições as hipóteses de *dies incertus an et quando* e o *incertus an, certus quando*[284].

---

[282] MARTINS-COSTA, Judith. *Comentário ao novo código civil*. 2.ed. São Paulo: Forense Jurídica, 2005. v.5. t.I. p. 401.

[283] TEIXEIRA FREITAS, Augusto. *Esboço do Código Civil*. Brasília: Fundação Universidade de Brasília, 1983. p. 183. v. 1.

[284] GUEIROS, *op. cit.*, p. 83. Este autor entende que tal regra suporta exceções, "toda vez que o contrário se depreenda da intenção do declarante, pela exegese verbal da disposição". Ilustra essa assertiva com exemplo de Larombière segundo o qual se condiciona determinado negócio à morte de alguém antes de outrem (GUEIROS, *op. cit.*, p. 83-84). Mesmo sentido: PEREIRA, *op. cit.*, v.1. p. 466.

Igualmente na jurisprudência a questão é tormentosa. De qualquer forma, não existem critérios sistematizados para tal distinção. Seguem, porém, alguns exemplos utilizados pela jurisprudência: (i) impossibilidade de considerar-se incerto o fato futuro de cuja prática o obrigado pode ser constrangido por ação própria[285]; (ii) pouco importa que haja incerteza quanto ao momento exato em que o acontecimento deva ocorrer, se sua realização é certa e inevitável[286].

A condição igualmente é inconfundível com o encargo, o qual consiste na modalidade do ato jurídico, que, ordinariamente, aparece em negócios gratuitos, em virtude da qual se restringe a vantagem criada pelo ato jurídico impondo uma certa obrigação[287]. Enquanto a primeira suspende ou resolve o contrato; o segundo cria um agravamento na obrigação ao beneficiado. Isto é, o querido pelas partes não é a suspensão ou resolução dos efeitos, mas é o mero acréscimo de uma prestação acessória.

Desde o momento da celebração do negócio com encargo, o direito já está adquirido pela parte, que pode livremente exercê-lo[288], o que não ocorre no negócio sob condição suspensiva. Por outras palavras, a condição é o meio pelo qual se adquire o direito, enquanto o encargo é o fim da aquisição[289]. Por essa razão, a doutrina costuma dizer que o encargo é coercitivo[290], *i.e.*, dá contra o titular do direito ação para exigir-lhe cumprimento do encargo[291]; o que não aconteceria no negócio sob condição suspensiva dado que ninguém pode ser constrangido a realizar uma condição[292].

---

[285] SÃO PAULO. Tribunal de Justiça. 3. Câmara Cível. Apelação n. 23.646. Rel. Des. Pedro Chaves, julgado em 29 nov.1944. *Revista dos Tribunais*, São Paulo, v. 158, p. 198-199, nov. 1945.
[286] SÃO PAULO. Tribunal de Justiça. 4ª Câmara. Agravo de Petição n. 2.891. Rel. Des. Cunha Cintra, julgado em 09 mar. 1938. *Revista dos Tribunais*, São Paulo, n. 104, p. 173-174, jul. 1938.
[287] ALVIM, Agostinho. *Da doação*. 3.ed. São Paulo: Saraiva, 1980. p. 45; 232-233.
[288] VILLAÇA, *op. cit.*, p. 172.
[289] GUEIROS, *op. cit.*, p. 87.
[290] MONTEIRO, *op. cit.*, p. 282; BEVILAQUA, Clovis. *Theoria geral do Direito Civil*. 3.ed. Rio de Janeiro: Francisco Alves, 1946. p. 307; BESSONE, Darcy. *Anotações ao Código Civil brasileiro*. 5. ed. São Paulo: Saraiva, 1995, p. 93. v. 1.
[291] ALVES, João Luiz. *Código civil da República dos Estados Unidos do Brasil*. 3.ed. Rio de Janeiro: Borsoi, 1957. p. 213. v. 1.
[292] MONTEIRO, *op. cit.*, p. 282.

CONDIÇÃO SUSPENSIVA

Segundo o art. 136 do Código Civil[293], o encargo pode ser estipulado como *condição-fato* de negócio jurídico. Nessa situação, caso não executado o encargo, ainda que sem culpa do beneficiado, ele deixará de adquirir o direito[294]. Nehemias Gueiros criticou intensamente o art. 128 do Código Civil de 1916[295] (cuja redação é praticamente idêntica ao do art. 136 do Código Civil atual), ao entender que não há como subsistirem as duas figuras simultaneamente, de sorte que se o encargo for "imposto como condição suspensiva", não poderá ser encargo, mas apenas, e exclusivamente, condição suspensiva[296].

No mais, o encargo em *sentido próprio* tem lugar quando há liberalidade no contrato; o que não é exigido para ser celebrada condição[297].

Vale mencionar que, na prática, os contratantes podem utilizar a palavra *condição*, mas, tecnicamente, estipular um encargo. Carvalho Santos exemplifica: "alguém vende a sua casa e acrescente no contrato: com a condição do comprador alugar-ma"[298]. Claro que se estará frente a um encargo, e não diante da suspensão do efeito da compra e venda se o aluguel ocorrer. De qualquer forma, discriminar quando se trata de condição ou encargo inequivocamente é uma questão de interpretação contratual[299]. Admite-se, no caso de dúvida, considerar-se encargo, pois mais favorável que a condição, já que não obsta a aquisição do direito[300].

---

[293] Art. 136. O encargo não suspende a aquisição nem o exercício do direito, salvo quando expressamente imposto no negócio jurídico, pelo disponente, como condição suspensiva.

[294] ALVIM, *op. cit.*, p. 236.

[295] Art. 128. O encargo não suspende a aquisição, nem o exercício do direito, salvo quando expressamente imposto no ato, pelo dissonante, como condição suspensiva.

[296] GUEIROS, *op. cit.*, p. 86.

[297] ALVIM, *op. cit.*, p. 45-46; 235. Segundo o autor, nos contratos sinalagmáticos, o encargo não há propriamente um encargo, "porque a obrigação assumida, digamos, pelo comprador, estará compensada com a diminuição do preço".

[298] CARVALHO SANTOS, *op. cit.*, v. 3. p. 10.

[299] TEIXEIRA DE FREITAS, *op. cit.*, p. 187, art. 656 do Projeto de Código Civil: "A questão de haver no ato jurídico uma designação de encargo, ou uma condição, será decidida mais pela intenção do disponente segundo as circunstâncias do caso, do que pelas palavras de que se tenha servido. Se a intenção for duvidosa, decidir-se-á de preferência haver uma designação de encargos". GUEIROS, *op. cit.*, p. 87.

[300] RIBEIRO, *op. cit.*, p. 400; GUEIROS, *op. cit.*, p. 87; TEIXEIRA DE FREITAS, *op. cit.*, p. 187.

2.3.2. Contrato de opção

Poder-se-ia, inadvertidamente, pensar que um contrato de opção seria uma compra e venda sob condição de declaração de vontade. Ocorre que, no contrato de opção, o exercício do direito é *formativo*, porque faz nascer o contrato de opção. Na condição, o direito, durante a pendência, é *direito expectativo*; será *direito expectado*, quando implementada a condição[301]. Como explica Pontes de Miranda: no contrato de opção "o efeito, que resulta da declaração, não é efeito do contrato, mas sim do exercício do direito"[302].

Além disso, se a declaração de vontade do contrato de opção fosse considerada condição, poderia ser reputada defesa, uma vez que estaria a depender do puro arbítrio de uma das partes (ver item 2.2.6. deste capítulo)[303]. Esta questão foi amplamente debatida na doutrina e na jurisprudência. Felipe Iglesias, amparado na doutrina estrangeira, demonstra que, entre os estudiosos do contrato optativo, há quem rechace a pura potestatividade de condição nesses contratos[304]. A razão para tanto, explica Favale, é que:

> (...) o evento posto em condição [para não ser nulo] deve poder ser configurado de tal modo a permitir que ambas as partes sejam capazes de controlar a verificação da condição; isso é dificilmente compatível com o puro arbítrio do sujeito favorito de decidir se adquire (ou vende) o bem objeto do contrato[305].

Não obstante, isso implicaria a necessidade de a redação da cláusula ser feita de tal modo a evitar nulidade por puro arbítrio. De qualquer modo, nas situações normais, se a opção fosse compra e venda condicional, haveria uma condição *puramente potestativa*, uma vez que o beneficiário é titular de um *direito formativo* de *optar* pela formação ou não do contrato optativo, sem que houvesse qualquer *interesse apreciável* interferindo na sua escolha.

---

[301] PONTES DE MIRANDA, *op. cit.*, t. V. p. 181.
[302] *Idem.*
[303] Art. 122 do CC.
[304] IGLESIAS, Felipe Campana Padin. *Opção de compra ou venda de ações no Direito brasileiro:* natureza jurídica e tutela executiva judicial. 2011. Dissertação (Mestrado em Direito Comercial) – Faculdade de Direito, Universidade de São Paulo, São Paulo, 2011. p. 96; ASURMENDI, Camino Sanciñena. *La opción de compra.* Madrid: Dykinson, 2007. p. 63.
[305] Confira-se a citação original: "(...) *l'evento posto in condizione doveva poter essere configurato in modo tale da permetere che ambo le parti fossero in grado do controllarsi il verificarsi della condizione; cio era difficilmente compatible com il puro arbítrio del soggetto favorito di decidire se acquistare (o vendere) il bene oggetto del contratto*" (FAVALE, Rocco. *Il codice civile commentario.* Milano: Giuffrè Editore, 2009. p. 26).

Como foi visto, o que diferencia a potestatividade *pura* da *impura* é justamente a vontade do agente.

A despeito disso, a diferença marcante é que, no contrato condicional de compra e venda, o contrato já existe, embora não seja ainda eficaz. No contrato de opção, por sua vez, o direito à opção existe, mas não existe ainda ou sequer é eficaz o contrato de compra e venda[306]. Assim, por consequência, exigem-se regimes diferentes para cada um desses contratos, o que afasta a similitude entre o negócio condicional e a opção. Tome-se, como exemplo, a retroatividade: embora no ordenamento brasileiro não vigore o princípio da retroatividade da condição, efeitos há que devem retroagir, o que não faria sentido para o contrato de opção (antes do exercício do direito potestativo, o contrato de compra e venda sequer existe).

Vale mencionar a inexistência de empecilho de aposição de uma *condição-fato* ao exercício do direito potestativo do contrato de opção, e não ao contrato de opção em si. A última situação é ilógica, pois, a rigor, tal condição não atuaria no *plano da eficácia* do negócio. O direito potestativo do exercício da condição, por sua vez, é efeito e, portanto, pode ser condicionado. Exemplifica-se: o exercício da opção de compra de ações só poderá ser realizado se houver alguma transferência de controle na companhia, em período determinado. Nesses casos, o regime condicional aplica-se tão somente ao exercício do direito potestativo.

2.3.3. Contrato aleatório

Gianguido Scalfi observa que o conceito de contrato aleatório transcende aquele que o classifica em razão da existência de um evento incerto que impede a determinação do saldo final das vantagens e ônus patrimoniais entre os contratantes[307]. A rigor, o contrato aleatório encerra um fato decorrente do acaso que, por convenção das partes, passa a compor a economia do contrato, interferindo decisivamente na equação contratual.

Na doutrina brasileira mais recente, Paula Greco Bandeira estudou o tema. De acordo com a autora, os contratos aleatórios:

> [...] se caracterizam, em regra, pela indeterminação *ab initio* da prestação de uma ou de ambas as partes em seu *an* ou *quantum*, de tal maneira que a

---

[306] IGLESIAS, *op. cit.*, p. 96.
[307] SCALFI, Gianguido. *Corrispettività e alea nei contratti*. Milano: Instituto Editoriale Cisalpino, [s/d]. p. 112.

existência ou a determinação física da prestação (número, peso e medida) depende da ocorrência de evento incerto[308].

O evento fruto do acaso (álea típica), assim, nos contratos aleatórios integra a sua própria função econômico-social, razão pela qual a equivalência originária entre as prestações não é pressuposto dos contratos aleatórios, diferenciando-o, dessa maneira, dos contratos comutativos[309]. Por outros termos, a ausência de proporção e equilíbro entre as prestações correspectivas cuja determinação está sujeita a evento incerto configura o elemento que mais diferencia o contrato aleatório dos comutativos[310]. Note-se que o contrato aleatório se assemelha ao negócio condicional em razão da *incerteza*, inerente a ambos. Porém, a incidência dessa incerteza opera-se de modo distinto nesses dois contratos. A incerteza, no aleatório, diz respeito à própria existência ou consistência física da prestação[311], enquanto a incerteza no negócio condicional se relaciona à produção (na condição suspensiva), ou à cessação (na condição resolutiva) dos próprios efeitos do negócio. Essa distinção fica mais nítida no momento da celebração do negócio: no contrato aleatório, não é possível determinar o "an" e "quantum" da prestação, existindo uma desproporção entre encargo e benefício, razão pela qual os arts. 317, 478 e 480 do Código Civil[312] não se aplicam a tais contratos. Já no condicional, no momento de sua celebração a prestação está, a rigor, determinada, de modo que somente a sua

---

[308] BANDEIRA, Paula Greco. *Contratos aleatórios no direito brasileiro*. Rio de Janeiro: Renovar, 2010. p. 46.
[309] MARTINS-COSTA, Judith. Contratos de derivativos cambiais. Contratos aleatórios. Abuso de direito e abusividade contratual. Boa-fé objetiva. *Revista de Direito Bancário e do Mercado de Capitais*, São Paulo, v. 55, a. 15, p. 344, jan./mar. 2012.
[310] MARTINS-COSTA, *op. cit.*, 2012, p. 344.
[311] BANDEIRA, *op. cit.*, 2010, p. 87
[312] Art. 317. Quando, por motivos imprevisíveis, sobrevier desproporção manifesta entre o valor da prestação devida e o do momento de sua execução, poderá o juiz corrigi-lo, a pedido da parte, de modo que assegure, quanto possível, o valor real da prestação.
Art. 478. Nos contratos de execução continuada ou diferida, se a prestação de uma das partes se tornar excessivamente onerosa, com extrema vantagem para a outra, em virtude de acontecimentos extraordinários e imprevisíveis, poderá o devedor pedir a resolução do contrato. Os efeitos da sentença que a decretar retroagirão à data da citação.
Art. 480. Se no contrato as obrigações couberem a apenas uma das partes, poderá ela pleitear que a sua prestação seja reduzida, ou alterado o modo de executá-la, a fim de evitar a onerosidade excessiva.

exigibilidade está a depender do fato futuro e incerto, o que não afasta a exigência de equivalência das prestações. Tanto é assim que uma das finalidades do regime da pendência do negócio condicional é a de conservar a prestação na sua inteireza. Por outros termos, o regime dos riscos nos contratos sob condição suspensiva leva em conta a equivalência originária entre as prestações. Figure-se, por exemplo, a hipótese referida no item 1 deste capítulo, em que o pagamento de um contrato de subempreitada está "condicionado" ao efetivo pagamento a ser realizado no contrato de empreitada original. Nesse caso, a incerteza diz respeito à existência da prestação, e não, ao efeito, em si, do negócio, razão pela qual se defende que não se trata de uma *condição em sentido estrito*.

Especificamente em relação ao negócio sob condição suspensiva, o contrato aleatório se diferencia porque, desde a celebração, os seus efeitos estão perfeitos[313], *i.e.*, o contrato aleatório produz plenamente os seus efeitos. Aqueles sob condição suspensiva, pelo contrário, nascem em estado de pendência, com seus *efeitos condicionados* suspensos até a ocorrência do evento futuro e incerto.

2.3.4. Pressuposição

Manuel A. Domingues de Andrade define com precisão o que se entende por pressuposição:

> [...] a circunstância ou estado de coisas que qualquer dos contratantes, ao realizar o negócio, teve como certo verificar-se no passado ou no presente ou vir a continuar a verificar-se no futuro, quando de outro modo não teria contratado[314].

A figura é estreitamente ligada ao tema dos motivos do negócio jurídico. Por outros termos, mediante esse instituto, essa situação fática que, aceita ou conhecida (ou cognoscível) pela outra parte, passa a integrar a manifestação de vontade[315]. Exemplo escolar é o célebre precedente *Krell v. Henry*, cujo litígio girou em torno do aluguel de janela para assistir a des-

---

[313] CARVALHO DE MENDONÇA, *op. cit.*, v. 1. p. 246.
[314] ANDRADE, *op. cit.*, v. 2. p. 403
[315] SILVA, Luis Renato Ferreira da. *Reciprocidade e contrato:* a teoria da causa e sua aplicação nos contratos e nas relações 'paracontratuais'. Porto Alegre: Livraria do Advogado, 2013. p. 112.

file (sem dar expressamente a conhecer esse motivo) que não chegou a se realizar, por razões de segurança[316].

Chamada pelo seu criador, Windscheid, de "condição não desenvolvida"[317], esta figura inicialmente fora criada para atuar ao lado da condição e do termo, "como *autolimitações dos efeitos negociais,* em lugar do encargo, cujo campo de aplicação é, como qualquer percebe, limitado"[318]. Assim, condição e pressuposição não se confundem. Enquanto a condição *(condição-fato)* só pode ser acontecimento futuro e incerto, a pressuposição refere-se a fato passado ou presente, além de futuro. Ademais, no negócio sob condição suspensiva só há a produção dos *efeitos principais* quando o evento ocorrer, ao passo que na pressuposição o negócio é puro e simples e produz os *efeitos principais* desde a sua origem.

De qualquer modo, a Teoria da Pressuposição foi alvo de críticas. A maior delas, como relata Antônio Junqueira, refere-se ao seu:

> (...) excesso de abstração, permitindo que, com ela, se procurassem explicar hipóteses muito díspares, como, por exemplo, a do encargo, a da excessiva onerosidade (cláusula *rebus sic standibus*) e a do erro sobre motivo comum, isto é, o erro dos dois contraentes sobre os fins da declaração [319].

Além disso, ressaltou-se que essa figura acabava por ser *subjetivista* – considerando os motivos individuais -, incompatível com o princípio da irrelevância dos motivos, razão pela qual, sua admissão comprometeria consideravelmente a segurança jurídica e o princípio da conservação dos negócios jurídicos[320].

A figura da *pressuposição*, contudo, foi retomada na Itália com um enfoque ligado à Teoria da Causa[321] cujo expoente foi M. Bessone. Em razão da

---

[316] Azevedo, *op. cit.*, p. 220; Amaral, *op. cit.*, 2014, p. 511-512.
[317] Miranda, *op.cit.*, p. 84.
[318] Azevedo, *op. cit.*, p. 220.
[319] *Idem.*, p. 221.
[320] Silva, Luis Renato Ferreira da. *Reciprocidade e contrato:* a teoria da causa e sua aplicação nos contratos e nas relações 'paracontratuais'. Porto Alegre: Livraria do Advogado, 2013. p. 114; Miranda, *op.cit.*, p. 84; Azevedo, *op. cit.*, p. 222. Antônio Junqueira de Azevedo esclarece que Windsheid deixou claro que a Teoria da Pressuposição não dizia respeito aos motivos individuais, já que se referia à manifestação expressa ou tácita (que poderia decorrer do conteúdo ou das circunstâncias da declaração) (*Ibidem*).
[321] Silva, Luis Renato Ferreira da. *Reciprocidade e contrato:* a teoria da causa e sua aplicação nos contratos e nas relações 'paracontratuais'. Porto Alegre: Livraria do Advogado, 2013. p. 113-115; Cogo, Rodrigo Barreto. *A frustração do fim do contrato.* Rio de Janeiro: Renovar, 2012. p. 144-ss.

sua insatisfação quanto à concepção de *função econômico-social*, esse autor buscou descobrir quais interesses que, não contidos na definição típica da causa para determinado contrato, "e não sendo meros motivos, assumem relevância suficiente para se integrarem no conceito de pressuposição, permitindo encontrar-se a *causa reale del contratto*"[322].

Para tanto, defendeu a ideia de *função econômico-social individual*, "a fim de garantir a tutela de todos os interesses que entraram na economia do negócio, sejam aqueles abstratamente previstos no tipo contratual, sejam aqueles puramente privados"[323].

Nesse contexto, o emprego da pressuposição implica duas análises: "a) verificar se o interesse é digno de tutela, entendido este como o que passou a fazer parte da economia do negócio; b) avaliar quem suportou o risco da não satisfação desse interesse em decorrência da alteração superveniente do estado de coisas"[324], as quais não devem ser procuradas na intenção dos contratantes, mas devem ser guiadas por:

> *a)* autonomia privada expressa no contrato; b) escolha do tipo contratual, que já revela um plano de distribuição dos riscos; c) custo contraprestado pela busca do proveito (interesse) almejado segundo um critério de *regularidade* e *normalidade* do exercício da iniciativa econômica (o que seria, basicamente, verificado pelo preço de mercado), de acordo com a boa-fé objetiva[325].

Note-se, todavia, que também essa ideia de pressuposição não se confunde com a *condição* – embora uma condição implícita, que torna o negócio em estado de pendência, possa vir a tornar-se definitiva, podendo recair, então, na impossibilidade não imputável[326]. Conquanto ambas tornem motivos *irrelevantes* em motivos *relevantes*, seus escopos de certa forma se distinguem. A condição preocupa-se especificamente com o *interesse* derivado da *incerteza* de uma *situação jurídica*. A pressuposição, por sua vez, concerne ao impacto de fatos supervenientes sobre o programa contratual.

---

[322] SILVA, *op. cit.*, 2013, p. 114.
[323] *Idem*.
[324] *Idem*.
[325] *Idem*, p. 161-162.
[326] Ver *supra*, item 2.2.7. do Capítulo 1, opinião de Clóvis do Couto e Silva ali transcrita.

Assim, a última acaba por se aproximar de outras figuras jurídicas, tais como a *frustração do fim do contrato*[327] e a *base objetiva*[328].

2.3.5. Negócio incompleto

"Negócio incompleto" é uma expressão polivalente na linguagem jurídica[329]. Para Antônio Junqueira de Azevedo, *negócio incompleto* se dá quando a declaração negocial está incompleta, afetando somente o *plano da existência*[330]. Reserva-se essa expressão aos casos em que o suporte fático é complexo, exigindo mais de uma declaração. Figure-se, por exemplo, a partilha entre vários herdeiros, enquanto não se completarem todas as declarações[331].

Como visto, no momento da celebração do negócio condicional todos os elementos necessários se apresentam, sendo somente postergado o momento da produção dos *efeitos condicionados, i.e.,* exclusivamente o *plano*

---

[327] Frustração do fim do contrato é uma hipótese de perda da função social de contrato, o que o torna estéril, sem utilidade, por não se poder mais atingir sua finalidade, cuja "consequência natural é a ineficácia do negócio, com a sua resolução (se o cumprimento ainda não foi iniciado) ou resilição (se já foi dado início ao cumprimento), e cuidando, no que se refere às despesas efetuadas com relação ao cumprimento, para que seja coibido o enriquecimento de uma das partes sobre a outra" (COGO, *op. cit.*, p. 361). No direito brasileiro, essa figura jurídica é admitida pela doutrina assim como pelo Enunciado n. 166 aprovado na III Jornada de Direito Civil, promovida pelo Conselho da Justiça Federal: "a frustração do fim do contrato, como hipótese que não se confunde com a impossibilidade da prestação ou com a excessiva onerosidade, tem guarida no direito brasileiro pela aplicação do art. 421 do Código Civil".

[328] A Base Objetiva é "o conjunto de circunstâncias e o estado geral das coisas, cuja existência ou subsistência é objetivamente necessária para que o contrato, segundo o significado das intenções de ambos os contratantes, possa subsistir como regulação dotada de sentido" (LARENZ, Karl. *Base del negocio jurídico y cumplimiento de los contratos*. Madrid: Editorial Revista del Derecho Privado, 1956. p. 170). Nesse contexto, descaracterizada a base objetiva haveria a possibilidade de revisão dos contratos por alteração de representações subjetivas das partes, desde que compartilhadas e relevantes do ponto de vista contratual (SILVA, Jorge Cesa Ferreira da. *op. cit.*, p. 177). Ressalta-se, porém, que esta teoria não foi adotada por nosso Código Civil, sendo, porém, aplicada no direito brasileiro pela jurisprudência.

[329] Contratos incompletos, na perspectiva da "Law and Economics", correspondem a aqueles contratos que "não contêm – e não podem mesmo conter – a previsão de todas as vicissitudes que serão enfrentadas pelas partes" (FORGIONI, Paula. *Teoria geral dos contratos empresariais*. São Paulo: RT, 2009. p. 71), diferentemente do seu significado no Direito Civil clássico que se refere à falta de completude da declaração negocial.

[330] AZEVEDO, *op. cit.*, p. 101.

[331] *Ibidem*.

da eficácia é impactado[332]. Assim, no negócio condicional, como explica Betti, "o que está pendente e na incerteza não é a perfeição do negócio, mas a vigência do preceito que ele contém"[333], razão pela qual "pertence à categoria dos negócios de que são diferidos apenas os efeitos"[334], e não, aos de formação sucessiva.

Para Paula Greco Bandeira, contratos incompletos correspondem aos negócios jurídicos que "empregam a técnica de gestão negativa dos riscos econômicos" – *i.e.* da álea normal, já que os "contratantes, deliberadamente, deixam em branco determinados elementos da relação contratual (lacuna em sentido técnico), como forma de gerir os riscos de superveninência"[335]..

A diferenciação, desse modo, pode ser menos nítida quando se trata de *contratos duradouros incompletos*, fenômeno em expansão na prática negocial, que diz respeito a contratos destinados a perdurar por longo tempo, cujos dados não estão totalmente possíveis de previsão e sequer é possível realizar um regramento pontual no momento da conclusão do negócio[336]. A adoção desses contratos é comum, por exemplo, em empreendimentos imobiliários complexos, fornecimento de matéria-prima para grandes indústrias. Em razão dessa certeza sobre a incerteza[337], tais contratos apresentam um texto aberto, para uma complementação futura em razão das possíveis modificações fáticas. Figurem-se, a título exemplificativo, as cláusulas de renegociação, ou de fixação de preços por acordos suplementares, no caso de variação significativa.

Percebe-se que os negócios condicionais e os *duradouros incompletos* compartilham a questão da incerteza em relação ao futuro, que é incerto. Contudo, não se pode negar que, dogmaticamente, são institutos diversos. Nos últimos, o adimplemento é permanente durante a relação negocial, *i.e.*, não é diferido no tempo nem se aperfeiçoa com ele, mas dura continuamente, ou repetidamente. A satisfação é prolongada[338]. Já no negócio condicio-

---

[332] *Ibidem*

[333] BETTI, *op. cit.*, p. 106.

[334] *Ibidem*.

[335] BANDEIRA, Paula Greco. *Contrato incompleto*, São Paulo: Atlas, 2015, p. 230.

[336] MARTINS-COSTA, Judith. NITSCHKE, Guilherme Carneiro Monteiro. Contratos duradouros lacunosos e poderes do árbitro: questões teóricas e práticas. *Revista Jurídico Luso-Brasileira*. Lisboa: CIDP, n. 1. ano. 1. 2015, p. 2-3. Disponível em: <http://cidp.pt/publicacoes/revistas/rjlb/2015/1/2015_01_1247_1299.pdf>. Acesso em: 07 maio 2015.

[337] MARTINS-COSTA; NITSCHKE, *op. cit.*, p. 3.

[338] *Idem*, p. 14-15.

nal, o adimplemento não é ato contínuo, mas único, a espera da realização da *condição-fato*. Assim, enquanto os duradouros incompletos apresentam lacunas exigindo uma complementação em relação ao conteúdo, os condicionais prescindem de tal complemento, uma vez que as suas possíveis consequências já foram estipuladas no *juízo duplo hipotético*, realizado pelas partes no momento da celebração do contrato.

Assim, por exemplo, a cláusula que "condiciona" a fixação do preço à medida que as mercadorias forem entregues ao comprador não é *condição em sentido próprio*, mas, sim, uma cláusula de ajuste de preço que visa a complementar esse ponto específico do contrato.

2.3.6. Condição precedente

A "condição precedente ao fechamento", figura jurídica muito utilizada na prática societária, tem sua origem no direito anglo-saxão, e não goza de regime específico no sistema jurídico brasileiro, muito embora venha a ser reiteradamente invocada e aposta, não sem certa dose de anacronismo. Em linhas muito gerais, pode-se dizer que corresponde a determinadas exigências próprias do contrato de alienação de ações/quotas que determinados deveres ou "condições" (em sentido lato) sejam previamente cumpridos por uma das partes, antes da chamada "data do fechamento", isto é: a data prevista pelas partes para que o contrato, já concluído, passe a deslanchar a integralidade de sua eficácia típica. São exemplos a concessão de autorização prévia por órgãos regulamentadores; a entrega de documentos societários e prestações de declarações anteriores à liberação de um mútuo; apresentação de *legal opinion* em contratos internacionais; a transformação do tipo societário da sociedade alvo; a segregação de ativos alheios ao negócio; a aquisição prévia da participação de determinados sócios; a anuência prévia de credores, financiadores, locadores ou terceiros[339]

Importante ter em mente que não é correto, *a priori* e de modo acrítico, por mero transplante baseado na semelhança da denominação (*condictions*/condições), classificá-las como condição suspensiva em sentido próprio. Tal cautela já foi suscitada, do Direito brasileiro, por Judith Martins-Costa:

"De fato, determinar se algo apodado pelas partes como 'condições precedentes' configura, à luz do Direito brasileiro, uma condição, um termo,

---

[339] Últimos três exemplos citados por BOTREL, Sérgio. *Fusões e aquisições*. São Paulo: Saraiva, 2012. p. 251.

um ônus jurídico (encargo) ou uma obrigação, é determinar qual a categoria jurídica a que se filia, e, consequentemente, qual a sua eficácia, sendo distintos, em relação às figuras acima elencadas, os respectivos efeitos"[340].

É necessário previamente realizar uma investigação sobre suas consequências e conteúdo. Isso porque, o âmbito de atuação dessas cláusulas envolve alto grau de criatividade das partes, o que facilita o desvirtuamento do regime típico da condição em sentido próprio. É comum a estipulação de condições precedentes cuja *forma* é a de uma *condição*, mas cujo *conteúdo* é o de um *dever jurídico*[341] (obrigações)[342]. Exige-se aqui uma reflexão pormenorizada. As consequências da inexecução da *obrigação* e as da inocorrência da condição suspensiva atuam ambas no *plano da eficácia*, porém envolvem regimes consideravelmente distintos[343]; afinal, a da obrigação resulta inadimplemento, enquanto o da condição implica não disparar em definitivo os efeitos típicos do contrato[344], o que é completamente diferente.

Será tecnicamente uma condição – para o direito brasileiro – aquela que estipula consequência diversa do não disparo dos efeitos? O regime

---

[340] MARTINS-COSTA, Judith. *A boa-fé no direito privado:* critérios para sua aplicação. São Paulo: Marcial Pons, 2015, p. 395.

[341] MARTINS-COSTA, Judith. *op. cit.*, 2015, p. 395.

[342] Em algumas situações o próprio conceito de *condição* já envolve um *dever*. Veja-se o parágrafo 224 do *Restatment (Second) of Contracts*: "A condition is an event, not certain to occur, which must occur, unless its non-occurrence is excused, before performance under a contract becomes due".

[343] MARTINS-COSTA, Judith. *op. cit.*, 2015, p. 395.

[344] *Idem,,* p. 396. Galgano é um dos poucos doutrinadores que enfrentam a questão do evento condicional como condição e como objeto de obrigação. Segundo o autor, três situações podem surgir: (i) a *condição-fato* seja o cumprimento de uma das obrigações que caracterizam determinado tipo contratual, como o pagamento do preço na compra e venda, com a consequência de que, derrogando o princípio consensual, a propriedade não é transmitida até que não haja o pagamento do preço. Para Galgano, esta situação pode ser convencionada como condição, desde que haja o uso legítimo da autonomia contratual; (ii) a *condição-fato* seja objeto de uma obrigação. Exemplifica o autor, como o sub-ingresso do comprador no empréstimo obtido pelo vendedor. Segundo o autor, o regime da condição imprópria não será aplicado, pois entende que, à luz do art. 1.358 do Código Civil italiano, nos negócios sob condição suspensiva só existe um dever de cooperar cuja obrigação é puramente negativa, de abster-se de qualquer ato que prejudique as expectativas do outro contratante; (iii) a *condição-fato* pode ser um determinado evento que foi assumido indistintamente tanto como objeto de uma obrigação quanto como condição, constituindo um problema de interpretação do contrato determinar quando se está ante a primeira ou a segunda hipótese (GALGANO, *op. cit.*, p. 164-166).

do inadimplemento no direito brasileiro é dispositivo ou a convenção que limita a consequência da inexecução ao não disparo dos efeitos principais é permitida?

A primeira questão encontra sua solução no âmbito da perspectiva funcional da condição. De fato, a função da condição diz respeito ao deslocamento temporal dos efeitos condicionados em razão de uma incerteza por falta de um dado decisivo, e não, à modificação da *causa* ou do regime jurídico do negócio central. A função de modificação do conteúdo do efeito do inadimplemento pode ocorrer mediante outros institutos, como cláusula penal, ou cláusula limitativa ou excludente do dever de indenizar, quando permitidas. Assim, somente serão condições em sentido próprio aquelas "condições precedentes" que apenas subordinem os efeitos do negócio jurídico a evento futuro e incerto. Por exemplo, não será condição, tecnicamente, a cláusula segundo a qual se convenciona que incidirá a cláusula penal se a parte obrigada não realizar uma obrigação específica até certa data. Nesse caso, há uma obrigação de fazer, que sendo descumprida não leva à ineficácia da obrigação, mas sim, ao regime da cláusula penal.

A segunda questão é saber se as normas de inadimplemento são imperativas, ou se as partes podem convencionar que, não sendo executado o dever (previsto como condição precedente), a consequência será somente a não produção dos efeitos condicionados. Um dos efeitos do inadimplemento é a indenização cujo dever pode ser excluído pelas partes, desde que "atendido o ponto de equilíbrio entre o exercício da liberdade individual e as necessidades sociais de proteção do lesado"[345], isto é: se as normas imperativas forem respeitadas; não excluída a indenização pelo inadimplemento da chamada "obrigação fundamental" (ou "essencial") do contrato[346]; se o dano cuja indenização é excluída ou limitada não tiver sido produzido por dolo ou falta grave; se não violada a ordem pública; e se a cláusula limitativa e/ou indenizatória não se reportar a direito da personalidade da pessoa humana[347]. Como se vê, não existe uma resposta inteiramente positiva ou negativa, uma vez que a possibilidade de afastamento do regime do inadimplemento depende do exame do negócio jurídico concreto.

---

[345] MARTINS-COSTA, *op. cit.*, v. 5. t. II. p. 159.
[346] PERES, Fábio Henrique. *Cláusulas contratuais excludentes e limitativas do dever de indenizar.* São Paulo: Quartier Latin, 2009. p. 194.
[347] AZEVEDO, Antônio Junqueira de. *Estudos e pareceres de direito privado.* São Paulo: Saraiva, 2004, p. 201.

Além dessas duas questões, a compatibilidade das condições precedentes com o regime condicional poderia encontrar impedimento em razão do requisito *exterioridade* da condição e da proibição da pura potestatividade da cláusula. A condição precedente pode configurar obrigação ou dever próprio do negócio jurídico, não derivando, por essa razão, exclusivamente da vontade das partes. Contudo, conforme explicado a respeito do requisito *exterioridade* (ver item 2.1.2. deste capítulo), não lhe deve ser aplicada interpretação restrita. Poderá, como vimos, referir-se a alguma consequência necessária do *negócio jurídico*, desde que não interfira nos elementos necessários à sua existência.

É comum, porém, que as partes convencionem como condição precedente a realização de uma obrigação (não necessariamente essencial do negócio) como *condição precedente*. A rigor, para não recair no risco de caracterização do *puro arbítrio*, e, por isso, invalidar o negócio jurídico, deverá ser convencionado como *condição-fato* o resultado dessa obrigação, e não a prestação do contratante. Isto é, a obrigação será o veículo para realização do evento condicional. Importante, assim, ficar claro que essa obrigação é exigível desde a celebração do negócio, *i.e.*, poderá o expectante se valer de ações competentes para compelir o *expectado* a realizá-la. Figure-se, a título exemplificativo, a ausência de pedido ao órgão regulamentador competente para conseguir a licença, em negócio no qual a *condição-fato* era justamente a concessão da licença até a data tal, a ser postulada pela parte expectada. Nessa situação, passado um prazo razoável, pode a parte expectante valer-se da tutela do referido art. 129[348]. Veja-se, contudo, que, nesse exemplo, a obrigação de a parte ingressar com o pedido de licença ao órgão regulamentador é veículo para realização do evento condicional. A rigor, o fato condicional é a aprovação da licença, que, dependendo de fato de terceiro, logicamente, não se classifica como condição potestativa.

Ressalta-se ainda uma situação que requer especial cuidado: *declarações e garantias*. Tais declarações são campo fértil para criação de razões para que as partes oportunamente se desvinculem do contrato. O comprador poderá invocar, por exemplo, a inexecução de alguma declaração e garan-

---

[348] Ao tratar do fechamento diferido, Sérgio Botrel afirma que é necessário que as partes convencionem um prazo para a prática dos atos condicionantes ao fechamento (BOTREL, *op. cit*, p. 251-252).

tia, por menor que seja, para desvincular-se do contrato[349], uma vez que, a rigor, sendo várias condições, poderia alegar que os efeitos condicionados só teriam eficácia se exatamente todas as condições se realizarem[350]. Já o vendedor poderá convencionar uma condição impossível que não seja perceptível a quem não tenha ciência plena dos negócios da sociedade alvo, a fim de beneficiar-se da nulidade do art. 123 do Código Civil, caso se arrependa[351].

Como se vê, a qualificação jurídica das "condições precedentes" é tema de considerável complexidade, que não pode ser simplesmente remetido às condições suspensivas sem uma análise crítica, em razão da similitude terminológica. Deve estar submetida ao crivo da *análise funcional*, em que *causa* apresenta papel determinante[352]. Desse modo, se o negócio contendo *condição precedente* realizar os efeitos essenciais de um negócio condicional atrairá a normativa própria da *condição em sentido técnico*. Para tanto, deve-se perquirir se as partes efetivamente intencionaram suspender todos ou alguns dos efeitos do negócio.

Realizada uma análise funcional e estrutural da condição suspensiva, cumpre, agora, examinar a proteção das posições dos figurantes durante o período de pendência da condição suspensiva, o qual, como se verá, apresenta significativas particularidades.

---

[349] BOTREL, *op. cit.*, p. 252-253.
[350] Sobre a questão da indivisibilidade da condição ver premissa do Capítulo 2.
[351] Como abordado no item 2.2.3 essa hipótese levaria ao inadimplemento por violação de dever anexo.
[352] TEPEDINO; BARBOZA; MORAES, *op. cit.*, v. 2. p. 34, remetendo à lição de Pietro Perlingieri; PERLINGIERI, *op. cit.*, 2008, p. 378.

Capítulo 2
A Proteção das Posições dos Figurantes

Premissas: etapas da condição

A proteção das posições dos figurantes relaciona-se especialmente à etapa da pendência da condição, quando se contempla com intensidade o particular regime da condição suspensiva. A precisa compreensão deste capítulo exige uma breve diferenciação entre as etapas do negócio condicional, visto que, em cada etapa, os efeitos do negócio sofrerão vicissitudes diferentes. O negócio condicional pode apresentar três períodos, a saber: pendência, verificação e não verificação da condição.

A etapa da pendência (*conditio pendet*) inicia com a celebração do contrato, surtindo, desde já, *efeitos* próprios do regime condicional, tendo, em sua maioria, a finalidade de assegurar o resultado desejado (pleno desenvolvimento dos *efeitos condicionados*), caso a *condição-fato* efetivamente se realize. O que se encontra pendente, nesse momento, são os *efeitos condicionados*, os quais estão à espera de algo que lhes ative (ocorrência do evento condicional).

Essa etapa chega ao fim com a *verificação da condição*, que dependerá da espécie de condição envolvida. É o instante no qual os *efeitos condicionados* passam a fluir. Quando se tratar de *condição-fato positiva*, a verificação se dará no momento em que o evento futuro e incerto acontecer no mundo dos fatos, no modo e ao tempo acordados pelas partes[353]. Quando se tratar

---

[353] RÁO, *op. cit.*, p. 336.

de *condição-fato negativa*, a verificação decorrerá da constatação da impossibilidade da ocorrência do evento[354].

Quando a condição tem objeto divisível sobrevém a dúvida se a verificação depende da realização de todo ou só de parte do evento condicional. Atualmente essa questão não é abordada pela doutrina brasileira, embora o tenha sido entre os clássicos.. Teixeira de Freitas, em seu esboço do Código Civil, levantou essa hipótese no art. 627[355] determinando como regra geral a indivisibilidade da condição, ainda quando seu objeto for divisível. Nessa linha também se conta com Carvalho de Mendonça[356]. Assim, a parte expectante não poderá reclamar a realização dos efeitos pendentes se somente em parte foi satisfeita a *condição-fato*.

Dúvida similar surge quando o negócio jurídico é onerado por mais de uma condição. Na opinião de Teixeira de Freitas, a necessidade do cumprimento de todas, ou de uma delas, seria decidido pela intenção das partes, e não pela partícula conjuntiva ou disjuntiva[357]. Carvalho de Mendonça, por sua vez, entende que se forem condições conjuntas, seria essencial que todas se realizassem. Se, porém, forem disjuntivas, seria suficiente que só uma se verificasse. De qualquer modo, conclui o autor que para verificar a relação das condições, *i.e.*, seu caráter disjuntivo ou conjuntivo, é imprescindível a investigação da vontade provável das partes, mas adverte que, na dúvida, se deverá tê-las por conjuntivas[358].

A *não verificação* da condição (*condição falha*) é o momento no qual as partes se desvinculam do negócio, estando aptas para dispor livremente e novamente dos bens objeto do contrato, *i.e.*, sem as restrições que o regime

---

[354] Pontes de Miranda, *op. cit.*, t. V. p. 235; Pereira, *op. cit.*, v. l. p. 473; Azevedo, Antônio Junqueira de. *Estudos e parecer de direito privado*. São Paulo: Saraiva, 2004. p. 214.

[355] Art. 627. O cumprimento das condições é indivisível, ainda que seja divisível o objeto delas, sem prejuízo do que na Parte Especial deste Código se dispuser quanto aos legados.

[356] "A condição é indivisível de tal como que os sucessores não têm direito de reclamar seus efeitos por terem-na satisfeito em parte. Assim se se efetuar uma venda entre A e B, sob condição resolutória se B não pagar o preço num dia fixado, morto B e pagando um de seus herdeiros a quota que lhe competia, não poderá impedir que o contrato se resolva. O preço deve ser integralmente pago" (Carvalho de Mendonça, *op. cit.*, p. 268).

[357] Art. 628. Se forem impostas duas ou mais condições em um só ato ou disposição, a necessidade do cumprimento de todas, ou de uma delas, decidir-se-á pela intenção que as partes ou disponentes manifestarem, e não pela partícula conjuntiva, ou disjuntiva, de que se tenham servido (Teixeira de Freitas, *op. cit.*, 1983, p. 181-182).

[358] Carvalho de Mendonça, *op. cit.*, p. 268.

condicional atrai, como, *e.g.*, a limitação do art. 126 do Código Civil. O modo pelo qual se constata a *não verificação da condição* também dependerá da espécie da condição envolvida: se *condição-fato positiva*, quando sobrevier a impossibilidade da realização do evento condicional; se *condição-fato negativa*, quando ocorrer o fato condicional. Caso tenha havido execução provisória, o *expectante* deve restituir os bens ou valores recebidos com os respectivos acessórios, enquanto o *expectado* deve restituir o preço acaso recebido, com juros legais, ou, caso estipulados, com juros convencionais[359].

Ressalta-se que nem sempre é fácil determinar se a condição é falha, por ser comum a não convenção de um lapso temporal para a realização da *condição-fato*, do mesmo modo que nem sempre a lei indica o tempo no qual a condição deve realizar-se. Como explica Vicente Ráo, na falta de limitações, consequências diversas ocorrerão, a depender da espécie de condição[360]. Por outros termos, a própria natureza das condições poderá influenciar na determinação do tempo[361]. Quando são potestativas suspensivas, indaga-se se é possível determinar um prazo por via judicial.

---

[359] Ráo, *op. cit.*, p. 344.

[360] *Idem*, p. 338. Além disso, ressalta-se que solução similar se encontrava nos arts. 621 e 622 do Esboço de Teixeira de Freitas: "art. 621. No caso do art. 617, nº 1, [condição positiva sem prazo], se a condição suspensiva imposta nos atos entre vivos for potestativa por parte do credor eventual, o devedor que tiver interesse em que a ação se execute, poderá requerer que ao credor se assine o prazo para essa execução, com a cominação de ficar ele devedor desonerado. Art. 622. No caso do art. 602, nº 1 [condição negativa sem prazo], se a condição suspensiva imposta nos atos entre vivos for potestativa por parte do devedor, o credor eventual, que tiver interesse em que a ação se execute, poderá requerer que ao devedor se assine prazo para essa execução, com a cominação de cumprir a obrigação se a execução não se realizar" (TEIXEIRA DE FREITAS, *op. cit.*, p. 181).

[361] Vale mencionar que é nesse sentido a solução legislativa da Espanha, conforme o disposto no artigo 1.118 do Código Civil, que determina que a condição deve reputar-se cumprida "no tempo que verosimilmente se hubiese querido señalar atendida la natureza de la condición". Segundo Diez-Picazo e Antonio Gullon, a expressão "tempo verossímel" deve ser entendida como aquela que permite estabelecer uma interpretação da vontade das partes, que seja conforme com a natureza e a função econômica do negócio com os interesses que através do mesmo os particulares houverem querido regulamentar. (DIEZ-PICAZO; GULLON, *op. cit.*, p. 570).

Na jurisprudência brasileira: o julgador afirmou, em tese, que, quando a obrigação de alienação (*condição-fato*) não tem estipulação de prazo para a venda, dever-se-á presumir que o prazo é o razoável para tanto (SÃO PAULO.Tribunal de Justiça. 34. Câmara de Direito Privado. *Apelação n. 992.06.027293-6*. Rel. Des. Gomes Varjão, julgado em 23 ago. 2010. São Paulo: Tribunal de Justiça, 2010).

A solução, para esse autor, consiste, primeiramente, em examinar o caso concreto, a fim de certificar-se de que não há lapso temporal convencionado implicitamente pela vontade das partes. Caso o resultado dessa análise seja negativo, admite o uso de meios legais tendentes a provocar a declaração de vontade das partes[362]. Outros entendem que, quando o prazo não possa ser deduzido nem mediante a intenção da vontade nem a partir da natureza da condição, dever-se-á aguardar a verificação do evento condicional, enquanto ele for materialmente possível[363].

Esclarece-se ainda que, durante a pendência, por um lado, o credor condicional (*expectante*) que é o titular do direito condicional, enquanto o devedor condicional (*expectado*) é aquele que se obriga a entregar ou restituir o objeto da prestação, se ocorrer a *condição-fato*.

Diferenciadas as etapas do negócio condicional, é chegado o momento, então, de examinar a proteção da posição dos figurantes, o que será feito, primeiramente, a partir da análise da proteção da parte expectante.

1. A proteção do expectante: medidas conservatórias

Durante a pendência da condição as partes encontram-se desde já vinculadas, de sorte que *efeitos secundários* estão plenamente em vigor. Uma das parcelas significativas desses efeitos diz respeito às medidas que o credor condicional pode praticar para conservar o seu "direito eventual", conforme previsto no art. 130 do Código Civil. Tais medidas visam tanto a impedir a deterioração ou perecimento do direito, quanto a assegurar o seu exercício. Destinam-se a assegurar, portanto, a conservação jurídica e material do objeto da prestação e a garantir a prova da relação jurídica já existente[364].

A devida compreensão do alcance e do fundamento das medidas de conservação do art. 130 do Código Civil exige a avaliação da natureza do direito ao qual a norma se refere. O Código qualifica-o como direito

---

[362] RÁO, *op. cit.*, p. 338.
[363] BARBERO, Domenico. *Sistema del Derecho Privado*. Buenos Aires: Ediciones Jurídicas Europa-America, 1967. p. 586. v. 1.
Também na jurisprudência: RIO DE JANEIRO. Tribunal de Justiça. 17. Câmara Cível. *Agravo Inominado n. 0187770-17.2012.8.19.0001*. Rel. Márcia Ferreira Alvarenga, julgado em 09 abr. 2014. Rio de Janeiro: Tribunal de Justiça, 2014.
[364] CARVALHO SANTOS, J.M. (coord.). *Repertório enciclopédico do Direito brasileiro*. Rio de Janeiro: Borsoi, [s.d.]. p. 378. v.10; TATARANO, *op. cit.*, p. 85.

eventual[365], enquanto a doutrina debate acerca de sua nomenclatura, *i.e.*, caso trate de obrigação em germe[366], expectativa[367], direito condicional[368], direito expectativo[369].

[365] Nehemias Gueiros explica as razões para não se classificar o direito da pendência da condição como direito eventual: "Enquanto o [direito] condicional fica a salvo da influência da lei nova, considera-se, para este fim, direito adquirido, o eventual sofrerá todos os efeitos da transformação legislativa, sem que se possa dizer que esses efeitos foram retroativos. É o que se conclui do disposto no art. 3º, §1º, da Introdução do Código Civil [art. 6º, §2º da Lei de Introdução às normas do Direito brasileiro (Redação dada pela Lei nº 12.376, de 2010)]" (GUEIROS, *op. cit.*, p. 148).

[366] Segue visão de Caio Mário da Silva Pereira: "Se é suspensiva, o direito ainda não se adquire, ou não nasce, enquanto o evento não se realiza: aquele que alienou continua proprietário; o que adquiriu não tem ainda nenhum direito nascido e atual; não se constitui senão uma *obligatio incerta*, mas como algo existe mais do que o nada, pois a eventualidade futura converterá de plano este estado de incerteza em uma *obligatio pura*, considera-se a situação imanente como um direito e obrigação em germe, uma situação em que no momento nada é devido, mas vigora a esperança de vir a ser" (*op. cit.*, p. 469).

[367] Segue conceito de Silvio Rodrigues: "Enquanto a condição não ocorre, o titular do direito eventual tem apenas uma expectativa de direito, uma *spes debitum iri*, ou seja, a possibilidade de vir a adquirir um direito, caso a condição ocorra. Quando alguém promete vender a outro o seu automóvel se naquele ano for posto à venda um modelo novo o promissário não se torna titular de uma prerrogativa, mas apenas adquire a expectativa de efetuar uma aquisição, caso ocorra o evento futuro e incerto aludido. Esse *spes debitum iri*, entretanto, representa um valor patrimonial, possível de ser negociado" (RODRIGUES, *op. cit.*, v. 1. p. 251). Também nesse sentido: MEIRELES, Rose Melo Venceslau. O negócio jurídico e suas modalidades. In: _____. *O Código Civil na perspectiva civil-constitucional*. Rio de Janeiro: Renovar, 2013. p. 251; CARVALHO DE MENDONÇA, *op. cit.*, p. 259.
Marcos Bernardes de Mello, por sua vez, demonstra a impropriedade do uso da "expectativa de direito" suspensiva: "falar em expectativa é mencionar situação pré-jurídica que pode ocorrer quando ainda em formação o suporte fático do fato jurídico. Não se trata, pois, de situação jurídica, mas de mera situação fática, uma vez que o fato jurídico não existe. O *direito expectativo*, ao contrário, constitui eficácia jurídica típica, com conteúdo próprio, que nasce do fato jurídico enquanto não gerada a sua eficácia final" (MELLO, *op. cit.*, p. 53, nota de rodapé n. 75).
Também demonstrando a impropriedade do emprego da palavra "expectativa" para o período de suspensão da condição: "[d]e fato, o titular da simples expectativa de direito não tem mais do que uma esperança, uma possibilidade inteiramente insuscetível de tutela jurídica. Nem pode praticar atos conservatórios, nem dispor economicamente da sua expectativa verdadeira abstração, à parte da realidade em que subsiste o direito" (GUEIROS, *op. cit.*, p. 147).

[368] ESPÍNOLA, *op. cit.*, v. 3. p. 44; 277- ss.

[369] Para Pontes de Miranda, o *direito expectativo* é o direito que se espera no momento da pendência da condição suspensiva. Quando a *condição-fato* se realiza, este direito transforma-

A despeito da terminologia escolhida, todos concordam em que esse "direito ou expectativa" está acobertado(-a) por uma tutela jurídica e, além disso, origina consideráveis efeitos. Compõe, desde já, o patrimônio do expectante (tendo valor patrimonial)[370], podendo ser: transferido *inter vivos* ou *mortis causa*[371]; garantido por fiança, hipoteca, penhor ou caução de títulos[372]; objeto de contrato de seguro[373]. A parte expectante, em contrapartida, não pode exigir a prestação antes da realização da *condição-fato* e, por consequência, sequer poderá compensá-la (art. 369).

Nesse contexto, parece mais correto o entendimento segundo o qual a parte expectante, durante a pendência, é titular de um direito de aquisição de outro direito[374]. Na linguagem Ponteana, durante a pendência, não há um "direito de crédito", mas sim, "direito a crédito"[375], chamado de *direito expectativo*.

Rechaça-se, portanto, a ideia de que, durante a pendência, não existe um direito autêntico. Aparentemente, no art. 125 do Código Civil, esse ponto de vista foi adotado, em razão da determinação de que, enquanto a condição suspensiva não se verificar, não se terá adquirido o direito[376]. Por

---

se em *direito expectado* (PONTES DE MIRANDA, *op. cit.*, t. V. p. 198). Mesmo sentido: MELLO, *op. cit.*, 2013, p. 53.

[370] RODRIGUES, *op. cit.*, p. 251; PONTES DE MIRANDA, *op. cit.*, t. V. p. 198; ESPÍNOLA, *op. cit.*, v. 3. p. 296; RÁO, *op. cit.*, p. 329. Segundo Pontes de Miranda, para a determinação do valor de tal direito devem-se levar em conta o valor do direito expectado, a probabilidade da condição e a probabilidade de não se extinguir o objeto do direito expectado (PONTES DE MIRANDA, *op. cit.*, t. V. p. 199). DANTAS, *op. cit.*, p. 265.
Para Caio Mário, no estado de pendência, não há incorporação ao patrimônio do expectante, "constitui uma virtualidade jurídica em perspectiva de se converter em *facultas*, e, nesta qualidade, é um elemento ativo *in fieri* (em formação) do patrimônio" (PEREIRA, *op. cit.* v. 1. p. 469).

[371] Por todos: GOMES, *op. cit.*, p. 358.

[372] PONTES DE MIRANDA, *op. cit.*, p. 199; RÁO, *op. cit.*, p. 330; ESPINOLA, *op. cit.* v. 3. p. 289.

[373] PONTES DE MIRANDA, *op. cit.*, t. V. p. 199; ESPINOLA, *op. cit.*, p. 296.

[374] PERLINGIERI, *op. cit.*, 1962, p. 25; COVIELLO, *op. cit.*, p. 433; GUEIROS, *op. cit.*, p. 145.

[375] PONTES DE MIRANDA, *op. cit.*, t. V. p. 198. Registra-se opinião de A. von Thur, para quem, durante a pendência, há uma relação creditícia sem crédito, reconhecendo sua tutela jurídica e demais atribuições como a possibilidade de o expectante se valer de ação declaratória, assegurar seu crédito mediante fiança, hipoteca e penhor, assegurar o direito mediante sequestro e outra ordem provisória (*op. cit.*, p. 264-265).

[376] Registra-se que o art. 125 entra em choque com o art. 6º, §2º, do Decreto-lei nº 4.657/1942 segundo o qual considera adquiridos os direitos que o seu titular os direitos oriundos de condição preestabelecida, inalterável a arbítrio de outrem. A melhor interpretação para essa

outros termos, deduz-se, da leitura desse artigo, que o direito não teria existido antes da condição, havendo somente uma expectativa jurídica. Uma interpretação possível à literalidade do texto legal, e tecnicamente adequada aos aportes da Dogmática, seria considerar implícito no texto: "não se terá adquirido toda a eficácia do direito que está sob condição, embora se adquiram, eficazmente, outros direitos projetados pelo negócio".

A parte *expectante*, pelo contrário, desde a celebração do negócio condicional, é titular de um direito formado pela maioria das faculdades que compreendem um *direito subjetivo de crédito*, mas que lhe falta ainda a faculdade da *exigibilidade*, cuja verificação está a depender do acontecimento da *condição-fato*[377].

O fundamento do exercício de medidas de conservação encontra-se justamente na existência e validade deste "direito a crédito" que, embora não exigível[378], é um direito possível, que poderá ser exigível no futuro, se o evento condicional ocorrer[379].

Como lembra Eduardo Ribeiro, o art. 130 do Código Civil é reflexo do princípio geral disposto no "art. 5º, XXXV, da Constituição, que veda seja excluída da apreciação do Judiciário não apenas a lesão, mas a ameaça ao direito"[380].

Embora o ordenamento jurídico outorgue ao expectante a possibilidade de conservar esse direito, impõe um limite a essa faculdade, qual seja, de não conferir o exercício atual do *direito expectado* ao expectante[381]. As medidas conservatórias não podem, portanto, interferir no exercício

---

situação é aquela segundo a qual se considera, para os casos excepcionais de aplicação de leis retroativas, o direito condicional como adquirido (GUEIROS, *op. cit.*, p. 149, citando lição de Philadelpho de Azevedo).

[377] SOUTULLO, Carmen Arija. *Los efectos de las obligaciones sometidas a condición suspensiva*. Granada: Comares, 2000. p. 21

[378] Menciona-se a distinção entre os graus de exigibilidade da obrigação condicional e a da a termo. Como explica Judith Martins-Costa, apoiada nas lições de Perlingieri, que a incerteza da condição incide na qualidade, no conteúdo e na própria disciplina de sua exigibilidade. Por isso, "nas obrigações condicionais (e não nas obrigações a termo), dev[e] o credor provar que o devedor teve ciência da data do implemento da condição como um dos pressupostos para sua exigibilidade, como se deduz da parte final do art. 332" (*Comentários ao novo Código Civil*. 2. ed. Rio de Janeiro: Forense, 2005. p. 401. v. 5. t. I.).

[379] SOUTULLO, *op. cit.*, p. 22.

[380] RIBEIRO, *op. cit.*, p. 350.

[381] PEREIRA, *op. cit.*, v. 1. p. 469.

legítimo do objeto da prestação pelo *expectado*[382], nem se revestirem, por consequência, de *caráter executório*[383]. Há, portanto, uma dupla limitação: por um lado, ao *expectante* não é permitido interferir no exercício do *expectado*; por outro, ao *expectado*, não é permitido ameaçar ou prejudicar o exercício futuro daquele direito pelo *expectante*.

A compreensão da proteção durante a pendência da condição requer o conhecimento acerca do alcance das medidas conservatórias cujas variações dependem da natureza dos bens ou dos direitos passíveis de conservação. Nossa legislação não elencou nem sequer exemplificou quais serão essas medidas, o que dificulta propor uma indicação exaustiva de todos os atos conservatórios cabíveis. Seja como for, pretende-se abordar nos itens a seguir as medidas com maior interesse prático. Vale mencionar ainda que o estudo das medidas conservatórias do "direito condicional" implica, necessariamente, o exame de outras áreas do direito (especialmente Direito Processual Civil, Direito Registral, Direito Imobiliário e Direito Falimentar), que aqui serão enfrentados senão para apontar as utilidades perante o regime condicional, de sorte que não se objetiva aprofundar no estudo dos conceitos específicos dessas outras áreas do Direito.

1.1. Medidas com a finalidade de assegurar a plena eficácia e a validade do contrato sujeito à condição

Tais medidas referem-se a atos cuja finalidade é declarar ou fixar o direito do *expectante*, com o intuito de deixar explícita a existência e a validade da relação condicional. Nesse âmbito, a medida mais característica é a *ação declaratória* destinada ao reconhecimento da existência e da validade do direito do expectante[384].

1.1.1. Ação declaratória

Antes de adentrar-se na análise da ação declaratória, mostra-se pertinente esclarecer alguns conceitos processuais relativos à palavra *condição*[385].

---

[382] BEVILAQUA, *op. cit.*, v. 1. p. 367.
[383] TEPEDINO; BARBOZA; MORAES, *op. cit.*, v. 1. p. 262; CARVALHO SANTOS, *op. cit.*, v. 3. p. 83.
[384] RÁO, *op. cit.*, p. 331; PONTES DE MIRANDA, *op. cit.*, t. V. p. 198. AMARAL, *op. cit.*, 2014, p. 519.
[385] Sobre a nomenclatura ver: COSTA, Moacyr Lobo da. Sentença condicional. *Revista de Direito Processual Civil*. São Paulo, v. 1, p. 96, jan./jun. 1960; CARRION, Valentin Rosique. As sentenças incompletas. *Revista de Processo*. São Paulo, n. 4. a.1, p. 106-111, out./dez. 1976.

Com efeito, tanto o Código de Processo Civil de 1973 (§ único do art. 460 e art.. 572 e art. 618, III[386]) quanto o Código de Processo Civil de 2015 (§ único do art. 492; art. 514 e art. 803, III)[387] admitem ações que versem sobre relação condicional e sentenças a serem proferidas durante a própria pendência da condição[388]. O que a lei impõe (nos referidos arts. 460 e 492) é que a sentença deve preencher o requisito da certeza, *i.e.*, "deve ser exata quanto àquilo que condena, declara, constitui ou manda, precisa no que concerne à afirmação da relação jurídica, bem como no que diz respeito à própria condição"[389].

De fato, faltando certeza, a sentença será nula por falta do julgamento completo da causa. É nesse contexto utilizada, geralmente, a expressão "sentença condicional", *i.e.*, para designar uma sentença que se absteve de decidir inteiramente a causa, condicionando a sua própria eficácia, ou submetendo a procedência do pedido à verificação de determinado acontecimento futuro e incerto. Melhor seria o emprego da expressão "sentença

---

[386] Art. 460. É defeso ao juiz proferir sentença, a favor do autor, de natureza diversa da pedida, bem como condenar o réu em quantidade superior ou em objeto diverso do que Ihe foi demandado. Parágrafo único. A sentença deve ser certa, ainda quando decida relação jurídica condicional.
Art. 572. Quando o juiz decidir relação jurídica sujeita a condição ou termo, o credor não poderá executar a sentença sem provar que se realizou a condição ou que ocorreu o termo.
Art. 618. É nula a execução: (...) III – se instaurada antes de se verificar a condição ou de ocorrido o termo, nos casos do art. 572.

[387] Art. 492. É vedado ao juiz proferir decisão de natureza diversa da pedida, bem como condenar a parte em quantidade superior ou em objeto diverso do que lhe foi demandado. Parágrafo único. A decisão deve ser certa, ainda que resolva relação jurídica condicional.
Art. 514. Quando o juiz decidir relação jurídica sujeita a condição ou termo, o cumprimento da sentença dependerá de demonstração de que se realizou a condição ou de que ocorreu o termo.
Art. 803. É nula a execução: (...) III – se instaurada antes de se verificar a condição ou de ocorrido o termo, nos casos do art. 572.

[388] RIBEIRO, *op. cit.*, p. 352 – ss.; MARINONI, Luiz Guilherme; ARENHART, Sérgio Cruz; MITIDIERO, Daniel. *Novo Código de Processo Civil comentado*. São Paulo: RT, 2015. p. 497. Na jurisprudência: BRASIL. Superior Tribunal de Justiça. 5. Turma. Agravo Regimental no Agravo de Instrumento n. 832.495/SP. Rel. Min. Arnaldo Esteves Lima, julgado em 19 abr..2007. *Diário de Justiça*, [Brasília], 21 maio.2007; BRASIL. Superior Tribunal de Justiça. 5. Turma. Agravo Regimental no Agravo de Instrumento n. 770.078/SP. Rel. Min. Félix Fischer, julgado em 12 dez. 2006. Diário de Justiça, [Brasília], 05 mar. 2007. RIO DE JANEIRO. Tribunal de Justiça. 3. Câmara Cível. *Agravo Legal na Apelação n. 0316437-26.2009.8.19.0001*. Rel. Milton Fernandes de Souza, julgado em 10 jul. 2014. Rio de Janeiro: Tribunal de Justiça, 2014.

[389] COSTA MACHADO, Antônio Cláudio da. *Código de Processo Civil interpretado*. 2. ed. Barueri: Manole, 2008. p. 782.

CONDIÇÃO SUSPENSIVA

com reservas"[390], uma vez que o julgador, na verdade, faz uma reserva à *relação jurídica* objeto da lide. É diversa, por sua vez, a situação em que a sentença reconhece e proclama a existência de uma *condição em sentido estrito* relacionada à *relação jurídica* que é objeto da própria sentença[391], que não será nula por falta *certeza*. As decisões concernentes à declaração do negócio condicional tratam justamente dessa última hipótese.

As ações declaratórias referem-se à declaração de que existe, ou não, determinada *relação jurídica*[392], cuja função fundamentalmente é a eliminação da incerteza em torno da existência dessa relação[393], razão pela qual a atualidade da relação é um de seus requisitos[394], o que, frise-se, não obsta o pedido de declaração de relação jurídica referente ao negócio sob condição suspensiva[395]. A relação condicional existe desde a celebração do negócio; afinal, há *fato jurídico*, faltando apenas a produção dos *efeitos principais* em razão da não realização da *condição-fato*, vicissitude concernente somente ao *plano da eficácia*, e não ao da *existência*.

Contudo, como leciona Ovídio Baptista, deve haver necessidade jurídica e interesse objetivo capazes de legitimarem a ação declaratória[396]. Assim, a *incerteza* da relação jurídica deve ser proveniente de alguma circunstância externa e objetiva[397], como, por exemplo, a verificação da existência de relação condicional por um comportamento concludente[398].

Assim, se mediante a declaração da existência do negócio condicional, a parte expectante, de qualquer forma, conserva o seu direito, e não interfere no exercício do direito do expectado, não há razões para que a ação declaratória não seja considerada um dos atos de conservação permitidos pelo art. 130 do Código Civil.

---

[390] PONTES DE MIRANDA, Francisco Cavalcanti. *Comentários ao Código de Processo Civil*. Rio de Janeiro: Forense, 1974. p. 97. t. V.
[391] COSTA, *op. cit.*, p. 96.
[392] PONTES DE MIRANDA, Francisco. *Tratado das ações*. Campinas: Bookseller, 1998. p. 23. t. II, atualizado por Vilson Rodrigues Alves. SILVA, Ovídio A. Baptista. *Curso de processo civil*. 6. ed. São Paulo: RT, 2002. p. 162. v. 1.
[393] *Idem.*, p. 162-163.
[394] BUZAID, Alfredo. *A ação declaratória no direito brasileiro*. 2. ed. São Paulo: Saraiva, 1986. p. 176.
[395] PONTES DE MIRANDA, *op.cit.*, t. II. p. 45.
[396] SILVA, *op. cit.*, v. 1.p. 163.
[397] SILVA, *op. cit.*, v. 1. p. 163.
[398] Ver item sobre condição suspensiva tácita item 2.2.7 do Capítulo 1.

1.1.2. Atos de registro

O *ato de registrar*, em sentido amplo, é "a soma de formalidades legais, de natureza extrínseca, a que estão sujeitos certos atos jurídicos, a fim de *que se tornem públicos* e *autênticos* e possam valer contra terceiros"[399].

A inscrição e transcrição do título no Registro sempre foi um exemplo comumente apontado pela doutrina ao se referir ao art. 130 do Código Civil[400], porquanto o registro representa um meio de se conservar o direito, que visa ao conhecimento de terceiros do negócio existente. No entanto, não é qualquer ato que pode ser registrado, mas tão somente aquele a que a lei imponha o registro[401].

Tem-se discutido, porém, se efetivamente é possível registrar atos relativos à transferência de domínio e demais direitos reais realizados sob condição suspensiva mesmo perante a retroatividade prevista no art. 126 do Código Civil[402].

A visão predominante dos civilistas nacionais é a plena possibilidade do registro. Entendem que a retroatividade prevista no art. 126 do Código Civil alcançará terceiros sempre que a condição suspensiva tiver sido convenientemente transcrita[403]. Caso não realizada a transcrição ou registro, conservam-se todos os atos de disposição que, *in medio tempore*, o alienante tenha feito, ficando esse obrigado a indenizar, por perdas e danos, o *expectante*. A corroborar com esse entendimento conta-se com a própria permissão legislativa do registro da compra e venda condicional (art. 167, I, 29 da Lei n. 6.015/73)[404].

---

[399] SILVA, de Plácido. *op. cit.*, p. 1.186.
[400] BEVILAQUA, *op. cit.*, v. 1. . 367; PEREIRA, *op. cit.*, v. 1. p. 473.
[401] DINIZ, Maria Helena. *Sistemas de registros de imóveis*. 11.ed. São Paulo: Saraiva, 2014. p. 325.
[402] PAIVA, João Pedro Lamana. Do Registro da Compra e Venda Condicional. *Boletim do Direito Imobiliário: Diário das Leis Imobiliário*. *Diário das Leis*, São Paulo, n.1,p. 26-29, jan. 2015; COUTO, Maria de Carmo de Rezende Campos. Compra e venda. 2. ed. São Paulo: IRIB, 2012. p. 24. (Coleção de Cadernos IRIB., v. 1), reportam que existe um entendimento segundo o qual somente será possível o registro da escritura acompanhado da comprovação do cumprimento da condição suspensiva.
[403] ESPÍNOLA, *op. cit.*, p. 509; BEVILAQUA, *op. cit.*, v. 1. p. 378; PEREIRA, *op. cit.*, v. 1. p. 474; RIBEIRO, *op. cit.*, p. 336.
[404] Seguindo esse argumento, a Egrégia Corregedoria-Geral de Justiça de São Paulo decidiu pela possibilidade de registro de contrato de promessa de compra e venda sob condição suspensiva (SÃO PAULO. Corregedoria-Geral de Justiça. Parecer n. 103/2008-E do processo CG 2007/21247. Corregedor Geral de Justiça Ruy Camilo, julgado 10 abr. 2008. São Paulo: Corregedoria-Geral, 2008).

Esclareça-se que, nessas hipóteses, o objeto do registro não é a transmissão da propriedade imobiliária – que não pode ser condicionada –, mas, sim, o acordo de transmissão, que tem efeito obrigacional entre alienante e adquirente[405].

Ao tratar da compra e venda condicional, Serpa Lopes questionava como poderia dar-se o registro perante a existência simultânea de dois direitos de propriedade sobre a mesma coisa[406]. Conclui que, nessas hipóteses, a transcrição do imóvel somente teria finalidade assecuratória, e não constitutiva[407]. Esclarece, em seguida, que, em razão do princípio retroativo do art. 122 do Código Civil de 1916, "a transcrição que, durante a pendência da condição atuava como medida puramente assecuratória, por força da retroação, sobrevindo o evento, passa a ter caráter constitutivo, mediante a averbação de que o evento ocorreu"[408]. Após a realização efetiva da condição, não seria, portanto, necessário um novo ato registrário. Sobre o assunto, o autor enumerou os seguintes princípios:

> 1º) se a venda sob condição suspensiva for transcrita no próprio dia do contrato, a condição, verificando-se, retroage, ao próprio dia, tanto entre as partes como em relação a terceiros.
>
> 2º) se for transcrita *médio tempore*, o efeito da condição não vale, em relação a terceiros, senão do dia da transcrição.
>
> 3º) se for transcrito somente depois da verificação da condição, o seu efeito, ao invés de decorrer do dia do contrato, produz-se do dia da transcrição[409].

Atualmente Melhim Namem Chalhub subscreve as lições de Serpa Lopes. Afirma, em primeiro lugar, que não há razões para aguardar-se o implemento da condição para promover o registro do contrato de compra

---

[405] PONTES DE MIRANDA, Francisco Cavalcanti. *Tratado de Direito Privado*. São Paulo: RT, 2013. p. 228. t. XIV. Manifeste-se aqui discordância em relação à posição do autor quando afirma que a transcrição no registro de imóveis somente ocorre quando se der o evento condicional.
[406] SERPA LOPES, Miguel Maria de. *Tratado dos registros públicos*. 5.ed. Rio de Janeiro: Freitas Bastos, 1962. p. 373. v. 3. Menciona o assunto: FIORAMELLI, Ademar. *Direito Registral Imobiliário*. Porto Alegre: Sérgio Antônio Fabris Editor, 2001. p. 477-478.
[407] SERPA LOPES, Miguel Maria de. *Tratado dos registros públicos*. 5.ed. Rio de Janeiro: Freitas Bastos, 1962. p. 375. v. 3, Agostinho Alvim concorda com este autor (ALVIM, Agostinho. *Da doação*. 3.ed. São Paulo: Saraiva, 1980. p. 122).
[408] SERPA LOPES, *op. cit.*, p. 375.
[409] Idem.

e venda condicional, uma vez que o registro, nesses casos, não é constitutivo, mas apenas assecuratório[410]. Por outros termos, o registro, antes do implemento da condição, assegurará a prioridade de registro em favor do adquirente, de sorte que:

> (...) verificada a condição, aquele registro que, antes, tinha somente efeito assecuratório, passa a ter efeito constitutivo, operando a transmissão da propriedade ao adquirente pelo simples implemento da condição, sem necessidade de nenhum outro ato de confirmação: o efeito real é automático, em termos da compra e venda, apenas sendo necessária a efetiva verificação da condição[411].

Percebe, em segundo lugar, que os atos do comprador realizados durante a pendência não terão valor, por não lhe pertencer o domínio, em razão de faltar o caráter constitutivo do registro. Por fim, conclui que, feito o registro na pendência da condição, não deve ser feito novo registro, dado que, transcrita a venda condicional, a publicidade fica perfeitamente completa[412].

Fora do âmbito de registros públicos, já se discutiu a possibilidade de se averbar acordo de acionistas submetido à condição suspensiva de alguns de seus transigentes (acionistas indiretos) se tornarem acionistas diretos da companhia, em razão da desconstituição da controladora[413]. Como se sabe, a averbação do acordo de acionistas nos livros de registro da companhia e nos certificados da ação, se emitidos, torna-o oponível perante terceiros (art. 118, §1º, da Lei n. 6.404/76[414]). Deparando-se com tal pro-

---

[410] CHALHUB, Melhim Namem. Cessão de crédito imobiliário e alienação fiduciária de bem imóvel objeto de compromisso de compra e venda registrado – Securitização de créditos imobiliários – Aspectos relevantes. *Boletim IRIB online*, São Paulo, [s.n.]. Disponível em: <http://www.irib.org.br/html/boletim/boletim-iframe.php?be=3009>. Acesso em: 11 abr. 2015.
[411] CHALHUB, *op. cit.*, [s.p.].
[412] Idem.
[413] RIO DE JANEIRO. Tribunal de Justiça. 18. Câmara Cível. *Apelação Cível n. 2004.001.05257*. Rel. Des. Carlos Eduardo da Fonseca Passos, julgado em 17 mar. 2004. Rio de Janeiro: Tribunal de Justiça, 2004.
[414] Art. 118. Os acordos de acionistas, sobre a compra e venda de suas ações, preferência para adquiri-las, exercício do direito a voto, ou do poder de controle deverão ser observados pela companhia quando arquivados na sua sede.
§ 1º As obrigações ou ônus decorrentes desses acordos somente serão oponíveis a terceiros, depois de averbados nos livros de registro e nos certificados das ações, se emitidos.

CONDIÇÃO SUSPENSIVA

blema, a 18ª Câmara Cível do Tribunal do Estado do Rio de Janeiro não encontrou impedimentos para a averbação do acordo de acionista, e ainda reconheceu que a averbação seria uma medida de conservação do direito condicional, conforme art. 130 do Código Civil[415].

Com efeito, durante a pendência, virtualmente os *efeitos condicionados* já existem e, conforme a lei determina, a averbação do acordo é uma exigência para garantir sua eficácia perante a sociedade e terceiros[416]. Especificamente quanto à eficácia perante a companhia, já se disse que "o arquivamento na sede é suficiente para estender à própria sociedade os efeitos da convenção naquilo que ela entende, diretamente, com o seu funcionamento regular, isto é, o exercício do voto em assembleia"[417]. Lógico, porém, que os *efeitos condicionados* do acordo perante tais "acionistas em potencial" estarão suspensos.

Desse modo, a averbação do acordo de acionista cuja qualidade de acionista se encontra pendente para fins de conhecimento de terceiros repre-

---

[415] Nesse sentido, embora utilizando impropriamente o termo "condição resolutiva": "Acordo de acionistas sujeito a condição suspensiva. Sua validade. Obrigatoriedade de averbação pela companhia, que não pode exercer juízo de valor quanto ao seu conteúdo. O fato de alguns convenentes serem acionistas indiretos, mas sob condição resolutiva, qual seja, de desconstituição da controladora, implemento da condição, que os tornarão diretos, pendendo aquele *status* e ganhando outro, não impede o seu arquivamento. Prática de ato judicial de conservação, visando o conhecimento de terceiros do referido acordo (art. 130 CC)" (RIO DE JANEIRO.Tribunal de Justiça. 18. Câmara Cível. Apelação Cível n. 2004.001.05257. Rel. Carlos Eduardo da Fonseca Passos, julgado 17 mar.2004. Rio de Janeiro: Tribunal de Justiça, 2004).

[416] Veja-se a doutrina societária: "A averbação das estipulações de um acordo de acionistas, nos livros sociais de registro e nos certificados das ações, conforme o disposto no art. 118, § 1º da lei nº 6.404, de 1976, é *condicio iuris* da eficácia de tais estipulações perante terceiros, que não a própria companhia emitente dos títulos, como explicado no nº 9 acima. Tal averbação estabelece, como toda medida de publicidade jurídica, uma presunção absoluta de conhecimento das estipulações do acordo por terceiros.
Não se trata, pois, de condição de eficácia do acordo *inter partes* nem, muito menos, de condição de validade do pactuado" (COMPARATO, Fábio Konder. Eficácia dos acordos de acionistas. In: _____. *Novos Ensaios e Pareceres de Direito Empresarial*. Rio de Janeiro: Forense, 1981. p. 85-86). Mesmo sentido: "Arquivado o exemplar do acordo e efetuadas as averbações, será o pacto oponível à companhia e a terceiros, que não poderão alegar ignorância" (CARVALHOSA, Modesto. *Acordo de acionistas*: homenagem a Celso Barbi Filho. São Paulo: Saraiva, 2011. p. 48-49).

[417] COMPARATO, Fábio K. Validade e eficácia de acordo de acionistas. Execução específica de suas estipulações. In: _____. *Novos Ensaios e Pareceres de Direito Empresarial*. Rio de Janeiro: Forense, 1981. p. 60.

senta uma medida conservatória de seu "direito eventual", sendo, portanto, permitida conforme os ditames do art. 130 do Código Civil.

Em suma: os atos de registro são meio adequado para o expectante conservar o seu direito e, desde que não interfiram no exercício do *expectado*, poderão ser considerados medidas legítimas do art. 130 do Código Civil.

1.2. Medidas necessárias para impedir que o devedor condicional deteriore a coisa que é objeto da obrigação e as dirigidas a evitar que sobrevenha a impossibilidade do cumprimento da prestação

Por medida cautelar, entende-se a espécie da tutela de urgência que visa à proteção temporária de um direito aparente ou de uma situação jurídica digna de tutela[418], sendo referida por alguns autores civilistas como um dos atos de conservação de que o *expectante*, nos negócios subordinados à condição suspensiva, pode valer-se[419].

Com efeito, a tutela cautelar configura um remédio processual compatível com a conservação do "direito a crédito", presente durante a pendência da condição suspensiva, pelas razões que se seguem. Em primeiro lugar, seu próprio escopo diz respeito à conservação da possibilidade de fruição eventual e futura do direito acautelado[420]. Em segundo lugar, as medidas cautelares, por não se revestirem de caráter satisfativo[421] – *i.e.*, não realizam o direito, só promovem garantias para sua certificação ou para sua futura execução forçada[422] – não infringem o limite do direito de conservação imposto ao expectante, qual seja, o caráter executório do ato de conservação. Assim, a tutela cautelar pode ser considerada um dos atos de

---

[418] MARINONI; MIDITIERO, *op. cit.*, p. 765.
[419] "(...) tem o seu titular [do direito expectativo] as medidas cautelares como titular de quaisquer direitos, salvo se é evidente a dificuldade de se realizar a condição, ou, *a fortiori*, se já afastada" (PONTES DE MIRANDA, *op. cit.*, t. V. p. 199).
[420] MITIDIERO, Daniel. *Antecipação de tutela:* da tutela cautelar à técnica antecipatória. 2. ed. São Paulo: RT, 2014. p. 40.
[421] Segundo Ovídio Baptista Martins, "o que individualiza e, particularmente, define a tutela cautelar, como forma de tutela preventiva, é ser ela uma espécie de proteção jurisdicional *não satisfativa* do direito cuja existência se alega e para cuja proteção se dispõe da medida cautelar. Daí dizer que a proteção cautelar apenas *assegura, sem satisfazer,* o provável direito assegurado" (MARTINS, Ovídio Baptista. *Teoria geral do processo civil*. 6.ed. São Paulo: RT, 2011. p. 308). Sobre o assunto ver também: MITIDIERO, *op. cit.*, 2014.
[422] ZAVASCKI, Teori Albino. *Antecipação da tutela*. 7. ed. São Paulo: Saraiva, 2009. p. 52.

conservação do art. 130 do Código Civil, pois tanto exerce a função conservatória quanto respeita o limite ao exercício do direito de conservação.

A matéria cautelar foi alterada em razão da recente aprovação do novo Código de Processo Civil. Diferentemente do Código de Processo de 1973, o novo não tem livro específico sobre processo cautelar e sequer disciplina as tutelas cautelares nominadas, embora reconheça a medida cautelar como espécie de tutela provisória (art. 294, § único[423]). Por outro lado, o conceito e a finalidade das medidas cautelares continuam sendo os mesmos, assegurando, desse modo, que a conservação do direito na pendência da condição continuará sendo tutelado pela figura cautelar.

De qualquer forma, julgou-se pertinente analisar o sequestro – uma vez que, embora não regulado como o foi pelo Código de Processo de 1973, o novo Código de Processo Civil refere-se a ele expressamente como medida de tutela de urgência de natureza cautelar, em seu art. 301[424] – e as medidas cautelares inominadas que já foram concedidas pelos tribunais a fim de conservar o *direito expectativo* nos negócios sob condição suspensiva.

1.2.1. Sequestro

O sequestro traduz-se num dos meios mais efetivos para impedir que o devedor deteriore a coisa objeto da prestação. Por meio dele o juiz decreta o sequestro da coisa e, consequentemente, nomeia depositário para os bens sequestrados. Sua finalidade consiste em "proteger temporariamente de um perigo de dano a tutela do direito à coisa"[425]. Dura enquanto "perdurarem os pressupostos fático-jurídicos que suportaram a sua prolação"[426].

A guarda e a conservação da coisa são confiadas ao depositário nomeado pelo juiz, impedindo que o beneficiado pela medida exerça, desde já, qualquer poder sobre a coisa. Desse modo, clara sua compatibilidade com a conservação do art. 130 do Código Civil, pois evita que a conduta ilegí-

---

[423] Art. 294. A tutela provisória pode fundamentar-se em urgência ou evidência.
Parágrafo único. A tutela provisória de urgência, cautelar ou antecipada, pode ser concedida em caráter antecedente ou incidental.
[424] Art. 301. A tutela de urgência de natureza cautelar pode ser efetivada mediante arresto, sequestro, arrolamento de bens, registro de protesto contra alienação de bem e qualquer outra medida idônea para asseguração do direito.
[425] MARINONI; MIDITIERO, *op. cit.*, 2014, p. 797.
[426] MITIDIERO, *op. cit.*, 2014, p. 43.

tima do *expectado* prejudique o objeto do negócio condicional, enquanto não chega a se revestir de *caráter executório*.

Assim, no caso dos negócios sob condição, o sequestro é extremamente útil para evitar que, durante a pendência, a parte ou terceiros prejudiquem interesse do expectante. Por exemplo, pode evitar que a parte venda a um terceiro coisa móvel objeto do contrato condicional.

Como visto, o novo Código de Processo Civil não disciplinou o sequestro, o que tem sido alvo de críticas[427]. Seja como for, a figura foi referida pelo novo diploma legal, razão pela qual configura ainda meio idôneo para perseguição do fim do art. 130 do Código Civil.

1.2.2. Cautelares inominadas

As cautelares inominadas são medidas adequadas para asseguração de qualquer situação substancial carente[428] que não for disciplinada especificamente pela legislação processual. Seu fundamento circunscreve-se à constatação de que as necessidades de tutela variam conforme as particularidades do caso concreto, de modo que a melhor alternativa para efetivamente assegurá-las parece ser a outorga ao juiz de um poder geral de cautela[429].

Nessa linha de ideias, o novo Código de Processo Civil absteve-se de regular as espécies de medidas cautelares, atribuindo maior flexibilidade ao julgador para determinar uma medida atenta às especialidades do caso concreto. A particularidade mais característica do negócio condicional é que o direito, durante a pendência, não é exigível, o que deverá sempre ser levado em conta pelo intérprete, razão pela qual o melhor modo de analisar a aplicação de cautelares inominadas nos negócios sob condição suspensiva será aquele que parte da jurisprudência.

A 1ª Câmara Reservada de Direito Empresarial do Tribunal de Justiça de São Paulo teve oportunidade de julgar um caso interessante sobre medida cautelar em negócio sob condição suspensiva preparatória de procedimento arbitral[430]. O precedente girava em torno de um acordo de cessão de

---

[427] MARINONI, Luiz Guilherme; MIDITIERO, Daniel. *O projeto do Código de Processo Civil*: críticas e propostas. São Paulo: RT, 2000. p. 106.
[428] MARINONI; MIDITIERO, *op. cit.*, 2014, p. 770.
[429] *Idem*, p. 771.
[430] SÃO PAULO. Tribunal de Justiça. 1. Câmara Reservada de Direito Empresarial. *Apelação Cível n. 0125493-61.2012.8.26.0100*. Rel. Des. Francisco Loureiro, julgado em 02 out. 2012.

quotas sociais da Medlab Produtos Médicos Hospitalares Ltda. (Medlab) celebrado entre o cedente, Sr. Aleksander Mizne (a partir da sua *holding* pessoal AM Consultoria que detinha participação societária na Medlab), e a cessionária, Promidol Biotecnologia S/A (Promidol). Ficou estabelecido que a Promidol não pagaria nada pelas quotas da Medlab, mas assumiria passivo de R$ 19 milhões, comprometendo-se também, caso a sociedade atingisse certas metas entre 2011 e 2016, a efetuar pagamentos ao cedente na ordem de R$ 17 milhões (*earn outs*). Além disso, ficou convencionado que o Sr. Aleksander Mizne celebraria contrato de trabalho pelo período previsto para aferição dos referidos *earn outs*. Esse ajuste faria todo o sentido, dado que numa posição chave dentro da sociedade, o autor estaria apto a contribuir para o alcance das metas fixadas como *condição suspensiva*. Ocorre que, segundo alegação do autor, as rés tomaram diversas atitudes ilegítimas (ignoraram as necessidades de investimentos na Medlab apontadas pelo autor, destituíram diretores; demitiram pessoas importantes da equipe inclusive o próprio autor) que impediram o alcance das metas convencionadas. Nesse contexto, os autores, objetivando futuramente ingressar com ação no Tribunal Arbitral para o implemento da condição maliciosamente obstada pelas rés (art. 129 do Código Civil), primeiramente postularam medidas cautelares com o propósito de assegurar que fossem cumpridas as cláusulas do contrato de cessão de quotas (*i.e.*, evitar o perecimento do direito expectado). A decisão da referida câmara foi no sentido de reconhecer a possibilidade de praticar atos destinados à conservação do direito eventual do recebimento de *earn outs*, concedendo-se liminar, na ação cautelar, para que os autores tivessem acesso tão somente a dados e documentos que lhe permitam aferir a frustração proposital da condição suspensiva, não permitindo que os autores subordinassem a realização de operações e contratos da pessoa jurídica ao seu prévio consentimento.

A cautelar foi imposta, no referido precedente, de modo compatível com os ditames do art. 130 do Código Civil, *i.e.*, conservando o direito e, ao mesmo tempo, não se revestindo de caráter executório. As medidas cautelares referentes a negócios condicionais devem ser deferidas respeitando sempre esse duplo limite.

São Paulo: Tribunal de Justiça, 2012. Registra-se que, a rigor, poder-se-ia questionar se efetivamente a condição em exame seria *condição em sentido estrito*, podendo ser somente um mecanismo de ajuste de preço. Seja como for, para o específico propósito de analisar a medida cautelar inominada, o referido julgado mantém sua utilidade.

1.3. Medidas que têm como objetivo a manutenção da garantia patrimonial do devedor

1.3.1. Ações relativas à fraude contra credores

A *fraude contra credores* refere-se a todos os "atos de disposição e oneração de bens, créditos e direitos, a título gratuito ou oneroso, praticado por devedor insolvente, ou por ele tornado insolvente, que acarrete redução de seu patrimônio, em prejuízo do credor preexsistente"[431].

Costuma-se afirmar que para a caracterização da fraude contra credores dois elementos se fazem necessários: (i) ato prejudicial ao credor, que torna o devedor insolvente ou por ter agravado mais este estado; (ii) intenção do devedor, ou dele aliado com terceiro, de prejudicar o credor, ilidindo os efeitos da cobrança[432].

O sistema jurídico brasileiro adotou duas soluções distintas para os atos fraudulentos relacionados à dívida civil (que, nesse conceito, incluem-se as dívidas de empresários que não sejam próprias de sua atividade empresarial): a *ação anulatória* e a *ação declaratória de ineficácia relativa*[433].

A *ação anulatória*, também conhecida como *ação pauliana*, é uma medida que visa a fazer voltar ao patrimônio do devedor bens indevidamente alienados, com prejuízo de seus credores. Seu fundamento legal encontra-se nos arts. 158 e 159 do Código Civil[434], abrangendo somente as dívidas civis[435]. Para atingir sua finalidade, anulam-se os atos relativos ao devedor, em fraude a direito dos credores, que reduziram o seu próprio patrimônio e que o puseram em estado de insolvência ou que agravaram tal estado[436].

---

[431] MELLO, *op. cit.*, 2013, p. 249.

[432] OLIVEIRA, Lauro Laertes de. *Da ação pauliana*. São Paulo: Saraiva, 1979. p. 13-14; TEPEDINO; BARBOZA; MORAES, *op. cit.*, p. 301.
Há, porém, quem não reconheça a intenção de prejudicar como elemento essencial da fraude contra credores: MELLO, *op. cit.*, 2013, p. 249.

[433] MELLO, *op. cit.*, 2013, p. 249.

[434] Art. 158. Os negócios de transmissão gratuita de bens ou remissão de dívida, se os praticar o devedor já insolvente, ou por eles reduzido à insolvência, ainda quando o ignore, poderão ser anulados pelos credores quirografários, como lesivos dos seus direitos.
§ 1º Igual direito assiste aos credores cuja garantia se tornar insuficiente.
§ 2º Só os credores que já o eram ao tempo daqueles atos podem pleitear a anulação deles.
Art. 159. Serão igualmente anuláveis os contratos onerosos do devedor insolvente, quando a insolvência for notória, ou houver motivo para ser conhecida do outro contratante.

[435] MELLO, *op. cit.*, p. 259.

[436] NORONHA, Fernando. *Direito das Obrigações*. 3.ed. São Paulo: Saraiva, 2010. p. 201.

Ocorrendo esses dois elementos, a *ação pauliana* será cabível[437]. Discute-se, não obstante, a admissibilidade da *ação pauliana* como apoio em obrigação sob condição suspensiva, já que a anterioridade do crédito do autor da ação ao ato impugnado é uma das exigências previstas no § 2º do art. 158 do Código Civil. Alguns autores entendem que, durante a pendência, não poderá o expectante valer-se da *ação pauliana*, já que sequer adquiriu o direito à prestação, faltando-lhe, desse modo, o interesse que justifique a ação[438]. Chegam a essa conclusão porque qualificam o direito condicional como *expectativa de direito*[439]. Para esses juristas, a ação poderá ser exercida pelo credor somente após a ocorrência da condição, *i.e.*, quando não for possível executar o patrimônio do devedor em razão de alienação fraudulenta, mesmo que tal ato tenha ocorrido durante a pendência da condição[440].

Em princípio, discorda-se dessa conclusão, pois, durante a pendência, não há expectativa de direito, mas sim *direito expectado*. Como exposto nas premissas deste capítulo, durante a pendência, há "direito a crédito", cuja única característica de "direito de crédito" que lhe falta é a *exigibilidade*. Assim, por precisão lógica, a *ação pauliana* é cabível, uma vez que, por construção jurisprudencial e doutrinária, não se exige que o título do autor da *ação pauliana* seja exigível ou líquido. Pelo contrário, exige-se somente a *existência* do débito anterior ao ato fraudulento[441].

Além disso, a *ação pauliana* tem natureza conservativa, uma vez que não acarreta a execução do direito de crédito, mas "assegura o exercício futuro de um direito sem constituir o exercício atual do mesmo, na medida em que ela visa a conservar (...) incólume a garantia geral dos credores, isto é, o patrimônio do devedor"[442]. Assim, no caso do negócio sob condição suspensiva, assegura-se a execução futura, caso a condição se implemente[443].

---

[437] TEPEDINO; BARBOZA; MORAES, *op. cit.*, v.1. p. 304.

[438] THEODORO Jr., Humberto; TEIXEIRA, Sálvio de Figueiredo (Coord.). *Comentários ao novo código civil.* 3. ed. Rio de Janeiro: Forense, 2006. p. 330. v. 3. t. I; CARVALHO DE MENDONÇA, *op. cit.*, p. 294.

[439] OLIVEIRA, *op. cit.*, p. 87.

[440] THEODORO Jr., *op. cit.*, p. 330; CAHALI, Yussef Said. *Fraude contra credores.* 4. ed. São Paulo: RT, 2008. p. 127.

[441] THEODORO Jr., *op. cit.*, p. 328.

[442] FERRO, Marcelo Roberto. *O prejuízo como requisito preponderante da fraude contra credores.* 1994. Dissertação (Mestrado em Direito Civil) – Faculdade de Direito, Universidade de São Paulo, 1994. p. 144-145.

[443] FERRO, *op. cit.*, p. 144.

O efeito da sentença que julgar procedente a *ação pauliana* tem eficácia *erga omnes*, desconstituindo o ato e os seus efeitos[444]. Segundo o art. 182 do Código Civil[445], as partes serão restituídas "ao estado em que antes se achavam, e, não sendo possível restituí-las, serão indenizadas com o equivalente". Desse modo, os bens restituídos passam a integrar o acervo concursal[446]. Assim, no caso do negócio sob condição suspensiva, assegura-se a execução futura, caso a condição se implemente[447]. Desse modo, fica demonstrada ainda mais sua compatibilidade com o art. 130 do Código Civil[448].

Não se pode negar, por outro lado, que a procedência da *ação pauliana*, nessas situações, acarretaria considerável insegurança jurídica, pois poderia acontecer que, após exercitada a *ação pauliana* e anulado o ato, a condição se tornasse falha, de modo que toda a anulação do ato seria reputada inútil. Solução ponderada foi a adotada pelo Código Civil português, em seu art. 614, n. 2, permitindo ao credor, durante a pendência da condição, exigir caução a seu favor, quando verificados os requisitos da ação pauliana[449]. Ainda que não tenha dispositivo legal no nosso sistema jurídico, não há razão para não ser adotada tal solução.

Por todo o exposto, conclui-se que, a rigor, a *ação pauliana* é cabível aos negócios sob condição suspensiva, uma vez que o expectante é titular de um direito existente. Tendo em vista, todavia, que a procedência da ação poderia acarretar situação de considerável insegurança jurídica, sugere-

---

[444] PONTES DE MIRANDA, Francisco Cavalcanti. *Tratado das ações*. Campinhas: Bookseller, 1999, p. 325. t.IV.
[445] Art. 182. Anulado o negócio jurídico, restituir-se-ão as partes ao estado em que antes dele se achavam, e, não sendo possível restituí-las, serão indenizadas com o equivalente.
[446] MELLO, *op. cit.*, 2014, p. 261.
[447] *Idem*, p. 144.
[448] Yussef Said Cahali não concorda com tal opinião. Segundo esse autor, o ingresso da ação pauliana durante a pendência da condição suspensiva configuraria um cerceamento do exercício do direito pelo *expectado*, o que, em sua opinião, não é permitido (SAID, *op. cit.*, p. 128). Manifeste-se aqui discordância em relação a, esse argumento. Isso porque o limite ao exercício sobre o bem pelo *expectado* somente se atém ao *exercício lícito*, o que não ocorre nas situações de fraude contra o credor, em que um dos requisitos é justamente a atividade com intuito de prejudicar o credor (conduta esta manifestamente ilícita).
[449] Código Civil Português, art. 614, n. 2: "o credor sob condição suspensiva pode, durante a pendência da condição, verificados os requisitos da impugnabilidade, exigir a prestação de caução".

CONDIÇÃO SUSPENSIVA

-se que seja concedida caução a favor do expectante durante o período de pendência.

A *ação declaratória de ineficácia relativa*, cuja base legal se encontra no art. 162 do Código Civil[450], visa à restituição pelo credor quirografário da importância que recebeu como pagamento de dívida ainda não vencida pelo devedor insolvente. A sentença de procedência tem eficácia restrita à massa concursal, *i.e.*, o valor restituído pelo credor incorporar-se-á ao ativo da massa, passando o credor a integrar o concurso de credores[451].

A legitimação ativa compete a qualquer credor habilitado no concurso universal. Assim, tomando como premissa o analisado no primeiro item deste capítulo, parece não haver restrições ao cabimento de tal medida nos negócios sob condição suspensiva, desde que o expectante seja devidamente habilitado no concurso. Além disso, a *ação declaratória de ineficácia relativa* também não tem efeito executório, não havendo, portanto, restrições ao seu uso pelo devedor condicional.

1.3.2. Ação sub-rogatória

A *ação sub-rogatória* consiste no "remédio processual utilizável pelo credor nos casos de inércia do devedor em exercitar direitos patrimoniais contra terceiros"[452]. Não foi, porém, disciplinada expressamente pelo nosso sistema legal, embora em alguns pontuais dispositivos tenha sido mencionada (arts. 567, inciso III e 673 do Código de Processo Civil de 1973[453]; arts. 778, inciso IV e 857 do novo Código de Processo Civil[454]). De qualquer forma, a doutrina pátria tem reconhecido que há um *princípio geral da ação sub-rogatória*, mediante o qual "os credores poderão fazer interrupção de prescrição de um direito do devedor que este descuidava, ou exigir em

---

[450] Art. 162. O credor quirografário, que receber do devedor insolvente o pagamento da dívida ainda não vencida, ficará obrigado a repor, em proveito do acervo sobre que se tenha de efetuar o concurso de credores, aquilo que recebeu.

[451] MELLO, *op. cit.*, 2013, p. 262.

[452] THEODORO JR., *op. cit.*, 2006, p. 309.

[453] Art. 567. Podem também promover a execução, ou nela prosseguir: (...) III – o sub-rogado, nos casos de sub-rogação legal ou convencional.
Art. 673. Feita a penhora em direito e ação do devedor, e não tendo este oferecido embargos, ou sendo estes rejeitados, o credor fica sub-rogado nos direitos do devedor até a concorrência do seu crédito.

[454] Art. 778. Pode promover a execução forçada o credor a quem a lei confere título executivo. (...) IV – o sub-rogado, nos casos de sub-rogação legal ou convencional.

nome deste um crédito, ou mesmo solicitar o registro no cartório competente de uma aquisição de imóvel feita pelo devedor"[455].

Os pressupostos da ação sub-rogatória são: (i) o direito do credor sub-rogante; (ii) a inércia do devedor sub-rogado quanto a fazer valer direitos que possua; e (iii) o risco de insolvência deste[456].

Mesmo sendo raramente mencionada no âmbito do estudo das condições, a admissão da sub-rogatória nessa hipótese foi referida por Vicente Ráo, ao afirmar que:

> (...) [a]o titular do direito sujeito a condição suspensiva também se faculta usar das ações que ao devedor pertençam e ele não exerça para a preservação do respectivo patrimônio: mas o credor, nesta hipótese, não deverá agir para fins de execução e, sim, para fim apenas, de preservar e conservar o seu direito[457]

Veja-se que as lições desse autor estão em completa sintonia com o que vem sendo defendido neste trabalho, *i.e.*, que as medidas do art. 130 do Código Civil devem promover a conservação do direito do expectante, ao mesmo tempo em que devem garantir o exercício legítimo do expectado.

1.3.3. Arresto

O arresto representa mais um remédio que protege a garantia da responsabilidade patrimonial do devedor. Trata-se de medida cautelar que pretende "preparar futura execução por quantia certa, apreendendo judicialmente bens do devedor sob risco de desvio, dilapidação e ocultação"[458].

Marinoni e Mitidiero entendem que a proteção do arresto se dirige à aparência de um direito de crédito[459], não se exigindo para sua concessão

---

[455] NORONHA, Fernando. *Direito das obrigações*. 3.ed. São Paulo: Saraiva, 2010. p. 202-203.
[456] *Idem.*, p. 202.
[457] RÁO, *op. cit.*, p. 331
[458] THEODORO JR., *op. cit.*, p. 310.
[459] MARINONI; MIDITIERO, *op. cit.*, 2014, p. 793. Também na jurisprudência já se reconheceu indiretamente a aplicação do arresto à dívida sob condição suspensiva: RIO DE JANEIRO. Tribunal de Justiça. 9. Câmara. *Embargos de Declaração, nos autos do Agravo Interno no Agravo de Instrumento nº 2009.002.20848*. Rel. Carlos Santos de Oliveira, julgado em 28 jul. 2009. Rio de Janeiro: Tribunal de Justiça, 2009. Nesse caso, muito embora o julgador não reconhecesse

a *exigibilidade* da dívida. Nessa linha, nada obstaria a concessão de arresto para proteção de direitos a termo ou condicionais[460].

O inciso I do art. 814 do Código de Processo Civil de 1973[461] exigia que a dívida fosse certa, qualidade que a dívida condicional apresenta. Não há certeza sobre a *exigibilidade*, mas há quanto à existência do "direito a crédito". Assim, embora referido pelo Código de Processo Civil de 2015, ainda não se sabe como será a sua aplicação após a entrada em vigor de tal diploma legislativo. De qualquer forma, caso seu escopo continue respeitando a dupla limitação típica das medidas do art. 130 do Código Civil, não parece haver razões para que o arresto seja considerado meio idôneo a ser utilizado pelo expectante para conservar seu direito.

1.4. O direito a crédito condicional nos procedimentos concursais

O destino dos créditos submetidos à condição no caso de declaração de falência do *expectado* é um tema a respeito do qual, atualmente, nosso sistema jurídico não oferece uma solução nítida. Na vigência do Decreto-Lei n. 7661/45, porém, o § 2º do art. 25[462] determinava que as obrigações suspensivas entrassem na falência, não obstante não terem seu vencimento antecipado, sendo o pagamento diferido até que se verificasse a condição. Além disso, a doutrina civilista da época admitia a possibilidade de o credor condicional intervir no concurso civil ou falimentar[463].

A Lei n. 11.101/05, por sua vez, somente refere que a decretação da falência impõe o vencimento antecipado das dívidas do devedor e dos sócios

---

a existência de condição suspensiva, adverte que, mesmo se houvesse condição suspensiva, a decisão de arresto se manteria.

[460] MARINONI; MIDITIERO, *op. cit.*, 2014, p. 795. Reconhecendo a possibilidade de arresto para tutelar o direito expectativo: PONTES DE MIRANDA, *op. cit.*, t. V. p. 200.

[461] Art. 814. Para a concessão do arresto é essencial: I – prova literal da dívida líquida e certa;

[462] Art. 25. A falência produz o vencimento antecipado de todas as dívidas do falido e do sócio solidário da sociedade falida, com o abatimento dos juros legais, se outra taxa não tiver sido estipulada. (...) 2º Não têm vencimento antecipado as obrigações sujeitas a condição suspensiva, as quais, não obstante, entram na falência, sendo o pagamento diferido até que se verifique a condição.

[463] Esclarece Vicente RÁO: "[P]ermite-se que o credor condicional intervir no concurso civil ou falimentar de credores, não para se cobrar desde logo (porque nem o concurso nem a falência produzem o vencimento antecipado do crédito condicional), mas para ser inscrito no quadro dos credores, deferindo-se o pagamento até que se verifique a condição (lei de falências , art. 25, parágrafo 2º): (RÁO, *op. cit.*, p. 330); sentido similar: PONTES DE MIRANDA, *op. cit.*, t. V. p. 237. Na doutrina recente, Francisco Amaral afirma que o direito condicional entra no concurso de credores, apontando o art. 83 da Lei 11.101/2005 (AMARAL, *op. cit.*, 2014, 519).

ilimitada e solidariamente responsáveis quando da decretação da falência, sem especificar se abrange, ou não, os créditos condicionais[464].

Como se sabe, a *exigibilidade* é um dos efeitos do *vencimento*, que nunca sucede a ele[465]. Nessa linha, a aplicação desse dispositivo ao crédito condicional certamente levaria a uma situação absurda em que haveria um crédito inexigível, mas vencido[466].

Vê-se, assim, que a lei antiga mais precisamente atendeu às peculiaridades do crédito condicional. Trajano Valverde, autor do Decreto-Lei n. 7.661/45, reconhecia que não havia nada de extraordinário no fato de o titular de um direito subordinado à condição suspensiva poder figurar entre os credores concorrentes, já que pode exercitar atos destinados a conservar o seu direito[467]. Sobre as possíveis vicissitudes do crédito condicional durante a falência, o autor disse:

> A lei, entretanto, não reputa realizada a condição no dia da abertura da falência, ou em qualquer outra época. Segue a regra de direito comum, declarando que o crédito subordinado à condição suspensiva não se vence por antecipação, diferido o seu pagamento até que ela se verifique.
>
> A situação de incerteza pode assim perdurar durante todo o curso do processo de falência. Reservados os rateios, ou a importância necessária, segundo a natureza do crédito, se, encerrada a falência, pender ainda a condição, não haverá outra solução diante do texto expresso da lei, senão o depósito do que corresponder ao crédito condicional.
>
> Dispersos os credores, com o encerramento da falência, ficam eles individualmente sub-rogados no direito ao recolhimento da quantia depositada, se falhar a condição.

---

[464] Art. 77. A decretação da falência determina o vencimento antecipado das dívidas do devedor e dos sócios ilimitada e solidariamente responsáveis, com o abatimento proporcional dos juros, e converte todos os créditos em moeda estrangeira para a moeda do País, pelo câmbio do dia da decisão judicial, para todos os efeitos desta Lei.

[465] Ressalta-se, contudo, que há hipóteses nas quais a *exigibilidade* da dívida não decorre do vencimento, *i.e.*, dizem respeito à precedência da *exigibilidade* quanto ao vencimento, e não o contrário.

[466] Tanto é assim, que o artigo 333 do Código Civil que trata do vencimento antecipado somente se refere "às dívidas antes de vencido o prazo", sendo silente a respeito das condicionais.

[467] VALVERDE, Trajano de Miranda. *Comentários à lei de falências*. 4. ed. Rio de Janeiro: Forense, 1999. p. 226. v. 1.

Todavia, se, durante a falência, a impossibilidade da realização do evento se torna patente, deve a condição ser havida como não verificada.

(...)

Verificada a condição suspensiva, o negócio jurídico é havido como produzido do todos os seus efeitos desde o momento em que se formou[468].

Apesar de esse dispositivo legal não ter sido reproduzido na Lei n. 11.101/05, a solução da lei antiga, como se viu, ainda é compatível com o crédito condicional, razão pela qual o expectante, como credor de um *direito expectativo*, pode habilitar seu crédito na falência, podendo, assim, valer-se das medidas assecuratórias que não resultem *execução* de seu direito, as quais estão previstas nos arts. 129 e 120 da referida lei.

Embora a Lei de Falências e Recuperações de Empresas se refira somente à *ação revocatória*, há duas medidas que poderão ser manejadas contra atos em fraude contra credores (sobre o assunto ver também item 1.3.1. do capítulo 2) em concurso falencial: a *ação declaratória de ineficácia relativa falencial* e a *ação revocatória falencial*[469]. Compartilham, entretanto, do mesmo tratamento legislativo no que se refere à *legitimação ativa* e ao *procedimento* (art. 134). A diferença principal diz respeito aos seus fundamentos e pressupostos. A primeira tem como base legal o art. 129 da referida lei, e objetiva declarar a ineficácia relativamente à massa falida, que é automática, dos atos ali elencados. Para tanto, não é necessária a prova de conluio fraudulento, de ciência da fraude pelo beneficiário e do evento danoso. A segunda refere-se ao art. 130 da Lei 11.101/05, que visa a revogar os atos praticados com a intenção de prejudicar os credores. Para a hipótese, a própria lei determina que será necessário provar o conluio fraudulento entre devedor e terceiro e o efetivo prejuízo dos credores.

A eficácia da sentença de procedência da ação do art. 129 da Lei de Falências e Recuperações de Empresa alcança somente os credores habilitados, não beneficiando terceiros. Note-se que a simples composição do suporte fático resulta ineficácia *ipso iure*, assim a sentença não constitui a ineficácia, mas, sim, constata a sua ocorrência.

Os efeitos da procedência da *ação revocatória* do art. 130 da Lei 11.101/05 também são relativos, *i.e.*, só afetam a massa de bens do devedor. Não há a

---

[468] *Ibidem*.
[469] MELLO, *op. cit.*, 2013 p. 262- ss; PONTES DE MIRANDA, *op. cit.*, t. IV. p. 612-618.

desconstituição do ato fraudulento, mas o ato acaba sendo modificado no elemento volitivo do suporte fático.

Por todo o exposto, conclui-se que o *expectante* poderá valer-se da *ação declaratória de ineficácia relativa falencial* e da *ação revocatória falencial* sempre que atendidos seus requisitos. São medidas que não têm *caráter exercitório*, beneficiam a massa como um todo, *i.e.*, não particularmente o *expectante*.

2. A proteção do expectado
2.1. Pagamento indevido durante a pendência da condição

Antes da realização da *condição-fato*, o "direito a crédito" ainda não é exigível, conforme determinação expressa do art. 332 do Código Civil[470], razão pela qual o expectante não pode exigir o pagamento da prestação condicional, sequer poderá opor compensação ou realizar atos executórios. Porém, dizer que essa obrigação não é exigível não significa que ela seja inválida e absolutamente ineficaz, já que, quando o art. 876 do Código Civil[471] atribui ao credor condicional a obrigação de restituir a prestação ou o seu valor que erradamente lhe foi realizado, permite-se que, em determinadas circunstâncias, o pagamento efetuado surta efeitos[472].

O fundamento da repetição do pagamento indevido é o princípio da conservação estática dos patrimônios[473], cujo significado é que "o valor dos bens e direitos atribuídos a alguém e dos bens e direitos gerados a partir desses bens e direitos já atribuídos deve permanecer, em princípio, no patrimônio desse alguém"[474]. O art. 876 do Código Civil refere-se ao instituto do pagamento indevido cujo suporte fático é composto por quatro elementos, a saber, (i) a *performance* de uma prestação indevida; (ii) o erro do *solvens*[475]; (iii) a voluntariedade do pagamento; (iv) ausência de motivo

---

[470] Art. 332: As obrigações condicionais cumprem-se na data do implemento da condição, cabendo ao credor a prova de que deste teve ciência o devedor.

[471] Art. 876. Todo aquele que recebeu o que lhe não era devido fica obrigado a restituir; obrigação que incumbe àquele que recebe dívida condicional antes de cumprida a condição.

[472] Sentido similar: SOUTULLO, *op. cit.*, p. 129. Newton de Lucca; Sálvio de Figueiredo (coord.). *Comentários ao novo código civil*. Rio de Janeiro: Forense, 2003. p. 77. v. 12.

[473] MICHELON JR., Cláudio. Miguel Reale e Judith Martins-Costa. (coords.). *Direito restituitório*. São Paulo: RT, 2007. p. 39.

[474] *Idem*, p. 29.

[475] Esse erro, porém, é inconfundível com o erro invalidante previsto na Parte Especial do Código Civil (arts. 138 a 144). O erro do pagamento é elemento do suporte fático de um ato não negocial, devendo ser entendido como "uma falsa representação mental da realidade que

legal que impeça a repetição do pagamento[476]. Assim, configurados tais requisitos, a imediata eficácia do pagamento indevido é o nascimento da obrigação de restituir[477].

Discute-se se o *erro* seria necessário para que ocorresse a repetição do pagamento da obrigação condicional. Pontes de Miranda entende que "se quem, pendente condição, solveu, ainda sem erro, pode repetir"[478]. Cláudio Michelon, por sua vez, adverte que não há razões para excluir o *erro* do suporte fático do pagamento indevido de dívida condicional, por inexistir essa ressalva na lei[479]. Adverte que "o erro é uma forma de pré-exclusão da gratuidade, sem a qual a prestação pode ser entendida como possuindo *causa donandi*", e que nas situações de obrigação condicional, o simples fato do pagamento da dívida condicional, durante a pendência, leva a crer que, na ausência de circunstâncias excepcionais, não teria havido gratuidade[480].

Com efeito, não se encontra fundamento, no nosso sistema, para excluir o erro do suporte fático do pagamento indevido de obrigação condicional,

---

esteja causalmente conectada ao 'motivo jurídico da prestação'" (MARTINS-COSTA, Judith; HAICAL, Gustavo. Direito restituitório. Pagamento indevido e enriquecimento sem causa. Erro invalidante e erro elemento do pagamento indevido. Prescrição. Interrupção e *dies a quo*. *Revista dos Tribunais*, São Paulo, v. 956, p. 273, jun. 2015), assim, a finalidade do instituto é uma forma de "pré-excluir a gratuidade de uma prestação, já que, se a prestação foi praticada sem erro quanto à existência de uma dívida ou quanto à celebração de um contrato real, poder-se-ia inferir que houve ato de mera liberalidade do *solvens*" (MICHELON JR., *op. cit.*, p. 146). Já o erro invalidade é um erro como defeito na formação do negócio jurídico, que tem como finalidade "preservar a manifestação de vontade quando ela resulta de representação mental equivocada da realidade que não decorre de culpa (escusabilidade) ou que pudesse ser percebida por terceiro (recognoscibilidade)" (MICHELON JR., *op. cit.*, p. 146).

[476] MARTINS-COSTA; HAICAL, *op. cit.*, p. 275.

[477] *Idem*, p. 276.

[478] PONTES DE MIRANDA, *op. cit.*, p. 258-25 -, ressalte-se que o autor se limitou a concluir tal assertiva sem deixar explícita sua fundamentação. Contudo, ao examinar a condição, em outra obra, Pontes de Miranda afirma que "quando o que deve, ou dispôs sob condição, presta antes de se verificar a condição, pode repetir o que presto. Se sabia que a condição não se realizara, a repetição está excluída. Porém não se pode dizer, como E. Wagenführ (36), que haja, então, sempre, doação. Outra pode ter sido a causa de pagar (W. Holtz, *Der Schwebezustand*, 21); pode mesmo tratar-se de negócio jurídico abstrato (WAGENFÜHR, *op. cit,.* p. 199)".

[479] MICHELON JR., *op. cit.*, p. 141.

Autores há que, embora não exijam expressamente o erro, preveem a ausência de vontade como elemento do suporte fático do pagamento indevido, no caso de obrigações condicionais: RÁO, *op. cit.*, p. 331.

[480] MICHELON JR., *op. cit.*, p. 141.

não tendo o *expectado*, portanto, direito à repetição do pagamento quando não tenha incorrido em *erro*. O *erro*, nos casos de obrigações condicionais, diz respeito à *exigibilidade* da prestação. Ocorre, por exemplo, quando o devedor condicional acredita que a obrigação é pura e simples, quando desconhece que a obrigação se encontra condicionada, ou quando acredita erradamente que a *condição-fato* já se realizou.

Quando inexiste erro, o suporte fático do pagamento indevido não incidirá e, por consequência, não haverá direito à repetição do pagamento. Nessas circunstâncias, a melhor solução é aquela que busca a valoração da situação na própria intenção das partes[481]. De modo geral, três situações podem ser verificadas: (i) o devedor condicional agiu de má-fé[482]; (ii) as partes tacitamente transformaram a obrigação condicional em pura[483]; (iii) as partes anteciparam o pagamento como uma situação provisional, deixando o direito de restituição pendente de frustração da condição, *i.e.*, transformando condição suspensiva em resolutiva[484].

Além disso, nada impede que as partes tenham prévia e expressamente ajustado execução provisória[485], o que exclui o instituto do pagamento indevido, pois, nessa hipótese, a prestação é efetivamente devida, já que o "direito a crédito" se transforma em "direito de crédito".

Seja como for, caso a condição venha a realizar-se, após o *expectado* ter prestado erradamente e ausente qualquer convenção de execução prévia, também não haverá repetibilidade, porque se exclui a *causa donandi*. Nessas circunstâncias, desde o momento em que se adimpliu a condição tudo se passa como se tivesse nascido o crédito e tivesse sido satisfeito imediatamente[486].

2.2. Ação declaratória de inexigibilidade de débito

Como referido no item 1.1.1 deste capítulo, a ação declaratória diz respeito à declaração de que existe, ou não, determinada *relação jurídica*, de modo a eliminar a incerteza sobre sua existência. Contudo, não é uma medida exclusiva do *expectante*, podendo, igualmente, o *expectado* valer-se dela para

---

[481] DIEZ-PICAZO, *op. cit.*, p. 536.
[482] SOUTULLO, *op. cit.*, p. 138-139.
[483] DIEZ-PICAZO, *op. cit.*, p. 536.
[484] *Idem*.
[485] RÁO, *op. cit.*, p. 329.
[486] PONTES DE MIRANDA, *op. cit.*, t. V. p.199-200.

negar a existência de relação jurídica, ou da exigibilidade de seus efeitos. Pontes de Miranda elenca quais os princípios que regem esses as ações declaratórias negativas:

> (a) Tem de ser precisa e concretizável a relação jurídica de que se quer negada a existência, de modo que a negação seja suscetível de prova. (b) Se a demanda negativa apenas se refere à parte, ou efeito, de alguma relação jurídica, tem-se de provar a existência dessa relação, bem como é de exigir-se que a parte negada interesse ao litigante. (c) A relação jurídica tem de ser tal que, existindo alguma conduta do réu que cause prejuízo à esfera do autor, quanto a qualquer bem da vida (...) (d) O interesse já deve existir (...) e ainda existir no momento em que o juiz do primeiro grau da jurisdição profere a sentença (...) Se existiu e deixou de existir, mais ainda pode ser ou vir a ser relevante para o fundamento de pretensão atual, cabe a ação declarativa. (e) Em caso de dúvida, entende-se que a existência da relação jurídica, que se nega, seria lesiva ao autor, ou basta, como pressuposto, para a propositura da demanda[487].

O *expectado* pode, portanto, proteger-se manejando uma ação declaratória a fim de demonstrar que, embora exista a relação jurídica, seu débito não é ainda exigível. Assim, valer-se-á da ação declaratória de inexigibilidade de débito, espécie de ação declaratória negativa, que visa a declarar a inexistência de um débito atual.

Discutiu-se a exigibilidade de débito originário de contrato de subempreitada derivado de contrato de empreitada com administração pública[488], que estava condicionado ao recebimento do pagamento pelo empreiteiro no contrato de empreitada original. Mesmo não tendo ocorrido o evento condicional (pagamento pela administração pública), a expectante ingressou com protestos contra a *expectada*, que, por isso, ingressou com ação de inexigibilidade de débito. Em primeira instância, foi concedida a liminar de sustação de protesto, sendo, no mérito, julgada procedente a ação para declarar o débito inexigível até o advento da condição. Em segunda ins-

---

[487] PONTES DE MIRANDA, Francisco Cavalcanti. *Tratado das ações*. Campinas: Bookseller, 1998. p. 88-89. t. II.
[488] SÃO PAULO. Tribunal de Justiça. 34. Câmara de Direito Privado. *Apelação com Revisão n. 0122814-44.2005.8.26.0000*. Rel. Des. Irineu Pedrotti, julgado em 15 ago. 2007. São Paulo: Tribunal de Justiça, 2007. Vejam-se os itens 1 e 2.3.3 do Capítulo 1, no qual se discute se condições suspensivas como foram estipuladas nesse contrato são, ou não, condições em sentido estrito.

tância, porém, a ação foi julgada improcedente em razão da pura potestatividade da cláusula condicional.

Assim, andou bem o julgador da primeira instância, ao julgar procedente a ação de inexigibilidade do débito, afinal, existia interesse legítimo do *expectado* em reconhecer a inexigibilidade do crédito condicional.

3. A proteção de ambos os figurantes frente a condutas ilícitas

Desde a celebração do negócio condicional, as partes já se encontram vinculadas, *i.e.*, há relação obrigacional entre elas, de modo que, a rigor, os princípios próprios do Direito das Obrigações incidem desde então[489]. Criam-se *expectativas legítimas* de ambos os figurantes em relação ao correto desenvolvimento e adimplemento da relação obrigacional. A falta de certeza quanto à realização da *condição-fato* em nada interfere nas *expectativas* que as partes têm em relação ao negócio condicional celebrado. Expectam legitimamente que a realização, ou não, do evento condicional dependerá do curso natural dos acontecimentos, sem interferência das partes ou de terceiros.

Como em qualquer relação obrigacional, condutas ilícitas (arts. 186 e 187 do Código Civil[490]) não são admitidas pelo ordenamento jurídico. Especialmente em relação ao negócio condicional, nossa legislação civil, em seu art. 129 do Código Civil, previu sanções específicas para os casos em que há uma manipulação maliciosa das vicissitudes da condição: a primeira verifica-se quando o implemento da condição for maliciosamente obstado pela parte a quem a condição desfavorecer cuja consequência será o cumprimento fictício da condição, quanto aos seus efeitos. A segunda ocorre quando a condição é maliciosamente levada a efeito por aquele a

---

[489] Conforme Judith Martins-Costa, os princípios, no sistema do Código Civil, que justificam a vinculação obrigacional são os da autonomia privada (a que está ligado o princípio da autorresponsabilidade), da boa-fé e da confiança (MARTINS-COSTA, *op. cit.*, v. 5. t. II. p. 57). Ressalta-se, ainda, que, as condutas ilícitas perpetradas antes da celebração do negócio condicional estarão abarcadas pelo regime geral da responsabilidade pré-contratual. Este capítulo, contudo, tem o escopo de analisar as condutas ilícitas durante a pendência da condição, em razão de ser justamente a principal peculiaridade dos negócios sob condição suspensiva.

[490] Art. 186. Aquele que, por ação ou omissão voluntária, negligência ou imprudência, violar direito e causar dano a outrem, ainda que exclusivamente moral, comete ato ilícito.
Art. 187. Também comete ato ilícito o titular de um direito que, ao exercê-lo, excede manifestamente os limites impostos pelo seu fim econômico ou social, pela boa-fé ou pelos bons costumes.

quem aproveita o seu implemento cuja consequência será a não verificação fictícia da condição.

Nessas hipóteses, quando a interferência puder ser adjetivada como "maliciosa", haverá a incidência do art. 129 do Código Civil. Não que a violação à boa-fé dependa do elemento subjetivo (malícia), mas este a qualifica: nenhuma ação maliciosa será concorde ao *standard* da conduta segundo a boa-fé contratual. Aqui se vê a importância de entender que a regra do art. 129 tem eficácia autônoma em relação ao princípio da boa-fé objetiva, de modo que a atuação da boa-fé circunscreve-se à interpretação menos rigorosa do vocábulo *maliciosamente*. O que, destaque-se não significa que a *boa-fé objetiva* não incida no período da pendência, mas que, para a específica situação de manipulação maliciosa da vicissitude da condição, uma consequência específica foi escolhida pelo legislador[491].

Ressalta-se, todavia, que as condutas ilícitas perpetradas nos negócios condicionais não têm como consequência exclusiva o efeito fictício do art. 129. Podem, como se verá, dar ensejo à incidência exclusiva do regime geral de responsabilidade civil (art. 927 do Código Civil) cujo fundamento será a própria ilicitude da conduta, o qual, ainda, pode ser cumulado com o efeito do art. 129.

3.1. Vicissitude fictícia da condição (art. 129 do Código Civil)

O cumprimento da *condição-fato*, a rigor, segue o caminho ordinário e natural dos acontecimentos[492]. Se esse curso natural é violado, por uma ação positiva ou negativa maliciosa de quem se aproveite do resultado, haverá uma vicissitude fictícia da condição, sempre, logicamente, no sentido oposto ao querido pelo figurante manipulador. A doutrina brasileira costuma buscar o fundamento do art. 129 do Código Civil tanto na tutela da boa-fé contratual – da parte inocente – quanto no princípio da responsabilidade civil[493].

---

[491] Como exemplo, cogite-se de uma alienação societária sujeita à condição suspensiva, mas em virtude da qual as partes têm ciência de segredos industriais da sociedade alienada. É plenamente eficaz, desde logo, o dever de sigilo, dever decorrente da *boa-fé objetiva*.
[492] VELOSO, Zeno. *Condição, termo e encargo*, São Paulo: Malheiros, 1997, p. 63.
[493] Entendem que o fundamento está no princípio da responsabilidade: RODRIGUES, *op. cit.*, v. 1. p. 252; CARVALHO SANTOS, *op. cit.*, v. 3. p. 78. Reputando a boa-fé objetiva como substrato da norma: TEPEDINO; BARBOZA; MORAES, *op. cit.*, v. 1. p. 262. Em sentido diverso, reconhece

A lógica delineada pela doutrina é que, por força de uma presunção[494], o figurante prejudicado será reparado de um modo especial e, na maioria das vezes, mediante mecanismo mais benéfico, *i.e.*, em seu favor e, ao mesmo tempo, em desfavor do manipulador, a incerteza do evento é dissipada[495]. Entendem, portanto, que a legislação brasileira criou uma hipótese de *reparação específica*, afastando-se do regime geral de responsabilidade civil.

Nesse contexto, remanesce a dúvida sobre a razão pela qual não se aplicaria o regime geral da responsabilidade civil às hipóteses em análise. Sobre o assunto, Pontes de Miranda suscitou um ponto que foi, de certa forma, ignorado por outros, a saber, que a vicissitude fictícia evita que o figurante manipulador seja, de qualquer modo, beneficiado pela sua conduta ilícita[496]. Figure-se o seguinte exemplo suscitado pelo jurista:

> (...) o empregador estabelece que, findos cinco anos de trabalho efetivo na empresa, tem o empregado participação nos lucros, e maliciosamente (= para evitar que o tempo se complete; ou para evitar incidência de lei nova de aumento), despede, sem justa causa, o empregado[497].

Nessa hipótese, o regime geral de responsabilidade civil poderá, na visão do autor, não ser o mais efetivo para coibir a conduta maliciosa do figurante, já que o valor da indenização poderá ser menor do que o valor da contraprestação originária da realização da condição. Desse modo, o cerne do art. 129 do Código Civil está justamente no desestímulo do ato voluntário capaz de obstar ou fazer realizar a condição em proveito próprio[498].

---

que a razão está na vedação à fraude: WALD, Arnoldo. *Direito civil*: introdução e parte geral. 11.ed. São Paulo: Saraiva, 2009. p. 236. v.1.

[494] ESPÍNOLA, *op. cit.*, v. 3. p. 490.

[495] Sentido similar é o exposto por Espínola, ao tratar do artigo 120 do Código Civil de 1916, cuja redação é similar à do art. 129 do Código Civil atual: "O fundamento da regra aceita pelo legislador pátrio está em que a malícia do devedor, acarretando a sua responsabilidade pelos danos (sic) que proporcione ao credor, supre a falta do elemento requerido para que o contrato (sic) desenvolva a eficácia (sic) decorrente da declaração de vontade" (*Idem*).

[496] PONTES DE MIRANDA, *op. cit.*, t. V. p. 227-228. No direito espanhol: SOUTULLO, *op. cit.*, p. 151-152, que encontra esse fundamento mediante uma análise histórica da ficção do cumprimento, remetendo-se ao Direito romano. Ambos autores, contudo, parecem encontrar nas normas sobre ficção da condição um duplo fundamento: ressarcitório e sancionatório.

[497] PONTES DE MIRANDA, *op. cit.*, t. V. p. 227-228.

[498] TEPEDINO; BARBOZA; MORAES, *op. cit.*, v.1. p. 261; MARTINS-COSTA, Judith. Contrato de cessão e transferência de quotas. Acordo de sócios. Pactuação de parcela variável do preço

De fato, o figurante manipulador está a exercer uma conduta ilícita que invariavelmente prejudica um *interesse legítimo* do figurante inocente[499], razão pela qual sequer precisou o legislador incluir o elemento dano no suporte fático, uma vez que a conduta manipuladora sempre implicará prejuízo ao inocente; afinal, restará comprometido o interesse legítimo de que o cumprimento da condição seguirá o curso normal e ordinário dos acontecimentos. De qualquer forma, na ausência do art. 129 do Código Civil, o prejudicado seria tutelado pelas regras gerais de ressarcimento das perdas e danos previsto nos arts. 186 e 187 do Código Civil.

O art. 129 do Código Civil, nesse contexto, atua como uma *baliza de licitude*, que impõe vedações ao exercício inadmissível de posições jurídicas, agindo como *norma de eficácia* uma vez que, de modo fictício, determina a produção, ou não, dos *efeitos condicionados* do negócio condicional, com a finalidade de que o figurante manipulador não se aproveite de sua própria torpeza. Por outros termos, evita-se que, mediante uma *conduta ilícita*, a parte manipuladora possa alterar o curso natural dos acontecimentos e lograr assim um benefício próprio. Além disso, atua como uma espécie de reparação específica do dano ao interesse legítimo da parte inocente, uma vez que, ocorrendo a vicissitude, invariavelmente tal interesse estará sendo violado.

Acredita-se, portanto, que a norma em comento tem *dupla finalidade:* sancionar a conduta ilegítima da parte manipuladora, e, mediante a eliminação da incerteza do evento[500], ressarcir a contraparte cujo *interesse legítimo* restou prejudicado[501]. Assim, a expressão "sanção de responsabilidade" parece melhor exprimir o fundamento do art. 129 do Código Civil do que "reparação específica", usualmente utilizada pela doutrina brasileira[502].

---

contratual denominada "earn out". Características e função ("causa objetiva") do *earn out*. *Revista de Arbitragem e Mediação*, São Paulo, v. 42, p. 15, jul./set. 2014.

[499] Segundo Clóvis do Couto e Silva, os interesses indenizáveis são aqueles tutelados pela ordem jurídica. (O conceito de dano no direito brasileiro e comparado. *Revista dos Tribunais*. São Paulo: RT, v. 667. mai. 1991, p. 7-16). Registra-se, porém, uma noção moderna no sentido de que a reparação não se restringe ao interesse jurídico tutelado, mas abrange qualquer interesse que não seja proibido pela ordem jurídica. Nessa linha: SANSEVERINO, Paulo de Tarso Vieira. *Princípio da Reparação Integral*. São Paulo: Saraiva, 2010. p. 144-145.

[500] RIBEIRO, *op. cit.*, p. 348. MARTINS-COSTA, *op. cit.*, 2014, p. 15.

[501] SOUTULLO, *op. cit.*, p. 178.

[502] Esclarece-se que não encontramos o fundamento do art. 129 do Código Civil no "dever" de mitigar o dano, o qual, na visão de Judith Martins-Costa, se consubstancia em uma figura

Conquanto o legislador brasileiro tenha redigido minuciosamente o suporte fático de incidência do art. 129 do Código Civil – principalmente se comparado com a redação da legislação de ordenamentos estrangeiros[503] – alguns problemas podem surgir, cuja tentativa de solução será objeto de análise nos próximos itens.

A maioria dos autores brasileiros exige o *dolo* da conduta do figurante manipulador como elemento do suporte fático do art. 129 do Código Civil em razão da expressão "maliciosamente" empregada pelo legislador civil[504]. Registre-se, porém, importante opinião de Gustavo Tepedino, Heloísa Helena Barboza e Maria Celina Bodin de Moares que amplia o conceito do vocábulo "maliciosamente", para abranger toda a atuação voluntária para o fim reprovado pelo ordenamento jurídico (manipulação do evento condicional), sendo dispensável a presença do *dolo*. Fundamentam essa conclusão na incidência da boa-fé objetiva, pois por meio dela exige-se um comportamento pró-ativo de cooperação da parte do credor, de modo

---

entre o ônus jurídico e o dever de proteção por meio do qual "a parte que alega ter ocorrido o descumprimento do contrato deve tomar todas as medidas plausíveis para mitigar o dano sofrido, não agravando a situação do devedor" (MARTINS-COSTA, Judith. *op. cit.*, 2015, p. 554). Por meio de tal instituto o devedor poderá pleitear a redução do ressarcimento devido, em proporção equivalente ao valor do prejuízo que poderia ter sido mitigado pelo credor. No caso do art. 129 do Código Civil, como já adiantado, o fundamento primordial é justamente sancionar a conduta maliciosa do manipulador e, consequentemente, ressarcir o prejudicado. Há, a rigor, uma solução legislativa própria para a conduta ilícita do manipulador, razão pela qual não se torna necessário recorrer a uma figura jurídica cuja aplicação no Direito brasileiro requer extrema prudência.

[503] Veja-se que nos seguintes dispositivos legais estrangeiros não houve menção ao elemento *dolo* nem à vicissitude da conduta ilegítima da parte expectante. Código Civil espanhol, art. 1.119 do: "Se tendrá por cumplida la condición cuando el obligado impiediesse voluntariamente su cumplimento". Código Civil italiano, art. 1.359: "Avveramento della condizione: La condizione si considera avverata qualora sia mancata per causa imputabile alla parte che aveva interesse contrario all'avveramento di essa" ("A verificação da condição: a condição se considera verificada se for obstada por razões imputáveis à parte que tinha um interesse contrário ao da ocorrência do mesmo" (tradução livre)); Código Civil francês, art. 1.178: "La condition est réputée accomplie lorsque c'est le débiteur, obligé sous cette condition, qui en a empêché l'accomplissement" ("A condição será considerada cumprida quando o devedor, obrigado sob esta condição, foi quem impediu a sua realização" (tradução livre)).

[504] Exigindo *dolo* ao suporte fático: RÁO, *op.cit.*, p. 343; PEREIRA, *op. cit.*, v. 1. p. 472; BEVILAQUA, *op. cit.*, v.1. p. 366; RIBEIRO, *op. cit.*, p. 347; PONTES DE MIRANDA, *op. cit.*, t. V. p. 227-228; RODRIGUES, *op. cit.*, v. 1. p. 252; VENOSA, *op. cit.*, v. 1. p. 529; VILLAÇA, *op. cit.*, p. 148; ESPÍNOLA, *op. cit.*, p. 489.

que aquele que não colabora com o dever para o adimplemento da obrigação viola dever contratual, por afronta ao princípio em questão[505]. Assim, concluem que:

> [a]o interferir na relação obrigacional (mediante ato voluntário que lhe seja imputável) no sentido de impedir o implemento da condição que lhe desfavorecia, age culposamente; e eis o bastante para que o ordenamento considere a condição verificada[506].

Com efeito, essa parece ser a solução mais condizente com o Código Civil de 2002, dado que a ilicitude no modo de exercício do direito conferido pela condição, na forma do art. 187 do Código Civil, é compatível com as consequências previstas no art. 129 do Código Civil. Exemplo, por conseguinte, de um exercício *manifestamente* contrário à boa-fé. Nesse sentido, o advérbio "maliciosamente" incluiria tanto a conduta dolosa quanto aquela frontalmente contrária ao padrão da boa-fé objetiva. A malícia seria presumida em face de uma disjunção frontal evidente entre o comportamento devido e aquele exercido pela parte manipuladora, pois a ilicitude prevista no art. 187 do Código Civil é aquela que decorre do exercício irregular, disfuncional ou abusivo.

Vale mencionar que a jurisprudência brasileira vem utilizando a ausência, ou não, de justificativas da conduta do manipulador como parâmetro de incidência do art. 129 do Código Civil. Isto é, se a conduta que obsta (ou a que força) a realização da condição não se revestir de nenhuma justificativa[507], a consequência do art. 129 do Código Civil é reconhecida. O que acontece, portanto, é uma presunção de malícia do figurante manipulador, já que ele deverá provar a pertinência de sua conduta.

---

[505] TEPEDINO; BARBOZA; MORAES, *op. cit.*, v. 1. p. 262. Registre-se que Orlando Gomes também não exige dolo para incidência do suporte fático do artigo em questão, embora não deixe claro qual o fundamento para tanto (GOMES, *op. cit.*, p. 355).

[506] TEPEDINO; BARBOZA; MORAES, *op. cit.*, v. 1. p. 262.

[507] SÃO PAULO. Tribunal de Justiça. 34. Câmara de Direito Privado. *Apelação com Revisão n. 922.895-0/4.* Rel. Des. Irineu Pedrotti, julgado em 15 ago.2007. São Paulo: Tribunal de Justiça, 2007; SÃO PAULO. Tribunal de Justiça. 21. Câmara de Direito Privado. *Apelação Cível n. 0260355-74.2009.8.26.0002.* Rel. Des. Itamar Gaino, julgado em 20 jun. 2012. São Paulo: Tribunal de Justiça, 2012; SÃO PAULO: Tribunal de Justiça. 14. Câmara de Direito Privado. *Apelação Cível n. 7.000.358-8.* Rel. Des. Itam Hamid Bdine, julgado em 05 maio 2006. São Paulo: Tribunal de Justiça, 2006.

A aplicação do efeito fictício sofre algumas restrições quanto às espécies de condição. Em princípio, não incide quando as condições são *simplesmente potestativas* dado que, nessas hipóteses, o poder de escolha acerca da realização da *condição-fato* é uma faculdade atribuída ao figurante, circunscrevendo-se ao âmbito de seu exercício legítimo, não havendo, portanto, razões para ser sancionada[508]. Contudo, a assertiva comporta exceções. Como se sabe, a condição simplesmente potestativa é aquela que depende da vontade do figurante em razão de interesses apreciáveis. Se alguém se obriga, para o caso de vender um imóvel dentro de certo prazo, a dar ao outro figurante parte do que recebeu pela venda e, surgindo um interessado em comprar durante o prazo, o comprador maliciosamente retarda a venda para depois do prazo da condição, a aplicação do art. 129 do Código Civil seria cabível[509].

Também a consequência do art. 129 do Código Civil é incompatível com as *conditio iuris*[510] e com as que subordinam algum elemento de eficácia ou validade do contrato (que, do ponto de vista que aqui se assume, podem ser-lhes aplicado o regime condicional, ver item 2.1.2 do Capítulo 1). Logicamente, o regime condicional foi construído levando em conta *condição em sentido próprio*. Assim, quando a lei exige um requisito para eficácia ou validade do negócio, o seu cumprimento deve ser realizado efetivamente, *i.e.*, no mundo dos fatos, já que os elementos de validade e eficácia do contrato não podem ser virtuais.

Outra situação poderá acontecer: quando o figurante efetivamente se obrigou a promover o ato necessário à eficácia ou à validade do negócio jurídico. Note-se que essa obrigação de promover (obrigação de fazer) não está a depender de nenhuma *condição-fato*; pelo contrário, derivando da autonomia das partes, ela se caracteriza como um *dever* exigível e certo, cuja função é justamente dar efetividade a uma situação que pode dar ensejo ao evento condicional[511]. Assim, caso o obrigado maliciosamente não rea-

---

[508] Nesse sentido: RIBEIRO, *op. cit.*, p. 346/347; RÁO, *op. cit.*, p. 344; VILLAÇA, *op. cit.*, p. 148.
[509] Sentido similar, SOUTULLO, *op. cit.*, p. 154, referindo ainda a opinião de Diez-Picazo; PINTO COELHO, *op. cit.*, p. 420.
[510] Não se aplica à *conditio iuris*: PONTES DE MIRANDA, *op. cit.*, t. V. p. 227; AMARAL, *op. cit.*, 2014, p. 521.
[511] Francesco Galgano entende que não será, a rigor, condição o evento que seja uma obrigação das partes. Para ele, nesses casos se aplica o regime do inadimplemento das obrigações (GALGANO, *op. cit.*, p. 166).

lizar esse ato necessário à *condição-fato*, o outro figurante poderá valer-se da *execução coativa* (Código de Processo Civil,, arts. 778 a 823), sempre que a obrigação de fazer não seja personalíssima[512].

Portanto, sendo atribuído ao art. 129 do Código Civil um caráter preponderantemente sancionatório da conduta ilícita, o efeito fictício ocorrerá quando a parte agiu maliciosamente (vocábulo que deve ser entendido numa noção abrangente, incluindo culpa grave), a fim de manipular a verificação, ou não, da *condição-fato*, desde que a condição não seja simplesmente potestativa – há exceções a essa restrição – nem seja condição que envolva algum elemento de eficácia ou validade.

3.2. Remédio ressarcitório

O posicionamento segundo o qual o art. 129 do Código Civil não se reveste primariamente de caráter ressarcitório não se contrapõe ao reconhecimento de tutela para outras situações que envolvem condutas ilícitas perpetradas durante a pendência. Havendo os requisitos do dever de indenizar, o agente causador do dano responderá pelos prejuízos causados[513]. Desse modo, ocorrendo uma conduta dolosa ou culposa, dano e nexo de causalidade, a parte prejudicada será ressarcida conforme a regra geral de responsabilidade civil (art. 927 do Código Civil[514]). A sua responsabilidade será contratual uma vez que o negócio condicional já se encontra concluído, estando somente suspensos os seus *efeitos condicionados*.

Além disso, algumas questões peculiares se apresentam. Percebe-se, sem dificuldade, que a situação fática do art. 129 do Código Civil também pode acarretar dever de indenizar o figurante manipulador, pois há violação de um *interesse juridicamente tutelado*. Em princípio, a consequência do art. 129 do Código Civil poderá ser suficiente para ressarcir o figu-

---

[512] Sobre o adimplemento e execução coativa ver: MARTINS-COSTA, *op. cit.*, v. 5. t. I. p. 124.

[513] A doutrina brasileira (que encontra o fundamento da norma no caráter indenizatório) exige os seguintes requisitos para a incidência do artigo 129 do Código Civil: Nexo de causalidade entre a conduta maliciosa e o impedimento ou cumprimento da condição (PONTES DE MIRANDA, *op. cit.*, t. V. p. 227; LOTUFO, *op. cit.*, p. 363). Assim, se a vicissitude concreta da condição decorreu de força maior não haverá razões para a incidência do art. 129 do Código Civil (RÁO, *op. cit.*, p. 344). Além disso, quanto ao ônus da prova, aquele que afirma o nexo causal ou a malícia é incumbido de provar a alegação (RÁO, *op. cit.*, p. 344; PONTES DE MIRANDA, *op. cit.*, t. V. p. 227; LOTUFO, *op. cit.*, p. 363).

[514] Art. 927. Aquele que, por ato ilícito (arts. 186 e 187), causar dano a outrem, fica obrigado a repará-lo.

rante prejudicado. Pode ocorrer, por outro lado, que a parte prejudicada não tenha mais interesse quanto à realização dos *efeitos condicionados*, de modo que a indenização por perdas e danos será a consequência mais condizente com os seus interesses. Normalmente é o que ocorre quando a *condição-fato* é um motivo tornado relevante em benefício somente da parte inocente. Figure-se, a título exemplificativo, a hipótese segundo a qual se convencionou como *condição-fato* a concessão de licença de edificar em terreno, que é objeto de compra e venda. Nessa proposição, mesmo havendo uma conduta maliciosa que impeça o cumprimento da condição (concessão da licença) pode acontecer que a consequência do art. 129 do Código Civil não seja mais do interesse do prejudicado, já que, impossibilitado de realizar a obra ou edificação por ele pretendida, não haverá mais interesse no cumprimento do contrato por parte do inocente. A solução mais harmônica seria a imputação ao figurante manipulador do dever de indenizar os prejuízos causados àquele[515], se assim o figurante inocente preferir.

Questão complexa diz respeito à delimitação de como a indenização opera nessas situações, uma vez que a conduta danosa ocorre no período de pendência, em que não há um direito ainda exigível. Nesse momento já se ultrapassou a fase pré-contratual, mas ainda a fase executória não começou, nem se sabe se chegará à sua completude. Não há, a rigor, um descumprimento do dever de prestar, pois o direito correlato não é ainda exigível nem certo. Quando, porém, houver "malícia", incidindo a consequência do art. 129 do Código Civil, a ficção transformará o *direito expectativo* em direito exigível e certo. Por outros termos, a incerteza quanto à exigibilidade do direito é dissipada. Assim, no caso do exemplo referido, a prestação tornou-se inútil aos interesses do credor, configurando hipótese de *inadimplemento definitivo*[516], abrangendo, portanto, o *interesse positivo*[517].

---

[515] Sentido similar: SOUTULLO, *op. cit.*, p. 154.
[516] Conforme leciona Judith Martins-Costa, o adimplemento deve ser satisfativo, tendo como atributos a licitude, a possibilidade, a utilidade para o credor, a determinabilidade do seu objeto, a pontualidade, a exatidão e a definitividade. O descumprindo de uma dessas características, em regra, provoca o inadimplemento (MARTINS-COSTA, Judith; TEIXEIRA, Sálvio de Figueiredo (coord.). *Comentários ao novo Código Civil*. 2. ed. Rio de Janeiro: Forense, 2005. t. I. p. 98).

Situação diversa é aquela em que a ficção não incide (*e.g.* quando houve somente culpa leve do figurante), dado que remanesceria a incerteza da superveniência da exigibilidade do direito. Nesses casos, a própria probabilidade da chance de o direito expectado vir a tornar-se exigível se tornou impossível em razão da conduta manipuladora. Portanto, havendo a certeza da probabilidade de aquisição do direito, a perda da chance de conseguir esse resultado favorável deve ser indenizada[518].

3.3. Condutas ilícitas praticadas por atividade de terceiro

O cumprimento da condição também pode ser impedido ou promovido artificialmente por terceiro alheio à relação obrigacional do negócio condicional. Parece não haver dúvidas de que o art. 129 do Código Civil é compatível com a situação pela qual o próprio figurante do contrato condicional induz terceiro a interferir na ocorrência da condição (cumprimento ou descumprimento), para se beneficiar[519]. Se porventura o terceiro estiver consciente de que, com sua colaboração, causou prejuízo a direito alheio, será responsável extracontratualmente pelos prejuízos causados[520], sem prejuízo da incidência do art. 129 do Código Civil.

Essa conclusão está em consonância com a *doutrina do terceiro cúmplice*, segundo a qual é possível responsabilizar extracontratualmente aquele que induziu o devedor a não cumprir o contrato, ou facilitou-lhe o incum-

---

[517] Interesse positivo é, nas palavras de Gisela Sampaio da Cruz, "o que resulta, para o credor, do cumprimento exato do contrato (...). Abarca o interesse positivo não só o equivalente da prestação em sua dupla face — dano emergente e lucro cessante—, como também a reparação dos prejuízos restantes provenientes da inexecução, de modo a colocar o credor na situação em que estaria tal como se a obrigação tivesse sido cumprido" (CRUZ, Gisela Sampaio da. *Lucros cessantes:* do bom-senso ao postulado normativo da razoabilidade. São Paulo: RT, 2011. p. 126).

[518] Neste caso, surge ainda outra tormentosa dificuldade, própria do instituto, que é a questão de se saber como a perda de uma chance deve ser calculada, o que às vezes leva o julgador a refutar a indenização, especialmente nos casos em que não dispõe de um critério matemático seguro para aferir o valor da chance perdida. Sobre o escopo da perda de uma chance, Paulo de Tarso Vieira Sanseverino, sinteticamente, afirma que: "[o] importante, para o reconhecimento da chance perdida, é a certeza da probabilidade, pois pode-se estabelecer, mediante a formulação de um juízo concreto de verossimilhança, que o fato futuro era fortemente provável ou plausível e que, com o evento danoso, frustrou-se uma chance considerável, e não meramente eventual" (SANSEVERINO, *op. cit.*, p. 171). Sobre o assunto ver: SILVA, Rafael Peteffi. *Responsabilidade civil pela perda de uma chance*. 3.ed. São Paulo: Atlas, 2013.

[519] ALVES, *op. cit.*, 1957, p. 208.

[520] SOUTULLO, *op. cit.*, p. 166.

primento, ou com ele celebrou contrato incompatível com obrigação preexistente[521]. A tutela externa do crédito é tratada com precisão por Pietro Perlingieri, para quem o crédito é um bem, logo, um interesse juridicamente protegido e, portanto, deve ser respeitado por todos, concluindo assim que "(...) se o comportamento do sujeito é lesivo de uma situação juridicamente relevante (absoluta ou relativa) de maneira a provocar um dano injusto, não há motivo de excluir a responsabilidade de quem provocou a lesão".[522]

Teresa Negreiros demonstra a compatibilidade de tal teoria com o direito brasileiro, encontrando seu fundamento nas figuras do abuso do direito e da função social. Explica que, nessas hipóteses, o terceiro teria exercido sua liberdade de contratar em desacordo com a função social do contrato, "na medida em que tal liberdade resultou na violação de um direito de crédito alheio, de cuja existência tivera conhecimento prévio"[523].

Se a vicissitude condicional foi realizada pelo terceiro, sem conluio com a parte beneficiada do negócio condicional, não incide o art. 129 do Código Civil, afinal não há conduta ilegítima da contraparte para os fins do artigo referido. Contudo, independentemente do conluio, o terceiro poderá eventualmente ser responsabilizado extracontratualmente, somente quando o

---

[521] MARTINS-COSTA, Judith. Le contrat et les tiers au Brésil. *Journees Panameenes de l'Association Henri Capitant des amis de la culture juridique française*. maio 2015. Disponível em: <http://www.henricapitant.org/sites/default/files/Br%C3%A9sil_5.pdf>. Acesso em 29 jul. 2015.
[522] PERLINGIERI, *op. cit.*, 2007, p. 142.
[523] NEGREIROS, Teresa. *Teoria do contrato:* novos paradigmas. Rio de Janeiro: Renovar, 2002. p. 248-249. Judith Martins-Costa também fundamenta a doutrina do terceiro cúmplice na vedação ao abuso de direito (art. 187 do Código Civil). Ressalta que para os fins de se conceituar a ilicitude, no Direito brasileiro, não há separação entre ilicitude civil e rejeição do abuso de direito. Assim, em seu entendimento: "dans le système brésilien, l'exercice abusif des droits et des positions juridiques et l'atteinte coupable au droit d'autrui sont équivalents dans la qualification (tous les deux constituent des cas d'illicité civile), et quant à la principale conséquence attendue, s'il y a dommage et lien causal, tous les deux conduisent à l'obligation de réparation, dans les termes du dispositif initial de l'art. 927 du Code civil" (tradução livre: "no sistema brasileiro, o exercício abusivo dos direitos e posições jurídicas e a violação culposa de direito alheio são equiparados na qualificação (ambos constituem casos de ilicitude civil) e no que se refere à principal consequência ensejada: havendo dano e nexo causal, ambos conduzem à obrigação de reparar, nos termos do art. 927, *caput*, do Código Civil" (MARTINS-COSTA, *op. cit.*, 2015, [s.p]).

direito *expectativo* for absoluto[524] e os demais requisitos do dever de indenizar estejam presentes.

Ressalta-se, no entanto, que, se a vicissitude condicional depender efetivamente de atitude de terceiro (ex. concessão de licença a ser deferida pela administração pública), o regime da responsabilidade não incidirá, justamente pela legitimidade da sua conduta em relação à *condição-fato*.

Além disso, segundo Pontes de Miranda, se o terceiro, durante a pendência, danificar o objeto do direito real condicional, pode o *expectante* propor ação pelo ilícito absoluto[525], assim como pode se sub-rogar nas ações propostas pelo *expectado*[526].

Por todo o exposto, conclui-se que, havendo conluio entre terceiro e contratante beneficiado pela vicissitude manipulada, certo é que o art. 129 do Código Civil incidirá e que o terceiro responderá pelo *ilícito absoluto*. Por fim, se o terceiro danificar o objeto da prestação, poderá o *expectado* ingressar com ação pelo ilícito absoluto, se a condição se verificar.

Analisada a proteção dos figurantes durante a pendência, cumpre, agora, examinar as modificações sofridas pela coisa devida durante esse mesmo período da relação contratual, cujo enfoque recairá nas seguintes modificações: impossibilidades, deterioração, melhorias e atos de disposição sobre a coisa devida.

---

[524] Pontes de Miranda afirma que "[c]ontra terceiro, que, durante a suspensão, dane objeto do direito real condicionado, pode ser proposta, se os pressupostos se satisfazem, ação de indenização pelo ilícito absoluto" (PONTES DE MIRANDA, *op. cit.*, t. V. p. 236). Autores há que admitem a responsabilidade do terceiro, sem atuar em conluio com a contraparte, mas não especificam se seria necessário que o direito do expectante fosse real, ou não: SOULUTTO, *op. cit.*, p. 168; RÁO, *op. cit.*, p. 332.
[525] PONTES DE MIRANDA, *op. cit.*, t. V. p. 227.
[526] Ver item 2 do Capítulo 3.

Capítulo 3
Modificações Sofridas pela Coisa Devida Durante o Período de Pendência da Condição

Premissas: (ir)retroatividade da condição
Quando a *condição-fato* se verifica, não há dúvida de que os *efeitos condicionados* do negócio jurídico passaram a fluir plenamente. A partir desse momento, como dito, a obrigação torna-se pura e, por consequência, fica submetida ao regime geral dessa espécie de obrigação. Surge, porém, o problema de se determinar como atuam esses *efeitos* outrora condicionados, *i.e.*, se retroagem à data da celebração do negócio (*efeito ex tunc*) ou se fluem tão somente a partir do instante em que *condição-fato* ocorreu (*efeito ex nunc*). A depender de qual posição for adotada, as modificações sofridas pela coisa devida durante a pendência (*i.e.* impossibilidades, deteriorações e melhorias) sofrem consequências jurídicas diversas.

A fim de evitar desnecessária repetição de estudos já realizados[527], propõe-se sinteticamente referir à visão geral sobre o assunto, para, subsequentemente, se verificar como opera a *(ir)retroatividade* dos efeitos em cada uma das modificações sofridas pela coisa durante o período de pendência.

Esclarece-se que não existem sistemas absolutos sobre a matéria[528], seja quanto à irretroatividade seja quanto à retroatividade dos efeitos da

---

[527] Os estudos mais aprofundados sobre o tema no Brasil são, entre outros: AMARAL, *op. cit.*, 1984; RODRIGUES, Sílvio. Da retroatividade e da irretroatividade das condições. *Revista dos Tribunais*, São Paulo, v. 296, p. 21- ss, jun. 1960.
[528] Existem dois sistemas paradigmas sobre o tema: o francês e o germânico. O primeiro diz respeito à *retroatividade da condição*, que, por disposição legal, foi determinado que a condição

condição. Por outros termos, em nenhum deles a integralidade dos *efeitos condicionados* direcionar-se-á a somente um sentido – *ex tunc* ou *ex nunc* -,

realizada tem efeito retroativo ao dia em que foi celebrado o negócio condicional (Código Civil francês, art. 1.179: *La condition accomplie a un effet rétroactif au jour auquel engagement a été contracté.* "A realização da condição tem efeito retroativo à data da celebração do negócio" (tradução livre)), tendo influenciado os sistemas do Direito Italiano, (Código Civil italiano, art. 646: *Retroattività della condizione. L'adempimento della condizione ha effetto retroattivo (1360); ma l'erede o il legatario, nel caso di condizione risolutiva, non è tenuto a restituire i frutti (820) se non dal giorno in cui la condizione si è verificata. L'azione per la restituzione dei frutti si prescrive in cinque anni (2941 e seguenti)*: "O cumprimento da condição tem efeito retroativo (1360); mas o herdeiro ou legatário, no caso de condição resolutiva, não é obrigado a devolver os frutos (820) senão a partir da data em que a condição ocorreu. A ação para o retorno dos frutos caducará cinco anos após (2941 e seguintes)" (tradução livre); e art. 1.360: *Retroattività della condizione. Gli effetti dell'avveramento della condizione retroagiscono al tempo in cui è stato concluso il contratto, salvo che, per volontà delle parti o per la natura del rapporto, gli effetti del contratto o della risoluzione debbano essere riportati a un momento diverso (646). Se però la condizione risolutiva è apposta a un contratto ad esecuzione continuata o periodica, l'avveramento di essa, in mancanza di patto contrario, non ha effetto riguardo alle prestazioni già eseguite (1465, 2655)*: "A retroactividade da condição. Os efeitos da condição retroagem ao momento em que foi celebrado o contrato, a menos que, por acordo das partes ou a natureza do negócio, os efeitos do contrato ou da resolução devam ocorrer em momento diferente (646). No entanto, se a condição resolutiva está ligada a um contrato de execução continuada ou periódica, a realização do mesmo, na ausência de convenção em contrário, não tem nenhum efeito no que diz respeito aos serviços já realizados" (tradução livre), Direito espanhol (Código Civil espanhol, art. 1.120: *Los efectos de la obligación condicional de dar, una vez cumplida la condición, se retrotraen al día de la constitución de aquélla. Esto no obstante, cuando la obligación imponga recíprocas prestaciones a los interesados, se entenderán compensados unos con otros los frutos e intereses del tiempo en que hubiese estado pendiente la condición. Si la obligación fuere unilateral, el deudor hará suyos los frutos e intereses percibidos, a menos que por la naturaleza y circunstancias de aquélla deba inferirse que fue otra la voluntad del que la constituyó. En las obligaciones de hacer y no hacer los Tribunales determinarán, en cada caso, el efecto retroactivo de la condición cumplida*), Direito Português (Código Civil português, art. 276: Os efeitos do preenchimento da condição retrotragem-se à data da conclusão do negócio, a não ser que, pela vontade das partes ou pela natureza do acto, hajam de ser reportados a outro momento), Direito Argentino (Código Civil argentino, art. 543: *Cumplida la condición, los efectos de la obligación se retrotraen al día en que se contrajo*). O segundo, por sua vez, refere-se à *irretroatividade da condição*, adotando como regra geral a não retroação dos efeitos da condição ao dia da celebração do negócio condicional (BGB, § 159: *Rückbeziehung. Sollen nach dem Inhalt des Rechtsgeschäfts die an den Eintritt der Bedingung geknüpften Folgen auf einen früheren Zeitpunkt zurückbezogen werden, so sind im Falle des Eintritts der Bedingung die Beteiligten verpflichtet, einander zu gewähren, was sie haben würden, wenn die Folgen in dem früheren Zeitpunkt eingetreten wären*, tradução livre: "Efeito retroativo. Se, segundo o conteúdo do negócio, os efeitos ligados ao cumprimento da condição devam retroagir a um momento anterior, os interessados estão obrigados, em caso de cumprimento da mesma, a prestar mutuamente o que deveriam, se os efeitos se houvessem produzido no momento anterior").

cada qual admite significativas (e similares) exceções às suas respectivas regras gerais. Nos sistemas da *retroatividade*, por disposição legal ou por construção doutrinária, excepciona-se o efeito retroativo nas seguintes situações: (i) quanto aos atos de administração[529]; (ii) quanto à percepção de frutos[530]; (iii) quanto à responsabilidade pela perda ou deterioração da coisa[531]; (iv) quando o contrato tem eficácia real[532]; (v) quando o contrato é de trato sucessivo; (vi) quando a retroação for incompatível com a natureza dos atos[533]; (vii) quando as partes convencionarem a não retroação dos efeitos[534]. Já nos sistemas da *irretroatividade*, as exceções comumente pre-

---

[529] Na França, essa posição foi construída pela doutrina como relatam: AMARAL, *op. cit.*, p. 272; RODRIGUES, *op. cit.*, p. 254. Em Portugal e na Itália, há previsão legal: Código Civil português, artigo 277, n.2: 2. O preenchimento da condição não prejudica a validade dos actos de administração ordinária realizados, enquanto a condição estiver pendente, pela parte a quem incumbir o exercício do direito; Código Civil italiano, art. 1.361: *Atti di amministrazione. L'avveramento della condizione [1359] non pregiudica la validità degle atti di amministrazione [320] compiuti dalla parte a cui, in pendenza della condizione stessa, spettava l'esercizio del diritto [1351, 1360]* (Tradução livre: "Atos de administração. A verificação da condição [1359] não prejudica a validade do ato de administração [320] feito pela parte que, na pendência da condição, incumbia o exercício do direito [1357, 1360]").

[530] Na França, essa posição foi construída pela doutrina como relatam: AMARAL, *op. cit.*, 1984, p. 224; RODRIGUES, *op. cit.*, p. 254. Em Portugal e na Itália, há previsão legal: Código Civil português, artigo 277, n. 3: "3. À aquisição de frutos pela parte a que se refere o número anterior são aplicáveis as disposições relativas à aquisição de frutos pelo possuidor de boa fé"; Código Civil italiano, art. 1.361: "(...) *Salvo diverse disposizione di legge o diversa pattuizione, i frutti sono dovuti dal giorno in cui la condizione si è avverata [646, 1148]*" (Tradução livre: "Salvo diversa disposição legal ou diversa pactuação, os frutos são devidos a partir do dia em que a condição é verificada").

[531] Na França, essa posição foi construída pela doutrina como relata AMARAL, *op. cit.*, 1984, p. 272. Em Portugal, artigo 796, n.3: "3. Quando o contrato estiver dependente de condição resolutiva, o risco do perecimento durante a pendência da condição corre por conta do adquirente, se a coisa lhe tiver sido entregue; quando for suspensiva a condição, o risco corre por conta do alienante durante a pendência da condição". Na doutrina, há, porém, quem entenda que, se a coisa transmitida – sendo certa e determinada – perecer *medio tempore*, o risco corre por conta do credor, se a condição vier a se realizar (ANDRADE, *op. cit.*, v. 2. p. 381).

[532] AMARAL, *op. cit.*, 1984, p. 272.

[533] Em Portugal, art. 276 do Código Civil, citado em nota de rodapé, *supra*. Na Itália, art. 1.360 do Código Civil, citado em nota de rodapé, *supra*.

[534] Para o direito estrangeiro, cf. AMARAL, *op. cit.*, 1984, p. 148. Em Portugal, art. 276 do Código Civil, citado em nota de rodapé, *supra*. Na Itália, art. 1.360 do Código Civil, citado em nota de rodapé, *supra*.

vistas dizem respeito: (i) aos atos de disposição quando incompatíveis com o negócio condicional[535]; (ii) à convenção das partes em sentido oposto[536].

Como registrado pela doutrina[537], ambos os sistemas acabam sendo semelhantes, visto aceitarem consideráveis exceções às suas respectivas regras gerais. Desse modo, nos sistemas que admitem a retroatividade, o legislador exclui dos efeitos *retroperantes* alguns atos, enquanto nos sistemas em que se nega a retroatividade da condição, a lei invalida certos atos praticados durante a pendência. A diferenciação pormenorizada desses sistemas perde, portanto, importância prática, uma vez que ambos acabam tendo como escopo a proteção ao credor condicional. Em suma, a doutrina concorda que a fixação do efeito da condição deve levar em conta a natureza da relação[538]. Orlando Gomes sintetizou com precisão o problema ao afirmar que:

> o que se deve indagar é se, na proteção a ser dada ao titular do direito condicional, seus interesses devem ter preferência aos de terceiros e aos do devedor, e, no caso afirmativo, em que medida[539].

Note-se, desse modo, que a determinação da retroação, ou não, dos efeitos da condição não é uma exigência lógica; pelo contrário, corresponde a

---

[535] BGB, § 161: Unwirksamkeit von Verfügungen während der Schwebezeit (1) Hat jemand unter einer aufschiebenden Bedingung über einen Gegenstand verfügt, so ist jede weitere Verfügung, die er während der Schwebezeit über den Gegenstand trifft, im Falle des Eintritts der Bedingung insoweit unwirksam, als sie die von der Bedingung abhängige Wirkung vereiteln oder beeinträchtigen würde. Einer solchen Verfügung steht eine Verfügung gleich, die während der Schwebezeit im Wege der Zwangsvollstreckung oder der Arrestvollziehung oder durch den Insolvenzverwalter erfolgt (Tradução livre: "Ineficácia de disposições no período de suspensão. (1) Se alguém dispôs de um objeto sob uma condição suspensiva, toda posterior disposição que sobre aquele objeto ocorra durante o tempo da pendência é ineficaz, em caso de cumprimento da condição, na medida em que frustrar ou prejudicar o efeito dependente da condição. A semelhante disposição se equipara a que se realiza durante o tempo da pendência em via de execução forçada ou de uma execução de embargo, ou pelo administrador do concurso").

[536] Segundo Francisco Amaral, no Direito brasileiro, a convenção pelas partes da retroeficácia só é compatível com os direitos de crédito. E, caso adotada, a eficácia será somente pessoal, não afetando terceiros (AMARAL, *op. cit.*, 2014, p. 526).

[537] AMARAL, *op. cit.*,1984, p. 273-ss.; RODRIGUES, *op. cit.*, p. 21; DE PAGE apud PEREIRA, *op. cit.*, p. 470.

[538] GOMES, *op. cit.*, p. 356; RÁO, *op. cit.*, p. 353.

[539] GOMES, *op. cit.*, p. 356. Sentido similar: VENOSA, *op. cit.*, p. 532.

uma "fórmula normativa de regulamentação de interesses"[540], de que não deve resultar generalizações. O que efetivamente importa é a análise da *situação jurídica* existente na pendência, a fim de que exista uma compatibilidade entre a direção do efeito e a função da condição.

Assim, se a função da condição refere-se ao deslocamento temporal da exigibilidade de determinados efeitos, em razão de uma situação fática incerta, a retroeficácia não é, em princípio, coerente com tal escopo[541]. Disse-se "em princípio" uma vez que, a depender da situação, a retroatividade será mais condizente com a finalidade da tutela típica do regime da pendência[542].

Seja como for, tanto o Código Civil de 1916 quanto o Código Civil de 2002 não têm norma expressa determinando a retroatividade da condição como princípio, embora imponham *efeitos retroativos* nas hipóteses dos arts. 126 e 1.359[543] (correspondem aos arts. 122 e 647 do Código Civil de 1916). Conquanto entre os autores clássicos houvesse certa divergência sobre qual seria o princípio adotado em nosso sistema[544], prepondera atualmente o da *irretroatividade* dos efeitos[545]. Partindo dessa premissa, passa-se à análise das principais modificações que a coisa devida pode sofrer durante a pendência da condição suspensiva.

---

[540] DIEZ-PICAZO, *op. cit.*, p. 537.
[541] COSTANZA, *op. cit.*, p. 871.
[542] José Abreu Filho exigue que para a determinação da retroatividade, ou não, da condição sempre se deve levar em conta o caso concreto: ABREU, *op. cit.*, p. 189.
[543] Art. 126. Se alguém dispuser de uma coisa sob condição suspensiva, e, pendente esta, fizer quanto àquela novas disposições, estas não terão valor, realizada a condição, se com ela forem incompatíveis.
Art. 1.359. Resolvida a propriedade pelo implemento da condição ou pelo advento do termo, entendem-se também resolvidos os direitos reais concedidos na sua pendência, e o proprietário, em cujo favor se opera a resolução, pode reivindicar a coisa do poder de quem a possua ou detenha.
[544] Clóvis Bevilaqua afirmava que a retroatividade estava na tradição da sistemática do nosso direito como orientação para o intérprete (BEVILAQUA, *op. cit.*, v. 1. p. 363-364). Mesmo sentido: LACERDA DE ALMEIDA, *op cit.*, p. 139-ss.; GUEIROS, *op. cit.*, p. 167. Em sentido contrário: CARVALHO DE MENDONÇA, *op. cit.*, p. 259.
[545] RODRIGUES, *op. cit.*, p. 253-ss; GOMES, *op. cit.*, p. 356; RIBEIRO, *op. cit.*, p. 327 e ss.; PEREIRA, Caio Mário da Silva. *Op. cit.* p. 471. PONTES DE MIRANDA, Francisco Cavalcanti. *Op. cit.* t. V. p. 211 e ss.; Em sentido contrário, MONTEIRO, *op. cit.*, v. 1. p. 277.

1. Impossibilidades

O Código Civil brasileiro não agrupou em um único capítulo o sistema de impossibilidade da prestação, estando o assunto regulado por normas dispersas, conforme a espécie de impossibilidade, se antecedente ou se superveniente. Além disso, diferentemente de outras legislações[546], não tem um dispositivo abrangente que aborde a impossibilidade da prestação nos negócios condicionais, somente tratando da impossibilidade condicional nas obrigações de dar coisa certa, conforme o art. 234 do Código Civil. Extrai-se desse dispositivo legal que, na fase de pendência, o devedor assume um *dever de diligência*[547] em relação à prestação, *i.e.*, deve tornar possível o cumprimento eventual da prestação futura. Desse modo, caso ocorrido o inadimplemento desse *dever*, o devedor responderá pelo *equivalente* mais *perdas e danos*.

A *culpa* do devedor, então, exerce um papel determinante na imputação da responsabilidade pelo inadimplemento do *dever de diligência*. Contudo, remanesce a dúvida sobre quem sofre os riscos da coisa. Conforme costuma lecionar a doutrina brasileira, existem dois princípios reguladores da teoria do risco[548]. O primeiro dispõe que a coisa perece para o dono – *res perit domino* –, impondo que "antes da tradição, a coisa se conserva no patrimônio do devedor, mas com o ônus, para este, de conservá-la, de guardá-la, com honestidade e lealeza"[549]. O segundo corresponde ao princípio de que ninguém responde pelo fortuito.

---

[546] Código Civil espanhol, art. 1.122: "Cuando las condiciones fueren puestas con el intento de suspender la eficacia de la obligación de dar, se observarán las reglas siguientes, en el caso de que la cosa mejore o se pierda o deteriore pendiente la condición: 1. Si la cosa se perdió sin culpa del deudor, quedará extinguida la obligación. 2 Si la cosa se perdió por culpa del deudor, éste queda obligado al resarcimiento de daños y perjuicios. Entiéndese que la cosa se pierde cuando perece, queda fuera del comercio o desaparece de modo que se ignora su existencia, o no se puede recobrar".

[547] PONTES DE MIRANDA, *op. cit.*, t. V. p. 200; NONATO, Orosimo. *Curso de obrigações*. Rio de Janeiro: Forense, 1959. p. 231. v. 1; SOUTULLO, *op. cit.*, p. 187. Diez-Picazo (1970) sintetiza precisamente os deveres do devedor durante a pendência: "(...) o deudor soporta, incluso durante la fase de pendencia de la condición de conservación de la prestación y, al mismo tiempo, un deber de evitación de los posibles eventos que puedan impedirla o hacerla imposible. Una aplicación particular de tales deberes es la que se produce en orden a la diligente conservación de las cosas debidas en la obligación condicional de dar (art. 1122, 2 y 4). El deudor debe evitar, empleando para ello la diligencia necesaria, la pérdida de las cosas y su deterioro o menoscabo" (DIEZ-PICAZO, *op. cit.*, p. 535).

[548] TEPEDINO; BARBOZA; MORAES, *op. cit.*, v. 1. p. 502; NONATO, *op. cit.*, p. 232.

[549] NONATO, *op. cit.*, p. 232.

As consequências determinadas pelo art. 234 do Código Civil têm caráter dispositivo[550]. Isso significa que, por convenção, as partes poderão prever implicações diferentes para o perecimento do objeto da prestação. Tome-se, por exemplo, a cláusula segundo a qual "as mercadorias serão entregues no estado em que se acharem ao tempo em que se realizar a condição"[551].

1.1. Impossibilidade superveniente sem culpa do devedor

O art. 234 do Código Civil estabelece o efeito extintivo da obrigação – com a consequente liberação do devedor – como resultado da perda da coisa, sem *culpa* do devedor, durante a pendência da condição suspensiva. De fato, a perda da coisa deve ocorrer depois de celebrado o negócio condicional e antes de realizada a condição. Se a coisa se perder após realizada a condição, a obrigação será pura e simples, incidindo as regras jurídicas concernentes à inexecução da obrigação. Caso se perca durante a pendência e não haja culpa do devedor, o regime da inexecução não será o adequado, em razão da inexistência de obrigação imputável àquele, mesmo que a condição venha a acontecer no futuro[552].

O fundamento da extinção da obrigação para ambas as partes consiste na perda do objeto da prestação[553], não havendo, portanto, razões para se atribuir uma obrigação de restituir o preço. A resolução do negócio, nessa hipótese, não está vinculada a qualquer ato resolutório, decorrendo, portanto, da imediata incidência do art. 234 do Código Civil[554].

Quando da ocorrência da extinção da obrigação na hipótese da primeira parte do art. 234 do Código Civil, surge a questão de determinar quem sofrerá os riscos da impossibilidade da coisa. Nosso Código Civil, em matéria de assunção de riscos, adotou uma postura tradicional[555], seguindo as regras *res perit debitori, res perit domino* e *res perit creditori*. No caso do art. 234 do Código Civil, a primeira regra foi adotada, de modo que o devedor impossibilitado de prestar suporta o risco desse impedimento, não

---

[550] Tepedino; Barboza; Moraes, *op. cit.*, v. 1. p. 502.
[551] Pontes de Miranda, *op. cit.*, t. V. p. 200.
[552] *Idem*, p. 201.
[553] Tepedino; Barboza; Moraes, *op. cit.*, v. 1. p. 502; Carvalho de Mendonça, *op. cit.*, p. 266. Couto e Silva, *op. cit.*, p. 121-123.
[554] Couto e Silva, *op. cit.*, p. 121.
[555] Martins-Costa, *op. cit.*, v. 5. t. II. p. 313.

podendo reclamar a contrapartida[556]. A razão para tanto, porém, ainda se vincula à ideia de *res perit domino*, pois, de modo geral, o devedor antes da tradição ou realização da condição continua sendo proprietário[557].

Contudo, a matéria de riscos sempre implica dificuldades, sobretudo quando se trata de condição suspensiva, em razão do peculiar período de pendência. Assim, poder-se-ia questionar se seria possível e coerente conectar a atribuição de risco ao *efeito retroativo* da condição[558]. A aceitação da vinculação encontra, todavia, certos impedimentos. O risco ficaria a depender da verificação ou não do evento condicional, acarretando uma incerteza demasiada sobre quem suportaria a perda da coisa[559]. Além disso, por uma questão de lógica, a *retroeficácia* sequer poderia ocorrer, uma vez que extinta a obrigação, não haveria regime jurídico condicional para lhe dar ensejo. Assim, pouco importará a ocorrência futura da *condição-fato*, se inexiste a *condição-cláusula* para lhe dar suporte.

Além disso, como se deve interpretar a expressão "antes da tradição, ou pendente da condição", na hipótese de execução provisória, *i.e.*, quando a tradição do bem ocorreu antes da realização da *condição-fato*? Gustavo Tepedino, Heloisa Helena Barboza e Maria Celina Bodin de Moraes[560] entendem que, nessas situações, a tradição ocorrida não é "suficiente para operar a transferência do domínio, eis que há uma condição suspensiva impedindo que o negócio opere seus normais efeitos"[561]. Desse modo, o devedor da obrigação de entrega da coisa ainda é o proprietário, sofrendo o risco da coisa, em razão da incidência do princípio *res perit domino*[562].

---

[556] *Ibidem*.

[557] Sobre o assunto, Vicente Ráo afirma: "(...) até a verificação da condição suspensiva, a propriedade dos bens a serem eventualmente dados ao titular do direito condicional pertence ao devedor, com seus acréscimos e rendimentos, e, em consequência, por sua conta e risco" (RAO, *op. cit.*, p. 331). Mesmo sentido: PEREIRA, *op. cit.*, v. 1. p. 474; TEPEDINO; BARBOZA; MORAES, *op. cit.*, v. 1. p. 502; TEPEDINO, Gustavo; SCHREIBER, Anderson. AZEVEDO, Álvaro Villaça (coord.). *Código civil comentado*. São Paulo: Atlas, 2008. p. 43. v. 4. Apenas Orlando Gomes afirma que os riscos correm por conta do devedor na pendência: GOMES, *op. cit.*, p. 358.

[558] Entende que não retroage para estes fins: AMARAL, *op. cit.*, p. 1984; p. 299.

[559] AURELIANO, Nuno. *O risco nos contratos de alienação*. Coimbra: Almedina, 2009. p. 336.

[560] TEPEDINO; BARBOZA; MORAES, *op. cit.*, v. 1. p. 502.

[561] *Ibidem*. Mesmo sentido: LACERDA DE ALMEIDA, Francisco de Paula. *Obrigações*. 2. ed. Rio de Janeiro: Jacintho Ribeiro dos Santos, 1916. p. 141.

[562] AMARAL, *op. cit.*, 1984, p. 299.

Vale mencionar que o art. 234 do Código Civil, ao imputar o risco ao devedor, parece remeter-se somente aos contratos onerosos. Isso porque, como aceito pela doutrina, nos contratos benéficos, a regra do *res perit creditore*[563] encontra melhor acolhida, em razão do sacrifício voluntário do devedor em benefício do credor.

1.2. Impossibilidade superveniente imputável

Como se sabe, o devedor durante a pendência da condição deve agir diligentemente, o que abrange a obrigação de conservar o objeto devido, possibilitando a realização futura da prestação, nos termos de como foi pactuada. É lógico, portanto, que se o devedor assim não procede, tolerando que objeto pereça, deve responder pelo equivalente mais perdas e danos, conforme dispõe o art. 234 do Código Civil, pois, nas palavras de Pontes de Miranda, "quem culposamente impossibilitou a prestação deixa de adimplir"[564].

A culpa, como visto, representa um critério de imputação da responsabilidade prevista no artigo em comento. De modo geral, deve ser entendida no seu sentido *lato*, *i.e.*, qualquer conduta negligente, imprudente, imperita ou dolosa. No entanto, poder-se-ia questionar por meio de qual acepção de *culpa* o devedor responde quando o contrato for benéfico, mesmo que o art. 234 do Código Civil seja silente a respeito. Como antes dito, o legislador, ao elaborar o art. 234 do Código Civil, parece ter levado em conta somente os contratos onerosos. Ocorre que o nosso sistema é caracterizado pela escolha axiológica de apreciar a responsabilidade do devedor nos contratos benéficos de forma mais benigna, como ocorre nos arts. 392, 441, § único, e 447 do Código Civil. Assim, para os contratos benéficos, a solução mais coerente seria aquela que imponha a responsabilidade só por dolo, nos casos de perecimento da coisa durante a pendência da condição suspensiva, a despeito do silêncio do artigo referido[565].

Cabe questionar se a consequência legal (equivalente e mais perdas e danos) para situações de impossibilidade imputável ao devedor é coerente com regime do período de pendência da condição suspensiva. Como

---

[563] *Idem*, p. 298. GOMES, Orlando. *Contratos*. 16.ed. Rio de Janeiro: Forense, 1995. p. 73.
[564] PONTES DE MIRANDA, Francisco Cavalcanti. *Tratado de Direito Privado*. São Paulo: RT, 2012. p. 69. t.XXVI. Atualizado por Ruy Rosado de Aguiar Jr. e Nelson Nery Jr.
[565] Vale mencionar que imputação pelo dolo tem como uma de suas finalidades justamente evitar que o doador encontre uma maneira de desvincular-se do contrato.

se sabe, esse momento é dotado de várias peculiaridades, a saber, não há um *direito exigível* nem se tem certeza da ocorrência do evento condicional. Nesse contexto, a seguinte dúvida surge ao intérprete: o devedor estará obrigado somente se a *condição-fato* ocorrer, dado que apenas assim o direito será exigível, ou deverá responder mesmo quando a condição não se cumpra?

De fato, essa questão é complexa e pouco debatida na doutrina[566]. Caio Mário da Silva Pereira e Pontes de Miranda já se manifestaram sobre o assunto. Ambos entendem que só haverá reparação do dano se futuramente ocorrer o implemento da condição[567]. Segundo o primeiro autor, com a realização da *condição-fato*, a aquisição do direito recua à data de celebração do negócio, de modo que o "sujeito lesado tem direito à indenização, e a violação da expectativa equivalente à lesão de um direito *quando a condição se verificar*"[568], por consequência, o direito à reparação permanece em estado de *virtualidade*, até o implemento da condição e, a partir de então, poderá acionar o culpado.

Essa conclusão, porém, pode levar à falha na proteção efetiva da parte expectante, uma vez que o devedor, mesmo agindo culposamente, estará isento de qualquer consequência jurídica, caso a condição não vier a ocorrer. Por essa razão, Carmen Soutullo defende que o devedor responderá pelos danos e prejuízos causados ao credor independentemente do cumprimento da condição, sempre que o devedor tenha prejudicado a legítima expectativa do credor, valorável economicamente[569]. Entende, porém, que não cumprida a condição, a indenização não se referirá ao incumprimento da prestação devida, mas, sim, ao valor do crédito condicional durante o período de incerteza[570].

Com efeito, essa conclusão parece encontrar acolhida no sistema brasileiro. Sem dúvida alguma, o direito do expectante goza de proteção pelo ordenamento, permitindo qualificá-lo como um *interesse legítimo*. Portanto, tendo em vista que a finalidade da indenização é recompor inte-

---

[566] No Direito brasileiro, quem fez referências ao assunto: PEREIRA, *op. cit.*, p. 475; PONTES DE MIRANDA, *op. cit.*, t. V. p. 200. Direito espanhol: SOUTULLO, *op. cit.*, p. 291 – ss, remetendo-se a lições de Luis Diez-Picazo.
[567] PEREIRA, *op. cit.*, p. 475; PONTES DE MIRANDA, *op. cit.*, t. V. p. 200.
[568] PEREIRA, *ibidem*, reportando-se a lições de Enneccerus.
[569] SOUTULLO, *op. cit.*, p. 291.
[570] *Ibidem*.

resses legítimos lesados[571], não há razão para que o *direito expectativo* não seja recomposto ao patrimônio do expectante[572]. Afinal, até a constatação da não realização da *condição-fato*, o credor era titular do *direito expectativo*, o qual já integrava o seu patrimônio, podendo ser cedido, penhorado e dentre outras faculdades, que o expectante poderia legitimamente manejar.

Contudo, como o efeito retroativo não pode operar-se por ausência de objeto do negócio (ver item 1.1 do capítulo 3), o valor a ser recomposto deve ser o equivalente ao *direito expectativo* no momento do perecimento do objeto, e não, o valor do *direito expectado*.

Nesse contexto, importante será mensurar o valor do *direito expectativo*, assunto raramente debatido. Para tanto, Pontes de Miranda sinteticamente afirma que, na composição do valor do *direito expectado*, consideram-se a probabilidade da ocorrência da *condição-fato* e a de não se extinguir o objeto do direito expectado[573].

Por fim, importante referir que, embora o art. 234 do Código Civil pareça ter sido redigido de forma imperativa, segundo a doutrina brasileira, admite-se a convenção pelas partes de cláusulas restritivas ou exonerativas da responsabilidade do devedor[574], sobretudo pelo fato de as condições envolverem um amplo campo de autonomia da vontade.

2. Deteriorações

Diferentemente do que acontece com a impossibilidade absoluta, a deterioração da coisa durante a pendência da condição não foi referida expressamente pelo Código Civil brasileiro, o que não significa que não venha a sofrer consequências jurídicas, dado que, como visto, há proteção do titular do direito *expectativo* durante a pendência da condição. O Direito das Obrigações, de modo geral, regula a matéria sobre deterioração nos arts. 235, 236 do Código Civil[575], tendo a doutrina já referido que as con-

---

[571] COUTO E SILVA, Clovis. O conceito de dano no direito brasileiro e comparado. *Revista dos Tribunais*, São Paulo, v. 667, p. 7-16, maio 1991.
[572] Note-se, que está a se afirmar que o *direito expectativo* é que deve ser indenizado, e não, o *direito expectado*.
[573] PONTES DE MIRANDA, *op.cit.*, t. V. p. 199.
[574] Para tanto, ver doutrina específica PERES, *op. cit., [s.p.]*.
[575] Art. 235. Deteriorada a coisa, não sendo o devedor culpado, poderá o credor resolver a obrigação, ou aceitar a coisa, abatido de seu preço o valor que perdeu.

sequências dos arts. 235 e 236 são compatíveis com o negócio sob condição suspensiva[576].

2.1. Deteriorações fortuitas

A hipótese de deterioração fortuita de obrigação de dar coisa certa é regulada pelo art. 235 do Código Civil cuja incidência nos negócios condicionais é admitida pela doutrina[577]. São duas as possíveis consequências dispostas no dispositivo legal: o credor poderá resolver a obrigação ou aceitar a coisa, abatido de seu preço o valor que perdeu. Isso significa que, em nenhuma hipótese, o risco ficará a cargo do credor nos contratos sinalagmáticos, sejam puros ou condicionais[578].

Como se nota, em matéria de riscos o regime das deteriorações segue a linha do das impossibilidades, o que os diferencia, entretanto, são as consequências jurídicas. Enquanto na impossibilidade fortuita a obrigação se extingue, na deterioração, como antes mencionado, o credor poderá resolver a obrigação ou aceitar a coisa, abatido o valor. Por outros termos, na deterioração, o negócio jurídico não perde seu objeto, de modo que a resolução não se opera *ex legis*, originando-se do exercício do direito formativo extintivo de resolver[579]. Tratando-se de negócio sob condição suspensiva, o mais razoável é que a escolha entre as consequências ocorra no momento da verificação da *condição-fato*. Afinal, mesmo se deteriorada a coisa, não tem o expectante direito a ficar com ela, sem que o evento tenha ocorrido.

Poder-se-ia questionar, então, porque na hipótese de impossibilidade imputável se defende que não haveria retroação, enquanto nos casos de deterioração fortuita se entende que a retroação operaria. Duas razões levam a essa conclusão. Em primeiro lugar, após o perecimento da coisa, o negócio jurídico restaria nulo por falta de objeto, consoante o art. 166, II, do Código Civil, estando inapto a produzir o efeito retroativo, quando da realização do evento condicional. O que não ocorre, como visto, no caso de

---

Art. 236. Sendo culpado o devedor, poderá o credor exigir o equivalente, ou aceitar a coisa no estado em que se acha, com direito a reclamar, em um ou em outro caso, indenização das perdas e danos.

[576] Assim entende Eduardo Espínola ao se referir aos artigos 866 e 867 do Código Civil de 1916, cujas redações são praticamente idênticas aos dos artigos 235 e 236 do código atual (Espínola, *op. cit.*, p. 357; 392). No mesmo sentido: Oliveira, *op. cit.*, p. 331; Amaral, *op. cit.*, p. 229.

[577] Amaral, *op. cit.*, 1984, p. 229.

[578] Espínola, *op. cit.*, p. 393.

[579] Couto e Silva, *op. cit.*, p. 121.

deterioração; afinal, o negócio jurídico continuará válido, pois seu objeto continuará existindo, ainda que parcialmente. Em segundo lugar, o regime durante a pendência tem como um dos seus principais objetivos a tutela do direito ou objeto da prestação, razão pela qual, para que houvesse uma proteção efetiva, alguma consequência da violação do *dever de diligência* do devedor deveria ocorrer. Assim, se, no caso de perecimento da coisa, a realização da condição não é meio idôneo para surtir efeitos (em razão da nulidade do negócio), a solução mais harmônica é atribuir, ao devedor, a responsabilidade pelo equivalente e mais perdas e danos (parte final do art. 234 do Código Civil), levando em conta o valor do *direito expectativo* no momento de seu perecimento.

Questão pertinente, então, é saber o que ocorre quando, durante a pendência, o devedor houver exigido de um terceiro indenização por destruição ou deterioração da coisa e depois venha ocorrer a condição. Vicente Ráo, apoiado nas lições de Giorgi, compreende que o devedor estará obrigado a ceder o respectivo benefício ao credor[580].

Além disso, não se encontram motivos para se inadmitir que o credor interessado em aceitar a coisa deteriorada possa sub-rogar-se em todos os direitos e ações que correspondam aos(-às) do devedor, em razão da deterioração ocorrida durante a pendência[581].

2.2. Deteriorações imputáveis ao devedor

A regra do art. 236 do Código Civil estabelece que, se a coisa devida se deteriorar por culpa do devedor, o credor poderá "exigir o equivalente, ou aceitar a coisa no estado em que se acha, com direito a reclamar, em um ou em outro caso, indenização por perdas e danos". Assim, para que o credor possa exercer dita faculdade, a norma legal exige que o objeto se encontre deteriorado, e que a deterioração tenha sido produzida por culpa do devedor. Tratando-se, porém, de negócio condicional, essas exigências não são suficientes. É imprescindível também que a *condição-fato* se verifique.

Ressalvando a exigência da ocorrência do evento condicional, as consequências da deterioração imputável são similares às da impossibilidade imputável. Assim, ponderação anteriormente feita no item 1.2. deste capí-

---

[580] Ráo, *op. cit.*, p. 357.
[581] Nesse sentido, no direito espanhol: Soutullo, *op. cit.*, p. 342. Em sentido contrário: Amaral, *op. cit.*, 1984, p. 210.

tulo, segundo a qual, quando o contrato é benéfico, a violação do dever de diligência só é imputada ao devedor quanto agir com dolo, amolda-se com facilidade às hipóteses de deterioração imputáveis ocorridas nos contratos benéficos.

Além disso, também não há empecilho à sub-rogação do credor que aceita a coisa deteriorada em todos os direitos e ações do devedor concernentes à referida deterioração.

3. Melhorias

Do mesmo modo que, durante a pendência, a coisa pode perecer ou deteriorar-se, pode acontecer que ela venha a receber melhoramentos, acréscimos e frutos. Não há, no nosso Código Civil, nenhuma regra específica sobre melhorias no caso de negócio condicional. Desse modo, cabe ao intérprete analisar a compatibilidade do regime geral existente (arts. 237, 242, 1.219 a 1.222) com o contrato sob condição suspensiva.

O *princípio da tradição* destaca-se no tratamento da matéria em pauta, cuja contemplação se encontra no parágrafo único do art. 1.267 do Código Civil[582], ao aludir que a propriedade não se transfere antes da tradição. Desse modo, antes da tradição, sendo o expectado proprietário da coisa, em princípio, será ele a quem cabe receber os melhoramentos da coisa, conforme o art. 237 do Código Civil. Nada impede, porém, que as partes convencionem em sentido contrário.

De qualquer maneira, tratando-se de negócio condicional, a verificação de sua compatibilidade com o regime do Código Civil invariavelmente recaí no problema da *(i)rretroatividade da condição*.

3.1. Benfeitorias

O art. 237 do Código Civil[583] refere-se aos melhoramentos e aos acréscimos da coisa ocorridos antes da tradição. Determina que os melhora-

---

[582] Art. 1.267. A propriedade das coisas não se transfere pelos negócios jurídicos antes da tradição. Parágrafo único. Subentende-se a tradição quando o transmitente continua a possuir pelo constituto possessório; quando cede ao adquirente o direito à restituição da coisa, que se encontra em poder de terceiro; ou quando o adquirente já está na posse da coisa, por ocasião do negócio jurídico.

[583] Art. 237. Até a tradição pertence ao devedor a coisa, com os seus melhoramentos e acrescidos, pelos quais poderá exigir aumento no preço; se o credor não anuir, poderá o devedor resolver a obrigação.
Parágrafo único. Os frutos percebidos são do devedor, cabendo ao credor os pendentes.

mentos e acréscimos pertencerão ao devedor, pelos quais poderá exigir aumento no preço; se o credor não anuir, poderá resolver a obrigação. O critério geral para a atribuição das benfeitorias refere-se à qualidade de proprietário da coisa.

Como dito, o devedor tem a obrigação de conservar a coisa devida durante a pendência da *condição-fato*, a fim de evitar que o objeto da prestação se perca ou se deteriore, respondendo, por consequência, pela sua atuação *culposa*. Se para realizar esse dever de conservação se fizerem necessárias reparações na coisa, não há razão para não considerá-las *benfeitorias necessárias*. Nessa situação, não haveria por que se negar o direito de indenização ao devedor, já que tal direito é reconhecido até ao possuidor de má-fé (art. 1.220 do Código Civil)[584].

Dúvidas surgem em relação ao direito de indenização relativo às *benfeitorias úteis*, uma vez que o devedor é possuidor de boa-fé e teria, a rigor, direito à indenização por *benfeitorias necessárias e úteis*, segundo o art. 1.219 do Código Civil[585]. Na doutrina já se permitiu o uso analógico do art. 505 do Código Civil[586] aos negócios condicionais, que impõe o pagamento das *benfeitorias não necessárias* caso aquele que vendeu tenha autorizado por escrito[587]. Tratando-se de condição suspensiva, logicamente, a autorização cabe ao credor condicional.

Consoante ao artigo 237 do Código Civil, o devedor poderá exigir aumento de preço pelos melhoramentos e acréscimos da coisa verificados antes da tradição. Contudo, há quem diga que não se deve admitir uma noção ampla de que todas as benfeitorias estejam compreendidas no texto legal[588], *i.e.*, não deve abranger as benfeitorias e melhoramentos dis-

---

[584] RIBEIRO, *op. cit.*, p. 331.

[585] Art. 1.219. O possuidor de boa-fé tem direito à indenização das benfeitorias necessárias e úteis, bem como, quanto às voluptuárias, se não lhe forem pagas, a levantá-las, quando o puder sem detrimento da coisa, e poderá exercer o direito de retenção pelo valor das benfeitorias necessárias e úteis.

[586] Art. 505. O vendedor de coisa imóvel pode reservar-se o direito de recobrá-la no prazo máximo de decadência de três anos, restituindo o preço recebido e reembolsando as despesas do comprador, inclusive as que, durante o período de resgate, se efetuaram com a sua autorização escrita, ou para a realização de benfeitorias necessárias.

[587] RIBEIRO, *op. cit.*, p. 331-332.

[588] Nesse sentido, Carvalho Santos trata do dispositivo legal análogo do Código Civil de 1916: CARVALHO SANTOS, J. M. *Código Civil brasileiro interpretado*. Rio de Janeiro: Freitas Bastos, 1986. p. 49. v. 11. Atualmente: OLIVEIRA, *op. cit.*, p. 332.

cricionários que o devedor tenha realizado durante a pendência. Carvalho Santos demonstra, com precisão, as incoerências de uma interpretação abrangente do referido dispositivo legal[589]:

> De fato, quem, por exemplo, vende uma casa deve entregá-la no estado em que se encontra no ato de ser lavrado o contrato, não podendo mais executar discricionariamente obras, benfeitorias ou melhoramentos por mais vantajosos que sejam, com o intuito de cobrá-los depois. Equivaleria isso a conceder ao vendedor a faculdade de revogar o contrato, empregando, para atingir esse fim, o meio de fazer obras vultosas, que excedam às probabilidades financeiras do comprador[590].

Assim, conclui o autor que se deve entender que o dispositivo legal se referiu apenas aos aumentos e melhoramentos que decorrerem de fatos naturais, ou de iniciativas de terceiros, "e mais ainda às benfeitorias necessárias e úteis que se fizerem precisas para a conservação da coisa, que deve ser entregue ao credor"[591].

Questão debatida nos dois sistemas de retroatividade diz respeito à compensação das *benfeitorias necessárias* e *úteis* com os *frutos* percebidos durante a pendência. Isso só seria possível em um sistema em que se conjugasse a transferência consensual do domínio e a retroatividade da condição, porquanto, realizada a *condição-fato*, considerar-se-ia o credor condicional proprietário da coisa desde a data da celebração do negócio; o que, por consequência, o tornaria credor também dos frutos. Assim, compensar-se-ia a indenização pelas benfeitorias com os frutos recebidos pelo devedor.

Conquanto haja autores nacionais de peso reconhecendo a possibilidade de compensação[592], essa posição não é compatível com nosso sistema jurídico, pois a transferência da coisa opera somente com a tradição, de sorte que o devedor seria considerado proprietário do bem até o referido momento, fazendo *jus* ao recebimento dos frutos percebidos durante a

---

[589] O autor se referiu ao art. 868 do Código Civil de 1916, que corresponde ao atual art. 237 do código Civil.
[590] CARVALHO SANTOS, *op. cit.*, v. 11.p. 49.
[591] *Ibidem.*
[592] ESPÍNOLA, *op. cit.*, p. 365; RÁO, *op. cit.*, p. 357. Segundo o último autor, essa hipótese, "não é uma retroatividade verdadeira e própria, senão um efeito necessariamente produzido pela natureza do ato condicional, ou melhor, pela preexistência do ato constitutivo do direito condicional".

pendência, conforme o § único do art. 237 do Código Civil. O devedor é credor da indenização pelas benfeitorias e proprietário legítimo dos frutos percebidos, razão pela qual não se opera compensação por falta de reciprocidade obrigacional[593].

3.2. Frutos

Os frutos estão regulados no § único do art. 237 do Código Civil, o qual determina que os percebidos são do devedor, cabendo ao credor os pendentes. Note-se, novamente, que o critério é a qualidade de proprietário, desse modo, entra em ação a discussão sobre a *retroatividade* da condição, a qual, em matéria de frutos, não é inteiramente pacífica no Direito brasileiro[594].

Contudo, até nos sistemas que adotam a *retroeficácia* dos efeitos da condição, reconhece-se a não retroatividade da condição suspensiva nessas hipóteses. No Direito Português, inclusive, a percepção de frutos é hipótese legal expressa de não aplicabilidade do efeito retroativo (art. 277, n.3) [595]. No direito francês, há na doutrina e jurisprudência entendimento segundo o qual o devedor conserva os frutos regularmente[596].

Eduardo Espínola entende que os frutos devem ser conservados pelo devedor, mas que o intérprete deve estar atento a algumas situações peculiares. Assim, afirma que, no caso de execução provisória, intui-se que a

---

[593] AMARAL, *op. cit.*, 1984, p. 223-224.
[594] A favor da retroação e, por consequência, entendendo que os frutos devem pertencer ao credor: RIZZARDO, Arnaldo. *Parte geral do Código Civil*. 2. ed. Rio de Janeiro: Forense, 2003. p. 439. Negando o princípio da retroeficácia no Direito brasileiro e, por outro lado, reconhecendo o direito do devedor aos frutos percebidos durante a pendência: RIBEIRO, *op. cit.*, p. 330; PEREIRA, *op. cit.*, p. 471; MIRANDA, *op. cit.*, p. 76. Ressalta-se que Clóvis Bevilaqua, mesmo entendendo que a *retroatividade* da condição é uma norma interpretativa no nosso direito, conclui que a mesma não abrange os frutos em razão da exigência da tradição para efetiva transmissão da propriedade (BEVILAQUA, *op. cit.*, p. 363-364).
[595] Manuel de Andrade elenca os seguintes motivos: (i) parece corresponder à vontade das partes que o contratante que ficou com a coisa em seu poder se aproveite dela e, portanto, faça seus os frutos; (ii) nos contratos bilaterais, se ambas as partes forem reditícias (isto é, se ambas produzirem frutos ou rendimentos), é natural supor que as partes queiram que os frutos de uma e de outra se compensem; (iii) nas doações, tudo se faz crer que o doador (se fica com a coisa doada) queria que os frutos colhidos no período da pendência sejam seus; (iv) é a decisão mais razoável do ponto de vista do interesse geral, já que, de outro modo, os bens não seriam convenientemente explorados, por falta de uma pessoa que pudesse contar com segurança receber e conservar para si os frutos recebidos (*Op. cit.* v. 2. p. 382).
[596] AMARAL, *op. cit.*, 1984, p. 224; RIBEIRO, *op. cit.*, p. 330.

vontade das partes foi de que os frutos recebidos, durante a pendência, pertençam ao adquirente. Também conclui que, quando estabelecida a obrigação de pagar juros do preço, sem nada dispondo sobre os frutos da coisa, a presunção é que os últimos devam ser entregues aos compradores, caso realizada a *condição-fato*[597].

Com efeito, acredita-se que a *retroeficácia* não foi adotada como princípio geral no direito brasileiro, embora ocorra excepcionalmente, a saber, quando a lei assim determina, quando as partes assim convencionam, ou quando a própria natureza da obrigação exija (ex. deterioração da coisa durante a pendência). Além disso, a retroeficácia não deve operar quanto aos direitos que a lei e a vontade reconhecem eficazes durante a pendência[598]. Nessa linha, segue-se a regra geral de que os frutos percebidos antes da tradição são do devedor, então proprietário da coisa, conforme o § único do art. 237 do Código Civil[599].

4. Modificações por atos de disposição
4.1. Diferenças entre atos de disposição e atos de administração

Quando se trata da gestão de um patrimônio, a doutrina costuma diferenciar *atos de disposição* de *atos de administração*. Essa distinção, porém, nem sempre fica clara na doutrina brasileira, muito embora em outros sistemas legais, como o português, tal distinção seja precisa.

No direito pátrio, alguns conceituam os *atos de disposição* como todos aqueles que têm a finalidade de transferir a propriedade de um bem de certa pessoa para outra[600], sendo a *alienação* um ato típico de disposição[601]. Pontes de Miranda, por sua vez, adota um sentido mais abrangente, entendendo que a *disposição* diz respeito ao poder de perder ou modificar um direito, que emana do seu titular, ou de outrem, a quem caiba o poder de dispor[602]. Assim, para o jurista, o dispor nem sempre é translativo, de sorte que "[é] ato dispositivo o que importa no afastamento de elementos

---

[597] Espínola, *op. cit.*, p. 364.
[598] Pereira, *op. cit.*, p. 471.
[599] Nesse sentido: Oliveira, *op. cit.*, p. 330.
[600] Silva, De Plácido e. *Vocabulário jurídico*. 29. ed. Rio de Janeiro: Forense, 2012. p. 162. Atualizado por Nagib Slaibi Filho, Priscila Pereira Vasques Gomes.
[601] França, R. Limongi (coord.) *Enciclopédia Saraiva de Direito*. São Paulo: Saraiva, 1978. p. 4.
[602] Pontes de Miranda, *op. cit.*, t. V. p. 385.

do suporte fático para se constituir outro direito a favor de outrem"[603]. Assim, na visão do autor, o usufruto e a locação de coisas também seriam *atos de disposição*. Para Orlando Gomes, os atos de disposição são aqueles que modificam o conteúdo do direito, e o objeto da disposição é o direito subjetivo ou a relação jurídica, e não o objeto de cada qual[604]. Elenca, além disso, como *atos de disposição* mais importantes a alienação, a constituição de um direito real limitado e a renúncia[605].

A doutrina civilista brasileira não é tão precisa, porém, ao atribuir um sentido geral para *atos de administração*. Trata apenas de situações pontuais, como na gestão dos pais relativa aos bens dos filhos (art. 1.691 do Código Civil[606]), quando se afirma que os atos de *simples administração* serão aqueles que conservam o patrimônio, *i.e.*, os que mantêm intacta a essência dos bens, os que lhe retiram apenas os frutos e produtos, sem modificar a constituição geral do patrimônio[607]. Assim, os atos destinados a constituir benfeitorias, pagar impostos, defender judicialmente o bem, estariam abarcados nesse conceito[608].

A doutrina portuguesa, por sua vez, adota uma diferenciação estanque entre *atos de disposição* e *atos de mera administração*. É pacífico, entre os civilistas portugueses, que os *atos de mera administração* são todos aqueles que digam respeito a prover à conservação dos bens administrados e a promover a sua frutificação normal[609]. E os *atos de disposição* são todos aqueles que alteram a própria substância do patrimônio administrado, que afetam o *capital* administrado, pondo-o em risco, por implicarem um novo e diverso investimento desse capital[610].

---

[603] *Idem*, p. 386.
[604] GOMES, *op. cit.*, v. 1. p. 296-297.
[605] *Idem*, p. 296.
[606] Art. 1.691. Não podem os pais alienar, ou gravar de ônus real os imóveis dos filhos, nem contrair, em nome deles, obrigações que ultrapassem os limites da simples administração, salvo por necessidade ou evidente interesse da prole, mediante prévia autorização do juiz.
[607] DIDIER JR., Fredie... et.al. *Comentários ao código civil brasileiro*. Rio de Janeiro: Forense, 2005. p. 289. v. 15. Arruda Alvim, Thereza Arruda (coords.). Nesse sentido ainda: BEVILAQUA, Clóvis. *Comentários ao Código Civil dos Estados Unidos do Brasil*. 5.ed. Rio de Janeiro: Francisco Alves, 1937. p. 367. v. 2; CUNHA GONÇALVES, Luiz da. *Tratado de Direito Civil*. 2. ed. São Paulo: Max Limonad, 1955. p. 475. v. 2. t. I).
[608] BEVILÁQUA, *op. cit.*, p. 367.
[609] ANDRADE, *op. cit.*, v. 2. p. 62; MOTA PINTO, *op. cit.*, p. 408; VASCONCELOS, *op. cit.*, p. 450.
[610] ANDRADE, *op. cit.*, v. 2p. 62; MOTA PINTO, *op. cit.*, p. 408; VASCONCELOS, *op. cit.*, p. 451.

Em resumo, a distinção entre administração e disposição tem como critério a interferência, ou não, na *substância* dos bens. A *substância* de uma coisa ou de um bem jurídico diz respeito à sua aptidão "para satisfazer, ou contribuir para a satisfação de uma necessidade ou de um fim das pessoas[611]". Por outros termos, a *substância* está ligada à funcionalidade e à utilidade do bem, o que, a rigor, só é possível apurar com precisão à luz do caso concreto[612]. Assim, por exemplo, é diferente a administração de um lote de ações que tenham a função de controle de um grupo econômico do gerenciamento de um lote de ações que esteja dado em garantia de responsabilidades patrimoniais[613].

Veja-se, por conseguinte, que, para os portugueses, o conceito de *atos de disposição* não se confunde com o de *atos de alienação*[614]. A depender da situação concreta, um ato de alienação estará circunscrito somente ao âmbito de atos de simples administração, como, por exemplo, a venda de frutos e produtos da coisa administrada. Quando, porém, a alienação abrange a própria coisa, o ato será de disposição. A mesma lógica, portanto, serve para os atos de oneração – os quais constituem direitos reais de garantia sobre a coisa -, por serem atos potencialmente de alienação[615].

Para os fins do regime jurídico do negócio condicional, a diferenciação entre *atos de disposição* e *atos de administração* é fundamental para se determinar a incidência, ou não, do art. 126 do Código Civil. Isso porque, se o ato for de disposição e incompatível com a condição suspensiva, o ato reputado será ineficaz, se realizado evento condicional, conforme disposto no referido artigo. Por outro lado, é pacífico na doutrina que os *atos de administração* não sofrem os *efeitos retroperantes*[616], inclusive na hipótese de execução

---

[611] VASCONCELOS, *op. cit.*, p. 451.
[612] *Ibidem*.
[613] *Ibidem*.
[614] VASCONCELOS, *op. cit.*, p. 452; ANDRADE, *op. cit.*, p. 64; MOTA PINTO, *op. cit.*, p. 410.
[615] VASCONCELOS, *op. cit.*, p. 452.
[616] Código Civil português, art. 277, n.2: "O preenchimento da condição não prejudica a validade dos actos de administração ordinária realizados, enquanto a condição estiver pendente, pela parte a quem incumbir o exercício do direito".
Código Civil italiano, art. 1.361: *L'avveramento della condizione non pregiudica la validità degle atti di amministrazione compiuti dalla parte a cui, in pendenza della condizione stessa, spettava l'esercizio del diritto* (Tradução livre: "A verificação da condição não prejudica a validade do ato de administração feito pela parte em que, na pendência da condição, competia o exercício do direito").

provisória⁶¹⁷. A razão para tanto está no próprio interesse do expectante, dado que "o critério da retroatividade, estabelecido no interesse de quem se torna titular do direito depois de se verificar a condição, não poderia ser aplicado com tal rigor que redundasse em desvantagem daquele sujeito"⁶¹⁸. O interesse do credor estaria justamente na manutenção do interesse do expectado na conservação e frutificação dos bens, pois, se assim não fosse, haveria um prejuízo para o credor expectado⁶¹⁹.

Neste trabalho, adota-se, portanto, como critério de diferenciação entre *atos dispositivos* e *atos de mera administração*, a substância dos bens (acima referida), com a particularidade de que a perquirição da funcionalidade e utilidade do bem deve levar em conta o negócio jurídico condicional concreto.

Partindo, por conseguinte, dessa premissa, não é preciso recorrer ao conceito de abuso de direito, como Espínola fez, para tornar ineficaz um "ato de administração" incompatível com a condição, realizado durante a pendência. A hipótese citada pelo autor (originalmente referida por Pinto Coelho⁶²⁰) diz respeito a uma venda de imóvel sob condição suspensiva em que, durante a pendência, o *expectado* arrendou o imóvel por um prazo de 50 anos⁶²¹. Na visão do jurista brasileiro, esse arrendamento consistiria "um ato doloso ou, pelo menos, um ato abusivo, que o adquirente não é obrigado a respeitar"⁶²². E, prossegue afirmando que "absurdo como fora admitir que estivesse na intenção das partes deixar o adquirente privado para sempre de dispor do imóvel condicionalmente vendido"⁶²³, razão pela qual entende que tal ato não poderia ser considerado um ato normal de administração. Por fim, conclui que, quanto à gravidade de efeitos, tal arrendamento apresentaria "quase a mesma significação de um ato de disposição, condenado a cair com o implemento da condição"⁶²⁴.

---

⁶¹⁷ RÁO, *op. cit.*, p. 356.
⁶¹⁸ BETTI, *op. cit.*, p. 154. Sentido similar: Nicola Coviello para quem a retroatividade não alcança os atos de administração em razão do fato de eles serem feitos no interesse da coisa em si e, por consequência, no de quem tem direito a ela (COVIELLO, *op. cit.*, p. 439).
⁶¹⁹ MOTA PINTO, *op. cit.*, p. 575.
⁶²⁰ Registra-se que esse exemplo foi utilizado por Pinto Coelho com finalidade um pouco diferente da empregada por Espínola, pois o primeiro defende a retroatividade da condição a qualquer ato de administração, enquanto o último só aos atos de administração abusivos.
⁶²¹ PINTO COELHO, *op. cit.*, p. 362-363.
⁶²² *Ibidem*.
⁶²³ ESPÍNOLA, *op. cit.*, p. 364.
⁶²⁴ Ibidem., Francisco Amaral, por sua vez, adverte que, para os casos de locação, o Direito brasileiro já dispõe de norma expressa reguladora da matéria, a saber, o artigo 7º da Lei n.

CONDIÇÃO SUSPENSIVA

Com efeito, segundo o sentido de *ato de disposição* adotado neste trabalho, o arrendamento realizado no referido exemplo é inequivocamente um *ato de disposição*, pois há alteração na substância do bem, *i.e.*, caso realizada a condição, a possibilidade de o imóvel satisfazer, ou contribuir para a satisfação, do adquirente estará diminuta ou ausente por um substancial período de tempo.

Esclarecido-o conceito adotado de *atos de disposição*, chega o momento de examinar o art. 126 do Código Civil, o qual reputa ineficaz o ato de disposição incompatível com a condição suspensiva, realizado durante sua pendência.

4.2. Incidência do art. 126 do Código Civil

No negócio sob condição suspensiva, enquanto o evento condicional não se verificar, é possível que novas disposições sobre a coisa sejam estipuladas. O legislador, no entanto, determinou a ineficácia das modificações incompatíveis com negócio condicional, caso a *condição-fato* vier a se realizar (art. 126).

Essa regra, nas palavras de Francisco Amaral, contempla uma limitação ao poder de dispor do expectado[625], tendo em vista que, ausente essa previsão, o devedor poderia pôr em risco a coisa devida, mediante *atos de disposição* que impedissem a futura realização dos efeitos outrora condicio-

---

6.649/79 (cujo conteúdo foi parcialmente repetido no artigo 7º da Lei 8.245/91: "Nos casos de extinção de usufruto ou de fideicomisso, a locação celebrada pelo usufrutuário ou fiduciário poderá ser denunciada, com o prazo de trinta dias para a desocupação, salvo se tiver havido aquiescência escrita do nu proprietário ou do fideicomissário, ou se a propriedade estiver consolidada em mãos do usufrutuário ou do fiduciário. Parágrafo único. A denúncia deverá ser exercitada no prazo de noventa dias contados da extinção do fideicomisso ou da averbação da extinção do usufruto, presumindo – se, após esse prazo, a concordância na manutenção da locação"), segundo o qual, no caso de extinção de fideicomisso ou usufruto, o contrato de locação celebrada pelo fiduciário ou usufrutuário terminará, salvo se tiver havido aquiescência escrita do fideicomissário ou nu proprietário, ou se a propriedade se consolidar em mãos do usufrutuário. Haverá, assim, nesses casos, uma cessação do arrendamento por implemento da condição resolutiva. Em seguida, conclui que a extinção opera *ex nunc*, razão pela qual o aluguel percebido (fruto) pertencerá ao fiduciário (possuidor da coisa locada) (AMARAL, *op. cit.*, p. 237).

Apesar da solução legislativa para o caso de locação, a fundamentação exposta por Espínola sobre a não manutenção dos atos de administração abusivos tem considerável relevância, servindo como exemplo para outros atos de administração que não sejam relativos à locação.

[625] AMARAL, *op.cit.*, 1984, p. 241.

nados. Assim, segundo a referida norma, aquele que dispôs sob condição suspensiva fica em situação idêntica à do titular sob condição resolutiva[626], de sorte que continuará existindo e sendo eficaz o segundo negócio, caso não ocorra o evento condicional; perderá, porém, a sua eficácia, caso a *condição-fato* se implemente.

Segundo Francisco Amaral, a hipótese do art. 126 do Código Civil não é de retroatividade da condição, mas, sim, de nítida limitação ao poder de dispor do alienante condicional, dependendo da existência de uma incompatibilidade entre o *ato de disposição* do expectado e o direito do expectante[627]. Para tanto, segue sua fundamentação:

> O problema da retroatividade da condição deve ser encarado sob uma perspectiva temporal-natural e sob uma jurídico-formal. Pela primeira, objeto da proteção jurídica são os direitos ou a situação jurídica existente na fase da pendência da condição. É a dimensão temporal. Pela segunda, objeto de incidência da norma jurídica negocial é o poder de disposição do devedor. São duas categorias diversas, não há que se pretender deslocar, no tempo, para trás, um fato jurídico, o que seria naturalmente impossível, nem imaginar um estado jurídico idêntico ao que ocorreria, se o negócio fosse puro e simples, como pretende Pelosi. O que o direito tem de levar em conta é a situação jurídica existente na pendência da condição, e quais os limites do poder disponente do devedor para prática de atos prejudiciais à expectativa do direito do credor[628].

Nesta ordem de ideias, não seria preciso recorrer ao (pretenso) princípio da retroeficácia para explicar a consequência do art. 126 do Código Civil. O legislador, portanto, valorando a situação jurídica existente (ato de disposição que impede o negócio condicional), criou uma proteção efetiva ao *expectante*, evitando a violação do princípio da obrigatoriedade dos contratos.

Essa limitação não se restringe ao poder do *expectado* de dispor, mas também se aplica aos demais atos de disposição que não emanam do próprio expectado. Nessa linha, conta-se com juristas de peso. Carvalho Santos reconhece a incidência do art. 122 do Código Civil de 1916 (atual art.

---

[626] PONTES DE MIRANDA, *op. cit.*, t. V. p. 240; RIBEIRO, *op. cit.*, p. 334.
[627] AMARAL, *op.cit.*, 1984, p. 243.
[628] *Ibidem..*

126) nos casos de penhora do objeto da disposição condicionada, arresto sequestro e até mesmo na falência, quando arrecadados pelo síndico, de sorte que "os bens sairão da massa, por pertencerem àquele a quem forem transferidos pelo credor"[629]. Também Pontes de Miranda entende que o mencionado dispositivo legal refere-se, por analogia, a execuções forçadas, arrestos, sequestros e outras medidas constritivas[630].

Registra-se que essa limitação legal encontra certas restrições. Em primeiro lugar, conforme expresso no art. 126 do Código Civil, a ineficácia só se aplica aos atos incompatíveis com o *direito expectativo*.

Em segundo, a ineficácia só incide quando os atos de disposição envolverem bens móveis infungíveis[631]. Intuitivo que, quando os bens forem fungíveis[632], *i.e.*, sendo substituíveis por outros da mesma espécie, qualidade e quantidade, o *expectado* estará obrigado a entregar outra coisa, com as mesmas especificações, independente de ato de disposição anterior. O que não ocorre, porém, quando o bem objeto de disposição é móvel infungível. Há quem suscite, nessa hipótese, que para aplicação, ou não, da sanção de ineficácia, o intérprete deverá levar em conta a boa-fé do terceiro[633]. Assim, caso o terceiro ignore a existência do negócio condicional, a realização da condição não afeta o seu direito. Afirmam que essa solução é a mais condizente com a segurança do comércio jurídico[634], não ignorando, porém, o dever do *expectado* de indenizar o *expectante*, em razão do ato ilícito relativo, pelo equivalente e mais perdas e danos[635].

Em terceiro lugar, a ineficácia só atinge os bens imóveis quando estiverem devidamente transcritos[636], *i.e.*, quando o registro reflita, com precisão, a existência de negócio condicional. O terceiro, portanto, não poderá alegar boa-fé. Por outro lado, quando inexiste registro, os atos de disposição praticados serão eficazes, porém conferir-se-á direito de indenização ao expectante pelo ato ilícito relativo.

---

[629] Carvalho Santos, *op. cit.*, v. 3. p. 90, remetendo-se ao BGB, § 161.
[630] Pontes de Miranda, *op. cit.*, t. V. p. 241.
[631] Amaral, *op.cit*, 1984, p. 243. Ribeiro, *op. cit.*, p. 335.
[632] Art. 85. São fungíveis os móveis que podem substituir-se por outros da mesma espécie, qualidade e quantidade.
[633] Ribeiro, *op. cit.*, p. 335; Amaral, *op.cit.*, 1984, p. 244.
[634] Ribeiro, *op. cit.*, p. 335; Espínola, *op. cit.*, p. 367.
[635] Espínola, *op. cit.*, p. 367.
[636] Amaral, *op.cit*, 1984, p. 243; Oliveira, *op. cit.*, p. 336.

Conclui-se, portanto, que o art. 126 do Código Civil contém uma limitação legal não só do poder do expectado de dispor do bem, mas também de qualquer outra fonte produtora de um ato de disposição incompatível com o negócio condicional, desde que o bem seja infungível e, no caso de imóveis, o negócio condicional esteja devidamente transcrito no registro competente.

CONCLUSÕES

O exame cuidadoso do tema proposto permitiu que se chegasse às seguintes conclusões, abaixo sintetizadas:

1. A condição suspensiva é uma cláusula que se encontra integrada, de modo incindível, à declaração negocial, mediante a qual se torna um *motivo irrelevante* em *relevante* ao negócio, que não interfere, porém, na função da *fattispecie* central do negócio.
2. Esse motivo expressa um *interesse externo* comum às partes, que decorre da *incerteza* quanto à ocorrência de uma situação fática própria para produzir o resultado prático perseguido. As partes, portanto, constituem um *vínculo jurídico* em um momento em que não há certeza sobre a efetiva ocorrência do escopo prático final.
3. A função da condição suspensiva refere-se ao deslocamento temporal da *exigibilidade* de todos ou alguns efeitos do negócio jurídico, em razão da *incerteza* decorrente da indisponibilidade de um dado decisivo para se alcançar o resultado prático final.
4. A estrutura da condição é composta por seus elementos essenciais, a saber, voluntariedade, futuridade e incerteza. Em razão do fato de a função determinar a estrutura, torna-se imprescindível realizar uma releitura dos clássicos elementos estruturais da condição mediante uma análise funcional.
5. Assim, em relação à voluntariedade, pretendeu-se demonstrar qual o alcance do vocábulo *exclusividade* empregado no art. 121 do Código Civil. Concluiu-se que os elementos essenciais do negócio jurídico não podem ser condicionados, pois, se assim se procedesse, inexis-

tiria *fato jurídico*. Vislumbrou-se a possibilidade, em situações excepcionais, de se condicionar outros pressupostos ou consequências do negócio, desde que haja efetiva atuação da autonomia privada, e que não haja interferência na *causa* do negócio central.
6. Quanto à futuridade, demonstrou-se sua importância na caracterização do período de pendência do evento condicional e na avaliação de *seriedade* do vínculo jurídico. Determinou-se, porém, que não estão fora do alcance do art. 121 do Código Civil as situações nas quais fatos passados ou presentes dependam de confirmação.
7. Em relação à *incerteza*, ressaltou-se o seu caráter fundamental na delimitação da figura condicional, tendo em vista, principalmente, a concepção funcional da condição suspensiva defendida neste trabalho. Os contratantes incertos sobre a ocorrência, ou não, de uma situação fática imprescindível para realização do resultado prático perseguido, decidem previamente se vincular.
8. A condição comporta várias espécies, cujas diferenças práticas são marcantes. As que se destacam são as condições impossíveis e as puramente potestativas.
9. Demonstrou-se que o repúdio às condições impossíveis decorre da falta de incerteza sobre sua ocorrência, o que, por consequência, macula a *seriedade da vontade*. Nessa linha, a "possibilidade da condição" deve ser entendida como a "incerteza sobre a impossibilidade do evento", e não como "absoluta certeza sobre a possibilidade do evento".
10. Analisou-se a *condição puramente potestativa*, e concluiu-se que, sob o aspecto funcional, não é possível caracterizá-la como condição em sentido próprio. Isso porque, é a vinculação recíproca entre expectante e *expectado* o que justifica o regime jurídico da condição (arts. 121-130 do Código Civil). No caso das condições puramente potestativas, essa vinculação parece não ter substância para compor um verdadeiro *direito expectado*. Assim, quando o efeito depender exclusivamente do arbítrio de uma das partes é melhor qualificar o negócio subjacente como opção ou como proposta contratual.
11. Na delimitação da condição suspensiva perante figuras próximas, destaca-se a "condição precedente ao fechamento". Inadmite-se classificá-las, a *priori* e de modo acrítico, como condições suspensivas em sentido próprio. De modo geral, estão submetidas ao risco

de serem reputadas impróprias tanto pela *pura potestatividade* quanto pela *exterioridade*. Isso porque, geralmente, uma *obrigação* a ser realizada pelo devedor é convencionada como evento condicional. É possível, porém, que o resultado dessa obrigação seja elevado à condição, de modo que, então, essa obrigação será exigível desde a celebração do negócio, permitindo a parte credora se valer de ações cabíveis para compelir o devedor a executá-la. De qualquer forma o importante é realizar uma análise funcional, de maneira que, se a condição dita precedente realizar a síntese dos efeitos essencial da condição suspensiva, atrair-se-á a normativa própria da condição em sentido técnico.

12. As medidas de proteção dos figurantes próprias do período de pendência da condição suspensiva são caracterizadas pelo fato de imporem uma *dupla limitação*: por um lado, ao *expectante* não é permitido interferir no exercício do direito do *expectado*; por outro, ao *expectado* não é permitido ameaçar ou prejudicar o exercício futuro daquele direito pelo *expectante*.

13. Para a proteção do seu direito, o *expectante*, durante a pendência da condição suspensiva, pode-se valer de medidas de conservação (art. 130 do Código Civil), que têm por finalidade promover a conservação jurídica e material da prestação e garantir a prova da relação jurídica existente. Tais medidas não podem se revestir de caráter executório.

14. Durante o período de pendência, os direitos do *expectado* igualmente são protegidos. Se erradamente prestou, poderá valer-se do instituto do pagamento indevido (art. 876 do Código Civil). Caso pretenda demonstrar que o direito condicional é *inexigível*, poderá manejar a ação declaratória de inexigibilidade de débito.

15. Há ainda a proteção de ambos os figurantes frente a condutas ilícitas perpetradas durante o regime de pendência. Quando há manipulação maliciosa da vicissitude da condição, em razão de uma ficção jurídica, a incerteza sobre a ocorrência, ou não, do evento será dissipada em favor da parte inocente (art. 129 do Código Civil). Tal consequência tem uma *dupla finalidade*: sancionar a conduta ilegítima da parte manipuladora e ressarcir a parte prejudicada.

16. Além disso, o art. 129 do Código Civil em questão tem eficácia autônoma em relação ao princípio da boa-fé objetiva, de modo que

a atuação da boa-fé objetiva circunscreve-se à interpretação menos rigorosa do vocábulo *maliciosamente*, abrangendo a atuação voluntária para o fim reprovado pelo ordenamento jurídico.

17. O art. 129 do Código Civil não é a única figura jurídica utilizável nos casos de condutas ilícitas ocorridas durante a pendência da condição. Havendo uma conduta dolosa ou culposa, dano e nexo de causalidade, a parte prejudicada poderá ser ressarcida conforme o art. 927 do Código Civil.

18. Em relação à atuação do terceiro na ocorrência, ou não, do evento condicional, concluiu-se que, se houver conluio entre terceiro e o contratante beneficiado pela vicissitude manipulada, certo é que o art. 129 do Código Civil incidirá e que o terceiro responderá pelo ilícito absoluto. Se, porém, a verificação do evento condicional depender efetivamente da atitude de terceiro, o regime da responsabilidade não incidirá, pelo fato de a conduta ser legítima.

19. Durante a pendência da condição suspensiva, o *expectado* assume um *dever de diligência* em relação à prestação, devendo tornar possível o cumprimento eventual da prestação futura. Assim, caso inadimplido esse dever, o devedor responderá pelo *equivalente* mais *perdas e danos* (art. 234 do Código Civil), independentemente da ocorrência do evento condicional.

20. Se durante a pendência da condição suspensiva, a coisa devida se perder sem culpa do devedor, extinguir-se-á a obrigação para ambas as partes em razão da perda do objeto da prestação, conforme art. 234 do Código Civil. Assim, o devedor suportará o risco desse impedimento, em razão da regra *res perit domino*, independentemente de o evento condicional se realizar posteriormente.

21. Em relação às deteriorações fortuitas e imputáveis ocorridas durante a pendência, o regime aplicável será o das obrigações de dar (arts. 235 e 236 do Código Civil) desde que a condição se verifique.

22. Quando houver melhorias da coisa durante a pendência da condição, o *princípio da tradição* ganha relevância, de modo que as melhorias pertencerão ao devedor pelo fato de ser o proprietário da coisa. Admite-se, na hipótese de *benfeitorias necessárias*, o uso analógico do art. 505 do Código Civil aos negócios condicionais. Além disso, não se admite a possibilidade de compensação das *benfeitorias necessárias* com os *frutos*, em razão da falta de reciprocidade obrigacional,

já que o devedor é credor da indenização pelas benfeitorias e proprietário legítimo dos frutos percebidos durante a pendência.
23. O art. 126 do Código Civil contém uma limitação legal não só do poder do *expectado* de dispor do bem, mas também de qualquer outra fonte produtora de um ato de disposição incompatível com o negócio condicional, desde que o bem seja infungível e, no caso de imóveis, o negócio condicional esteja devidamente transcrito no registro competente.

REFERÊNCIAS

ABREU FILHO, José. *O negócio jurídico e sua teoria geral*. 5. ed. São Paulo: Saraiva, 2003.

ALMEIDA, Lacerda. *Obrigações*. 2. ed. Rio de Janeiro: Jacintho Ribeiro dos Santos, 1916.

ALVES, João Luiz. *Código civil da República dos Estados Unidos do Brasil*. 3.ed. Rio de Janeiro: Borsoi, 1957. v. 1.

ALVIM, Agostinho. *Da doação*. 3. ed. São Paulo: Saraiva, 1980.

AMARAL, Francisco. *Da irretroatividade da condição suspensiva no Direito Civil brasileiro*. Rio de Janeiro: Forense, 1984.

_____. A irretroatividade da condição suspensiva. *Revista de Direito Civil, Imobiliário, Agrário e Empresarial*, São Paulo, v.8, n. 28, p. 17-55, 1984.

_____. *Enciclopédia de Direito Saraiva*. São Paulo: Saraiva, 1980. v. 53.

_____. *Direito Civil*. 8. ed. Rio de Janeiro: Renovar, 2014.

ANDRADE, Manuel A. Domingues. *Teoria geral da relação jurídica*. Coimbra: Almedina, 1983. v. 2.

ANTUNES VARELA, João de Matos. *Enciclopédia Saraiva de Direito*. São Paulo: Saraiva, 1978. v. 17.

ASURMENDI, Camino Sanciñena. *La opción de compra*. Madrid: Dykinson, 2007.

AURELIANO, Nuno. *O risco nos contratos de alienação*. Coimbra: Almedina, 2009.

AZEVEDO, Antônio Junqueira *Negócio jurídico e declaração negocial*: (noções gerais e formação da declaração negocial). São Paulo: [s.n.], 1986.

_____. *Negócio jurídico*: existência, validade e eficácia. 4. ed. São Paulo: Saraiva, 2002.

_____. Cláusula cruzada de não-indenizar (cross-waiter of liability), ou cláusula de não-indenizar com eficácia para ambos os contratantes. Renúncia ao direito de indenização. Promessa de fato de terceiro. Estipulação em favor de terceiro. In: _____. *Estudos e pareceres de direito privado*. São Paulo: Saraiva, 2004. p. 103-112.

AZEVEDO, Álvaro Villaça de. *Código Civil comentado*. São Paulo: Atlas, 2003. v. 2.

BALDINI, Gianni. La condizione unilateral: implicazioni e problemi. *La condizione nel contratto*: tra 'atto' e 'attività'. Milão: CEDAM, 2008.

BANDEIRA, Paula Greco. *Contratos aleatórios no Direito Brasileiro*. Rio de Janeiro: Renovar, 2010.

_____. *Contrato incompleto*, São Paulo: Atlas, 2015.

BARBERO, Domenico. *Contributo alla teoria dela condizione*. Milão: Dott. A. Giuffrè Editore, 1937.

_____. *Sistema del Derecho Privado*. Buenos Aires: Ediciones Jurídicas Europa-America, 1967. v. 1.

_____. "Condizione". In: AZARA, Antonio. EULA, Ernesto (Coord.). *Novíssimo digesto italiano*. Torino: Torinense, 1957. v. 3.

BARROS MONTEIRO, Washington de. *Curso de Direito Civil*. 39. ed. São Paulo: Saraiva, 2003. v. 1.

BETTI, Emílio. *Teoria Geral do negócio jurídico*. Coimbra: Coimbra Editora. 1970. t. III.

BESSONE, Darcy. *Da compra e venda*. 4. ed. São Paulo: Saraiva, 1997.

_____. *Anotações ao Código Civil brasileiro*. 5.ed. São Paulo: Saraiva, 1995. v. 1.

BEVILAQUA, Clóvis. *Código Civil dos Estados Unidos do Brasil*. Rio de Janeiro: Francisco Alves, 1927. v. 1.

_____. *Comentários ao Código Civil dos Estados Unidos do Brasil*. 5. ed. Rio de Janeiro: Francisco Alves, 1937. v. 2.

_____. *Theoria geral do Direito Civil*. 3. ed. Rio de Janeiro: Francisco Alves, 1946.

BOBBIO, Norberto. *Da estrutura à função*. Barueri: Manole, 2007.

BOTELHO, J. Joachim Carvalho. Partilha por divórcio sujeita a condição suspensiva. *Scientia Ivridica: Revista de Direito Comparado Português e Brasileiro*, Braga, v. 46, n. 268/270, p. 315-348, jul./dez. 1997.

BOTREL, Sérgio. *Fusões e aquisições*. São Paulo: Saraiva, 2012.

BRASIL. Superior Tribunal de Justiça. 3. Turma. Recurso Especial n. 20.982/MG. Rel. Min. Dias Trindade Ribeiro, julgado em 10 nov.1992. *Diário de Justiça*, [Brasília], 22 mar.1993.

_____. Superior Tribunal de Justiça. 3. Turma. *Recurso Especial n. 182.174/SP*. Rel. Min. Waldemar Zveiter, julgado 21 set.2000. Brasília: STJ, 2000.

_____. Superior Tribunal de Justiça. 5. Turma. Agravo Regimental no Agravo de Instrumento n. 832.495/SP. Rel. Min. Arnaldo Esteves Lima, julgado em 19 abr. 2007. *Diário de Justiça*, [Brasília], 21 maio 2007.

_____. Superior Tribunal de Justiça. 5. Turma. Agravo Regimental no Agravo de Instrumento n. 770.078/SP. Rel. Min. Félix Fischer, julgado em 12 dez. 2006. *Diário de Justiça*, [Brasília], 05 mar.2007.

_____. Superior Tribunal de Justiça. 3. Turma. Recurso Especial n. 215.542/SP, Rel. Min. Carlos Alberto Menezes Direito, julgado em 21 fev.2000. *Diário de Justiça*, [Brasília], 05 jun.2000.

BUSSADA, Wilson. *Código civil brasileiro interpretado pelos Tribunais*. Rio de Janeiro: Liber Juris, 1980. v. 1. t. II.

BUZAID, Alfredo. *A ação declaratória no direito brasileiro*. 2. ed. São Paulo: Saraiva, 1986.

CAHALI, Yussef Said. *Fraude contra credores*. 4. ed. São Paulo: RT, 2008.

CARBONNIER, Jean. *Droit civil*. Paris: Quadrige, 1955. v. 2.

CARRESI, Franco. *Il contratto*. Milão: Dott. A. Giuffrè, 1987.

CARIOTA FERRARA, Luigi. *Il negozio giuridico*. Napoli: Morano, [s.d.].

CARRION, Valentin Rosique. As sentenças incompletas. *Revista de Processo*, São Paulo, n.4, a.1,out./dez. 1976.

CARRERA, Franco. *Il contratto*. Milão: Dott A. Giuffrè, 1987.

CARVALHO DE MENDONÇA, Manoel Ignacio. *Doutrina e prática das obrigações*. 2. ed. Rio de Janeiro: Francisco Alves, [s.d.]. v. 1.

CARVALHO SANTOS, J.M. *Código civil brasileiro interpretado*. 14. ed. Rio de Janeiro: Fritas Bastos, 1991. v. 3.

_____. *Código Civil brasileiro interpretado*. Rio de Janeiro: Freitas Bastos, 1986. v. 11.

CARVALHOSA, Modesto. *Acordo de acionistas*: homenagem a Celso Barbi Filho. São Paulo: Saraiva, 2011.

CHALHUB, Melhim Namem. Cessão de crédito imobiliário e alienação fiduciária de bem imóvel objeto de compromisso de compra e venda registrado – Securitização de créditos imobiliários – Aspectos relevantes. *Boletim IRIB online*, São Paulo. Disponível em: <http://www.irib.org.br/html/boletim/boletim-iframe.php?be=3009>. Acesso em: 11 abr. 2015.

COGO, Rodrigo Barreto. *A frustração do fim do contrato*. Rio de Janeiro: Renovar, 2012.

COMPARATO, Fábio Konder. *O poder de controle na sociedade anônima*. 3. ed. Rio de Janeiro: Forense, 1983.

_____. Eficácia dos acordos de acionistas. In: _____. *Novos Ensaios e Pareceres de Direito Empresarial*. Rio de Janeiro: Forense, 1981, p. 74-87.

_____. Validade e eficácia de acordo de acionistas. Execução específica de suas estipulações. In: _____. *Novos Ensaios e Pareceres de Direito Empresarial*. Rio de Janeiro: Forense, 1981. p. 52-73.

COSTA, Moacyr Lobo da. Sentença condicional. *Revista de Direito Processual Civil*, São Paulo, v. 1, jan./jun. 1960.

COSTA MACHADO, Antônio Cláudio da. *Código de processo civil interpretado*. 2. ed. Barueri: Manole, 2008. p. 782.

COSTANZA, Maria. La condizione e gli altri elementi accidentali. In: GABRIELLI, Enrico (coord.). *Trattato del Contratti*. Torino: UTET, 1999. t.II.

COUTO, Maria de Carmo de Rezende Campos. *Compra e venda*. 2. ed. São Paulo: IRIB, 2012. (Coleção de Cadernos IRIB, v. 1)

COUTO E SILVA, Clóvis. *Obrigação como processo*. São Paulo: FGV, 2006.

_____. O conceito de dano no direito brasileiro e comparado. *Revista dos Tribunais*, São Paulo, v. 667, maio 1991.

COVIELLO, Nicola. *Manuale di diritto civile italiano*. 4. ed. Milano: Società Editrice Libraria, 1929.

CRETELLA JÚNIOR, José. In: Limongi França (coord.). *Enciclopédia Saraiva do direito*. São Paulo: Saraiva, v. 17. 1978.

CUNHA GONÇALVES, Luiz da. *Tratado de Direito Civil*. 2. ed. São Paulo: Max Limonad, 1955. v.4. t.II.

_____. *Tratado de Direito Civil*. 2. ed. São Paulo: Max Limonad, 1955. p. 475. v. 2. t. I.

CURITIBA. Tribunal de Justiça. Apelação Cível nº 42/61, julgado em 8 nov.1962. Rel. Min. Aprígio Cordeiro. *Revista dos Tribunais*, v. 335, p. 321-324, set. 1963.

DÍEZ-PICAZO, Luis. *Fundamentos del Derecho Civil patrimonial*. 5.ed. Madrid: Editorial Civitas, 1996. v. 1.

DÍEZ-PICAZO, Luis; GULLÓN, Antonio. *Sistema de Derecho Civil*. 7.ed. Madrid: Tecnos, 1989. v. 1.

DINIZ, Maria Helena. *Sistemas de registros de imóveis*. 11.ed. São Paulo: Saraiva, 2014.

DANTAS, San Tiago. *Programa de Direito Civil*. 3.ed. Rio de Janeiro: Forense, 2001.

DIDIER JR., Fredie... et.al. *Comentários ao Código Civil brasileiro*. Rio de Janeiro: Forense, 2005. v. 15.

ESPINOLA, Eduardo. *Manual do Código Civil brasileiro*. Rio de Janeiro: Jachinto Ribeiro dos Santos, 1926. v.3. 2· parte.

FALZEA, Angelo. *La condizione e gli elementi dell'atto giuridico*. Milano: Giuffrè, 1941.

FAVALE, Rocco. *Il codice civile commentario*. Milano: Giuffrè Editore, 2009.

FERREIRA, Durval. *Negócio Jurídico Condicional*. Coimbra: Almedina, 1998.

FERRI, Luigi. *La Autonomía Privada*. Granada: Comares, 2001.

FERRO, Marcelo Roberto. *O prejuízo como requisito preponderante da fraude contra credores*. 1994. Dissertação (Mestrado em Direito Civil) – Faculdade de Direito, Universidade de São Paulo, São Paulo, 1994.

FIORAMELLI, Ademar. *Direito Registral Imobiliário*. Porto Alegre: Sérgio Antônio Fabris Editor, 2001.

FORGIONI, Paula. *Teoria geral dos contratos empresariais.* São Paulo: RT, 2009.

FLUME, Werner. *El negocio jurídico.* 4. ed. Madrid: Fundación Cultural del Notariado, 1998. t. II.

FREITAS, Augusto Teixeira. *Esboço do Código Civil.* Brasília: Fundação Universidade de Brasília, 1983. v. 1.

GARNER, Bryan (coord.). A. *Black´s law dictionary.* Saint Paul: Thomson Reuters, 2009.

GALGANO, Francesco. *Diritto civile e commerciale.* 3. ed. CEDEM: Milani. 1999. v. 2.

_____. *El negocio jurídico.* Valencia: Tirant lo blanch, 1992.

GASCÓ, Francisco de P. Blasco. *Cumplimiento del contrato y condición suspensiva.* Valencia: Tirant lo blanch, 1991.

GERALDES, João de Oliveira, *Tipicidade contratual e condicionalidade suspensiva*, Coimbra: Almedina, 2010.

GIORGI, Giorgio. *Teoria delle Obbligazioni.* 7. ed. Firenze: Fratelli Cammelli, 1908. v. 4.

GOMES, Orlando. *Introdução ao Direito Civil.* 19. ed. Rio de Janeiro: Forense, 2008.

GONÇALVES, Aderbal da Cunha. *Da propriedade resolúvel.* São Paulo: RT, 1979. p. 73-74.

GUEDES, Gisela Sampaio da Cruz. *Lucros cessantes:* do bom-senso ao postulado normativo da razoabilidade. São Paulo: RT, 2011.

GUEIROS, Nehemias. *Da condição em face do Código Civil.* Recife: Jornal do Commércio, 1935.

IGLESIAS, Felipe Campana Padin. *Opção de compra ou venda de ações no Direito brasileiro:* natureza jurídica e tutela executiva judicial. 2011. Dissertação (Mestrado em Direito Comercial) – Faculdade de Direito, Universidade de São Paulo, São Paulo, 2011.

INDOLF, Maria. La condizione secondo la teoria della fattispecie. La concezione di Angelo Falzea. I successivi sviluppi. In: ALCARO, Francesco (cura). *La condizione nel contratto:* tra "atto" e "attività". Milão: CEDAM, 2008.

KONDER, Carlos Nelson. Causa do contrato X função social do contrato: Estudo comparativo sobre o controle da autonomia negocial. *Revista Trimestral de Direito Civil*, Rio de Janeiro, v. 43, jul./set. 2010. p. 33-76.

LARENZ, Karl. *Derecho Civil.* 3. ed. Madrid: Editoriales de Derecho Reunidas, 1975.

LUCCA, Newton de. In: Sálvio de Figueiredo (coord.). *Comentários ao novo Código Civil.* Rio de Janeiro: Forense, 2003. v. 12.

MARINONI, Luiz Guilherme; MITIDIERO, Daniel. *Código de Processo Civil:* comentado art. por art.. 6.ed. São Paulo: RT, 2014.

_____. *Novo Código de Processo Civil comentado.* São Paulo: RT, 2015.

MARTINS-COSTA, Judith. A teoria da causa em perspectiva comparativa: a causa no sistema civil francês e no sistema civil brasileiro. *Revista da Associação dos Juízes do Rio Grande do Sul*, Porto Alegre, n.45, maio 1989. p. 213-244.

_____. Notas de aula da Disciplina Teoria Geral dos Contratos da Faculdade de Direito da Universidade Federal do Rio Grande do Sul, 1990.

_____. *Comentário ao novo código civil.* v. 5. t. I. 2. ed. Rio de Janeiro: Forense, 2005.

_____. Contratos de derivativos cambiais. Contratos aleatórios. Abuso de direito e abusividade contratual. Boa-fé objetiva. *Revista de Direito Bancário e do Mercado de Capitais*, São Paulo, v. 55, a. 15, jan./mar. 2012. p. 321-381.

_____. Contrato de cessão e transferência de quotas. Acordo de sócios. Pactuação de parcela variável do preço contratual denominada "earn out". Características e função ("causa objetiva") do earn out. *Revista de Arbitragem e Mediação*, São Paulo: RT, v. 42, jun./set. 2014. p. 153-188.

_____. Le contrat et les tiers au Brésil In: *Journees Panameenes de l'Association Henri Capitant des amis de la culture juridique française*. maio 2015.

_____. *A boa-fé no direito privado*: critérios para sua aplicação. São Paulo: Marcial Pons, 2015.

MARTINS-COSTA, Judith. Reflexões sobre a Função Social dos Contratos. In: CUNHA, Alexandre dos Santos (Coord.). *O Direito da Empresa e das obrigações e o novo Código Civil brasileiro*. São Paulo: Quartier Latin, 2004.

MARTINS-COSTA, Judith; TEIXEIRA, Sálvio de Figueiredo (Coord.). *Comentários ao novo Código Civil*. v. 5. t. II. 2. ed. Rio de Janeiro: Forense, 2009.

MARTINS-COSTA, Judith; NITSCHKE, Guilherme Carneiro Monteiro. Contratos duradouros lacunosos e poderes do árbitro: questões teóricas e práticas. *Revista Jurídico Luso-Brasileira*, Lisboa, n.1, a. 1, 2015. Disponível em: <http://cidp.pt/publicacoes/ revistas/rjlb/2015/1/2015_01_1247_1299.pdf>. Acesso em: 07 maio 2015.

MARTINS-COSTA, Judith; HAICAL, Gustavo. Direito restituitório. Pagamento indevido e enriquecimento sem causa. Erro invalidante e erro elemento do pagamento indevido. Prescrição. Interrupção e dies a quo. *Revista dos Tribunais*, São Paulo, v. 956, jun. 2015. p. 257-295.

MEIRELES, Rose Melo Venceslau. O negócio jurídico e suas modalidades. *O Código Civil na perspectiva civil-constitucional*. Rio de Janeiro: Renovar, 2013.

MELLO, Marcos Bernardes de. *Teoria do fato jurídico:* plano da eficácia. Parte 1. 8.ed. São Paulo: Saraiva, 2013.

_____. *Teoria do fato jurídico:* plano da existência. 20.ed. São Paulo: Saraiva, 2014.

MESSINEO, Francesco. *Manuale di diritto civile e commerciale*. Milano: Dott. A Giuffrè, 1957.

MICHELON JR., Cláudio; REALE, Miguel; MARTINS-COSTA, Judith. (coords.). *Direito restituitório*. São Paulo: RT, 2007.

MIRANDA, Custodio da Peidade Ubaldino. *Teoria geral do negócio jurídico*. 2. ed. São Paulo: Atlas, 2009.

MITIDIERO, Daniel. *Antecipação de tutela:* da tutela cautelar à técnica antecipatória. 2. ed. São Paulo: RT, 2014.

MORAES, Maria Celina Bodin de. O procedimento de qualificação dos contratos e a dupla configuração do mútuo no Direito Civil brasileiro. *Revista Forense*. Rio de Janeiro, n. 309, p. 33-61, jan./mar. 1989.

_____. A causa dos contratos. *Na medida da pessoa humana:* estudos de direito civil-constitucional. Rio de Janeiro: Renovar, 2010. p. 289-317.

MOREIRA ALVES, José Carlos. *A parte geral do projeto do Código Civil brasileiro*. 2. ed. São Paulo Saraiva, 2003.

MOTA PINTO, Carlos Alberto. *Teoria geral do Direito Civil*. 4. ed. Coimbra: Coimbra editora, 2009.

NANNI, Giovanni Ettore. *Enriquecimento sem causa*. São Paulo: Saraiva, 2004.

NEGREIROS, Teresa. *Teoria do contrato: novos paradigmas*. Rio de Janeiro: Renovar, 2002.

NONATO, Orosimo. *Curso de obrigações*. Rio de Janeiro: Forense, 1959. v. 1.

NORONHA, Fernando. *Direito das obrigações*. 3. ed. São Paulo: Saraiva, 2010.

OLIVEIRA, Lauro Laertes de. *Da ação pauliana*. São Paulo: Saraiva, 1979.

PAIVA, João Pedro Lamana. Do Registro da Compra e Venda Condicional. *Boletim do Direito Imobiliário: Diário das Leis Imobiliário*, São Paulo, n. 1, jan. 2015. p. 26-31.

PENTEADO, Luciano de Camargo. Cláusulas típicas dos negócios jurídicos: condição, termo e encargo. *Teoria geral de Direito Civil*. São Paulo: Atlas, 2008.

PEREIRA, Caio Mario da Silva. *Instituições de Direito Civil*. Rio de Janeiro: Forense, 2013. v. 1.

_____. *Obrigações e contratos*. Rio de Janeiro: Forense, 2011.

_____. *Instituições de Direito Civil*. 13. ed. Rio de Janeiro: Forense, 2009. v. 3.

PERES, Fábio Henrique. *Cláusulas contratuais excludentes e limitativas do dever de indenizar*. São Paulo: Quartier Latin, 2009.

PERLINGIERI, Pietro. *O Direito Civil na legalidade constitucional*. Edição brasileira organizada por Maria Cristrina de Cicco. Rio de Janeiro: Renovar, 2008.

_____. *I negozio su beni futuri*: la compravendita di cosa futura. Napoli: Casa Editrice Dott. Eugenio Jovene, 1962.

PERLINGIERI, Pietro. *Perfis de Direito Civil*: introdução ao Direito Civil Constitucional. 3. ed. Rio de Janeiro: Renovar, 2007.

PINTO COELHO, José Gabriel. *Das cláusulas accessorias dos negócios jurídicos*: condição. Coimbra: Coimbra, 1909. v. 1.

PONTES DE MIRANDA, Francisco Cavalcanti. *Tratado das ações*. Campinas: Bookseller, 1998. t. II.

_____. *Tratado das ações*. Campinhas: Bookseller, 1999. t. IV.

_____. *Tratado de Direito Privado*. São Paulo: RT, 2012. p. 458. t. II

_____. *Tratado de Direito Privado*. São Paulo: RT, 2013. t. V.

_____. *Tratado de Direito Privado*. São Paulo: RT, 2012 t. LVI.

_____. *Tratado de Direito Privado*. São Paulo: RT, 2013 t. XIV.

_____. *Tratado de Direito Privado*. São Paulo: RT, 2012. t. XXIV.

_____. *Tratado de Direito Privado*. São Paulo: RT, 2012 t. XXVI.

PORTO ALEGRE. Tribunal de Justiça. 2. Câmara Cível. *Apelação Cível n. 70028463883*. Rel. Des. Arno Werlang, julgado em 06 out.2010. Porto Alegre: Tribunal de Justiça, 2010.

RÁO, Vicente. *Ato jurídico*. São Paulo: Mas Limonad, 1961.

REALE, Miguel. *O Direito como experiência*. 2. ed. São Paulo: Saraiva, 1999.

RIBEIRO, Eduardo; TEIXEIRA, Sálvio de Figueiredo (Coord.). *Comentários novo Código Civil*. Rio de Janeiro: Forense, 2008. v. 2.

RIO DE JANEIRO. Tribunal De Justiça. 3. Câmara Cível. *Apelação Cível nº 2004.001.08884*. Rel. Murilo Andrade de Carvalho, julgado em 10 ago. 2004. Rio de Janeiro: Tribunal de Justiça, 2004.

RIO DE JANEIRO. Tribunal De Justiça. 3. Câmara. *Agravo Legal na Apelação nº 0316437-26.2009.8.19.0001*. Rel. Milton Fernandes de Souza, julgado em 10 jul.2014. Rio de Janeiro: Tribunal de Justiça, 2014.

_____. 9. Câmara Cível. *Embargos de Declaração, nos autos do Agravo Interno no Agravo de Instrumento nº 2009.002.20848*. Rel. Des. Carlos Santos de Oliveira, julgado em 28 jul.2009. Rio de Janeiro: Tribunal de Justiça, 2009.

_____. 17. Câmara Cível. *Agravo Inominado n. 0187770-17.2012.8.19.0001*. Rel. Des. Márcia Ferreira Alvarenga, julgado em 09 abr. 2014. Rio de Janeiro: Tribunal de Justiça, 2014.

_____. 18. Câmara Cível. *Apelação Cível n. 2004.001.05257*. Rel. Des. Carlos Eduardo da Fonseca Passos, julgado em 06 abr. 2004. Rio de Janeiro: Tribunal de Justiça, 2004.

RIZZARDO, Arnaldo. *Parte geral do Código Civil*. 2. ed. Rio de Janeiro: Forense, 2003.

RODRIGUES, Silvio. *Curso de Direito Civil*. 32. ed. São Paulo: Saraiva, 2002. v. 1.

_____. Da retroatividade e da irretroatividade das condições. *Revista dos Tribunais*, São Paulo, n. 296, p. 21-26, jun. 1960.

RUGGIERO, Roberto de. *Instituições de Direito Civil*. São Paulo: Saraiva, 1935. v. 1.

SANSEVERINO, Paulo de Tarso Vieira. *Princípio da reparação integral*. São Paulo: Saraiva, 2010.

SÃO PAULO. Corregedoria-Geral de Justiça. *Parecer n. 103/2008*. Corregedor Geral de Justiça Ruy Camilo, julgado em 10 abr.2008. São Paulo: Corregedoria-Geral, 2008.

SÃO PAULO. Tribunal de Justiça. 3. Câmara de Direito Privado. *Apelação n. 9081533-47.208.8.26.0000*. Rel. Hélio Nogueira, julgado em 20 mar. 2014. São Paulo: Tribunal de Justiça, 2014.

_____. 4. Câmara. *Agravo de Petição n. 2.891*. Rel. Des. Cunha Cintra, julgado em 09 mar.1938. *Revista dos Tribunais*, São Paulo, n. 104, p. 173-174, jul. 1938.

_____. 14.Câmara de Direito Privado. *Apelação Cível n. 7.000.358-8*. Rel. Des. Itam Hamid Bdine, julgado em 05 maio 2006. São Paulo: Tribunal de Justiça, 2006.

_____. 17. Câmara de Direito Privado. *Apelação n. 1.172.428-0*. Rel. Des. Antonio Marcelo Cunzolo Rimola, julgado em 29 set.2005. São Paulo: Tribunal de Justiça, 2005.

_____. 21.Câmara de Direito Privado. *Apelação Cível n. 0260355-74.2009.8.26.0002*. Rel. Des. Itamar Gaino, julgado em 20 jun. 2012. São Paulo: Tribunal de Justiça, 2012.

_____. 25. Câmara de Direito Privado. *Apelação Cível n. 992.05.059589-9*. Rel. Des. Ricardo Pessoa de Mello Belli, julgado em 20 abr. 2010. São Paulo: Tribunal de Justiça, 2010.

_____. 27.Câmara de Direito Privado. *Apelação Cível n. 0125611-47.2006.8.26.0100*. Rel. Gilberto Leme, julgado em 09 abr.2013. São Paulo: Tribunal de Justiça, 2013.

_____. 28. Câmara de Direito Privado. *Apelação Cível n. 01725-16.2012.8.26.0100*. Rel. Des. Cesar Lacerda, julgado em 11 nov.2014. São Paulo: Tribunal de Justiça, 2014.

_____. 29. Câmara de Direito Privado. *Apelação Cível n. 992.05.113228-0*. Rel. Des. Ferraz Felisberto, julgado em 07 jul. 2010. São Paulo: Tribunal de Justiça, 2010.

_____. 32. Câmara de Direito Privado. *Apelação Cível n. 0063823-36.209.8.26.0000*. Rel. Luis Fernando Nishi, julgado em 17 out. 2013. São Paulo: Tribunal de Justiça, 2013.

_____. 34. Câmara de Direito Privado. *Apelação Cível n. 0122814-44.2005.8.26.0000*. Rel. Des. Irineu Pedrotti, j. 15 ago.2007. São Paulo: Tribunal de Justiça, 2007.

_____. *Apelação com Revisão n. 922.895-0/4*. Rel. Des. Irineu Pedrotti, julgado em 15. ago.2007. São Paulo: Tribunal de Justiça, 2007.

_____. *Apelação Cível n. 992.06.027293-6*. Rel. Des. Gomes Varjão, julgado em 23 ago.2010. São Paulo: Tribunal de Justiça, 2010.

_____. 3.Câmara Cível. Apelação n. 23.646. Rel. Des. Pedro Chaves, julgado em 29 nov.1944. *Revista dos Tribunais*, São Paulo, v. 158, p. 198-199, nov. 1945.

_____. 1. Câmara Reservada de Direito Empresarial. *Apelação Cível n. 0125493-61.2012.8.26.0100*. Rel. Des. Francisco Loureiro, julgado em 02 out. 2012. São Paulo: Tribunal de Justiça, 2012.

_____. 1.Câmara do Tribunal de Apelação. Apelação n. 20.257. Rel. Des. Paulo Colombo, julgado em 04 out.1943. *Revista dos Tribunais*, São Paulo, n. 529, p. 223-231, nov. 1979.

SARLET, Ingo Wolfgang. *Dignidade da pessoa humana e direitos fundamentais na Constituição Federal de 1988*. 5. ed. Porto Alegre: Livraria do Advogado, 2007.

SCALFI, Gianguido. *Corrispettività e alea nei contratti*, Milano: Instituto Editoriale Cisalpino, [s.d.]

SERPA LOPES, Miguel Maria de. *Curso de Direito Civil*. 8. ed. Rio de Janeiro: Freitas Bastos, 1996. v. 1.

_____. *Tratado dos registros públicos*. 5. ed. Rio de Janeiro: Freitas Bastos, 1962. v. 3.

SILVA, Jorge Cesa Ferreira da.; REALE, Miguel; MARTINS-COSTA Judith (coords.). *Adimplemento e Extinção das Obrigações*. São Paulo: RT, 2007. v. 6.

SILVA, Luis Renato Ferreira da. *Reciprocidade e contrato: a teoria da causa e sua aplicação nos contratos e nas relações 'paracontratuais'*. Porto Alegre: Livraria do Advogado, 2013.

SILVA, Ovídio A. Baptista. *Curso de processo civil*. 6. ed. São Paulo: RT, 2002. p. 162. v. 1.

_____. *Teoria geral do processo civil*. 6. ed. São Paulo: RT, 2011.

SILVA, De Plácido e. *Vocabulário jurídico*. 29. ed. Rio de Janeiro: Forense, 2012.

SILVA, Rafael Peteffi. *Responsabilidade civil pela perda de uma chance*. 3. ed. São Paulo: Atlas, 2013.

SOUTULLO Carmen Arija. *Los efectos de las obligaciones sometidas a condición suspensiva*. Granada: Comares, 2000.

TATARANO, Giovanni. *Incertezza, autonomia privata e modello condizionale*. Napli: Jovene, 1976.

TATARANO, Giovanni; ROMANO, Carmine. *Condizione e Modus*. Napoli: Edizioni Scientifiche Italiane, 2009.

TEPEDINO, Gustavo. Notas sobre a função social dos contratos. In: TEPEDINO, Gustavo; FACHIN, Luiz Edson (coords.). *O Direito e o tempo*: embates jurídicos e utopias contemporâneas. Rio de Janeiro: Renovar, 2008. p. 395-406.

_____. Questões controvertidas sobre o contrato de corretagem. *Temas de Direito Civil*. 3. ed. Rio de Janeiro: Renovar, 2004.

TEPEDINO, Gustavo; BARBOZA, Heloísa Helena; MORAES, Maria Celina Bodin de. *Comentários ao Código Civil conforme a Constituição da República*. 2. ed. Rio de Janeiro: Renovar, 2012. v. 1.

TEPEDINO, Gustavo; SCHREIBER, Anderson. In: AZEVEDO, Álvaro Villaça (coord.). *Código Civil comentado*. São Paulo: Atlas, 2008. v. 4.

THEODORO JR., Humberto; TEIXEIRA, Sálvio de Figueiredo (Coord.). *Comentários ao novo código civil*. 3. ed. Rio de Janeiro: Forense, 2006. v. 3. t. I.

THUR, A. von. *Derecho civil*. Madrid: Marcial Pons, 2005. v. 3.

TUTIKIAN, Priscila David Sansone. Silêncio como declaração negocial na formação dos contratos (sob a perspectiva dos modelos hermenêuticos de Miguel Reale) In: MARTINS-COSTA, Judith (coord.). *Modelos de Direito Privado*. São Paulo: Marcial Pons, 2014. p.145-176.

VALVERDE, Trajano de Miranda. *Comentários à lei de falências*. 4. ed. Rio de Janeiro: Forense, 1999. v. 1.

VASCONCELOS, Pedro Pais de. *Teoria geral do Direito Civil*. 4. ed. Coimbra: Almedina, 2007.

VELOSO, Zeno. *Condição, termo e encargo*, São Paulo: Malheiros, 1997.

ZAVASCKI, Teori Albino. *Antecipação da tutela*. 7. ed. São Paulo: Saraiva, 2009.

WALD, Arnoldo. *Direito Civil*: introdução e parte geral. 11. ed. São Paulo: Saraiva, 2009. v. 1.

ÍNDICE

PREFÁCIO	9
APRESENTAÇÃO	13
INTRODUÇÃO	17
CAPÍTULO 1 – FUNÇÃO E ESTRUTURA DA CONDIÇÃO SUSPENSIVA	23
CAPÍTULO 2 – A PROTEÇÃO DAS POSIÇÕES DOS FIGURANTES	99
CAPÍTULO 3 – MODIFICAÇÕES SOFRIDAS PELA COISA DEVIDA DURANTE O PERÍODO DE PENDÊNCIA DA CONDIÇÃO	141
CONCLUSÕES	167
REFERÊNCIAS	173